¡LO QUIERO!

EL PODER
DEL DESEO MIMÉTICO
EN EL DÍA A DÍA

¡LO QUIERO!

EL PODER DEL DESEO MIMÉTICO EN EL DÍA A DÍA

LUKE BURGIS

Traducción de Daniela Rocío Taboada

TENDENCIAS

Argentina – Chile – Colombia – España
Estados Unidos – México – Perú – Uruguay

Título original: *Wanting*
Editor original: St. Martin's Press
Traductor: Daniela Rocío Taboada

1.ª edición: marzo 2022

Plaza de los Reyes Magos, 8, piso 1.º C y D – 28007 Madrid
www.umbrieleditores.com

ISBN: 978-84-92917-01-3
E-ISBN: 978-84-19029-37-9
Depósito legal: B-1.238-2022

Fotocomposición: Ediciones Urano, S.A.U.

Impreso por: Rodesa, S.A. – Polígono Industrial San Miguel
Parcelas E7-E8 – 31132 Villatuerta (Navarra)

Impreso en España – *Printed in Spain*

Para Claire y Hope.

ÍNDICE

Segunda parte
LA TRANSFORMACIÓN DEL DESEO

ESTRATEGIAS

La imitación es natural en el hombre desde la infancia, una de sus ventajas por encima de otros animales inferiores: es la criatura más imitadora del mundo entero.

—Aristóteles

Queremos lo mismo que otras personas porque otras personas lo quieren y es lo mismo que sucedió con las cejas dibujadas a lápiz; caemos hasta las profundidades del noveno círculo del infierno donde todos morimos de inmediato por un levantamiento de glúteos brasileño, una y otra vez.

—Dayna Tortorici

NOTA DEL AUTOR

Este es un libro acerca de por qué las personas quieren lo que quieren. Por qué tú deseas lo que deseas.

Cada uno de nosotros pasa cada instante de la vida, desde que nacemos hasta que morimos, deseando algo. Incluso deseamos mientras dormimos. Sin embargo, pocas personas alguna vez se toman el tiempo de comprender cómo han llegado a querer esas cosas en primer lugar.

Desear bien, al igual que pensar con claridad, no es una habilidad innata. Es una libertad que tenemos que ganarnos. Debido a una característica poderosa, pero poco conocida, ganar esa libertad requiere mucho esfuerzo.

* * *

Pasé la década de mis veinte creando empresas, persiguiendo el sueño de emprender que Silicon Valley había inculcado en mí. Creía que buscaba la libertad financiera, así como el reconocimiento y el respeto que la acompañan.

Luego, algo extraño ocurrió: cuando renuncié a una de las empresas que había fundado, experimenté un alivio intenso.

Allí fue cuando comprendí que no había *fundado* nada en absoluto. Sentía que mis éxitos previos habían sido fracasos, y ahora el fracaso parecía el éxito. ¿Cuál era la fuerza que había detrás de mi esmero tenaz y siempre insatisfecho?

Esa crisis de sentido me llevó a pasar mucho tiempo en bibliotecas y bares. A veces, me llevaba la biblioteca al bar. (No bromeo. Una vez llevé una mochila llena de libros a un bar deportivo durante la Serie Mundial e intenté leer mientras los fanáticos del Phillies de Filadelfia celebraban a mi alrededor). Viajé a Tailandia y a Tahití. Entrenaba como un maníaco.

Pero todos parecían cuidados paliativos, no eran el tratamiento adecuado para la condición subyacente. Si bien este período me ayudó a pensar en mis elecciones con más seriedad, no colaboró en que comprendiera los deseos que me habían llevado a tomar esas decisiones en primer lugar: el sistema de navegación detrás de mi ambición.

Un día, un mentor sugirió que explorara un conjunto de ideas que, según él, explicarían por qué había llegado a querer aquello que quería, y cómo mis deseos me habían encerrado en ciclos de pasión seguidos de desilusión.

La fuente de esas ideas fue un académico bastante desconocido, pero influyente. Antes de morir el 4 de noviembre de 2015 a los noventa y un años, René Girard fue nombrado inmortal de la Académie Française y llamado «el nuevo Darwin de las ciencias sociales». Como profesor de Stanford desde la década de los ochenta hasta mediados de los noventa, inspiró a un pequeño grupo de seguidores. Algunos de ellos creían que sus ideas serían la clave para comprender el siglo XXI, y que cuando escribieran la historia del siglo XX, allá por el 2100, él sería considerado el pensador más importante de su generación[1].

Y probablemente nunca hayáis oído hablar de él.

* * *

La mente de René Girard atraía a personas de todas las procedencias. Para empezar, poseía la habilidad asombrosa de notar cosas que explicaban el misterioso comportamiento humano. Era un Sherlock Holmes especialista en historia y literatura, y detectaba pistas pasadas por alto mientras que todos los demás estaban ocupados siguiendo a los sospechosos habituales.

Jugaba un juego distinto al de los otros académicos. Él era como la única persona en la mesa de póker que había identificado el detalle que delataba al jugador dominante. Mientras otros jugadores calculan las probabilidades matemáticas de tener una mano ganadora, él observa los rostros. Observa a su rival para ver cuántas veces parpadea y si toquetea la cutícula de su índice izquierdo.

Girard identificó una verdad fundamental sobre el deseo que conectaba lo que aparentemente no tenía conexión: relacionaba historias bíblicas con la volatibilidad del mercado de valores, el colapso de civilizaciones antiguas con el malfuncionamiento en el espacio laboral, caminos vocacionales con dietas de moda. Explicó (mucho tiempo antes de que existieran), por qué Facebook, Instagram y sus derivados habían sido tan populares y efectivos para vender productos y sueños a las personas.

Girard descubrió que la mayoría de lo que deseamos es mimético o imitativo, no intrínseco. Los humanos *aprenden* —a través de la imitación— a querer las mismas cosas que quieren otros, al igual que aprenden a hablar el mismo idioma y a jugar según las mismas reglas culturales. La imitación juega un rol mucho más dominante en nuestra sociedad de lo que cualquiera haya reconocido abiertamente.

Nuestro poder de imitación eclipsa el de cualquier otro animal. Nos permite construir una cultura y una tecnología sofisticadas. Aunque, al mismo tiempo, tiene un lado oscuro. La imitación lleva a las personas a perseguir cosas que al principio parecen deseables, pero que al final las dejan insatisfechas. Las encierra en ciclos de deseo y rivalidad de los cuales es difícil (y prácticamente imposible) escapar.

Pero Girard les dio esperanza a sus estudiantes. *Era* posible trascender los ciclos del deseo frustrado. Era posible intervenir más en moldear la vida que queremos.

* * *

Conocer a Girard hizo que pasara de *puta mierda* a *hostia puta*. La teoría mimética me ayudaría a reconocer patrones en el comportamiento de las personas y en los eventos actuales. Esa era la parte sencilla. Más tarde, después de haber identificado el deseo mimético en todas partes, excepto en mi propia vida, lo vi en mí: ese fue el momento en el que dije *hostia puta*. La teoría mimética me ayudaría con el tiempo a descubrir y a limpiar mi propio mundo desordenado de deseos. Y ese proceso fue difícil.

Ahora estoy convencido de que comprender el deseo mimético es esencial para entender, a un nivel profundo y humano, los negocios, la política, la economía, los deportes, el arte e incluso el amor. Puede ayudarte a generar dinero, si es que ese es tu motor principal. O quizá te ayudará a que no tengas que esperar hasta la mediana edad o más tarde para descubrir que el dinero, el prestigio o una vida cómoda no es lo que quieres de manera primordial.

La teoría mimética arroja luz sobre la motivación que hay detrás de las tensiones económicas, políticas y personales, y también muestra el modo de salir de ellas. Para aquellos con espíritu creativo, puede guiar la creatividad para crear proyectos que proporcionen valor humano y económico real, y no solo transferencia de riquezas.

No afirmo que superar el deseo mimético sea posible, o siquiera deseable. Este libro es principalmente sobre ser más consciente de su presencia para poder transitarla mejor. El deseo mimético es como la gravedad: *existe* y punto. La gravedad siempre está en funcionamiento. Hace que algunas personas vivan con dolor constante cuando no desarrollan los músculos del abdomen y los que rodean la columna para poder enderezar la postura y enfrentarse al mundo, para resistir la atracción hacia abajo. Otras experimentan la misma gravedad y encuentran maneras de llegar a la Luna.

El deseo mimético es igual. Si no somos conscientes de él, nos llevará a lugares a los que no queremos ir. Pero si desarrollamos los músculos sociales y emocionales adecuados para responder, el deseo mimético se convierte en un modo de causar un cambio positivo.

* * *

El cambio que hagas depende de ti: o al menos así será al final de este libro.

Hay una comunidad creciente de personas interesadas en la teoría mimética que abarca la política de izquierda y de derecha, que atraviesa disciplinas diferentes y que se extiende por muchos países donde las divisiones son distintas, pero el poder explicativo de la teoría es el mismo. La diversidad de perspectivas sugiere que quizás haya una verdad profunda sobre la humanidad en el núcleo de la teoría.

Los académicos interesados en el trabajo de Girard han realizado aportes importantes en temas que van desde la hermenéutica aplicada a la mímesis en Shakespeare hasta la violencia sexual oculta contra la mujer en zonas de guerra, o el proceso detrás del chivo expiatorio que tuvo lugar en el genocidio de Ruanda. Basta decir que quienes asocian la teoría mimética solo con el exalumno de Girard, Peter Thiel, y la vinculan con el libertarismo o las preferencias políticas de Thiel, no ven el panorama completo. En parte, escribí este libro para romper con el monopolio que él tiene en la mente de algunas personas como intérprete del pensamiento de Girard. Él sería el primero en decirte que eso es bueno. Los monopolios ideológicos son los peores monopolios.

El deseo mimético trasciende lo político. En cierto sentido es prepolítico, parecido a una comedia. Cuando algo es gracioso, lo es. Pero incluso el humor puede contaminarse y llenarse de fines ocultos y rivalidades. Si cualquier lector termina este libro y utiliza el conocimiento que hay en él para atacar a sus enemigos, habrá pasado por alto un punto esencial.

En una época llena de tensión creciente en Estados Unidos y en muchas otras partes del mundo (al menos mientras escribo esto) he querido ofrecer algo que tal vez alentará a las personas a ser más reflexivas y controladas, a reconocer nuestras rivalidades y a tener esperanzas de que es posible convivir con vecinos que quieren cosas diferentes a las que nosotros deseamos.

* * *

Estos días paso parte de mi tiempo aconsejando a aspirantes a emprendedores. Su ambición por construir un mundo mejor y tener vidas plenas y significativas me inspira. Pero me preocupa que, si no comprenden cómo funciona el deseo, terminarán decepcionados.

La idea de ser emprendedor tiene un alto valor mimético hoy día. Prácticamente, a cada emprendedor novato que conozco lo motiva alcanzar cierta forma de libertad. Pero dirigir tu propia empresa no lleva de manera automática a más libertad. A veces, conlleva lo opuesto. Creemos que los emprendedores son los máximos rebeldes por no estar limitados a un trabajo de oficina de 9 a 17 o por no funcionar como una tuerca intermediaria en una máquina esclerótica. Sin embargo, pensar que no estás sometido a un jefe tradicional puede significar que el deseo mimético es tu tirano. Intento hacer que mis estudiantes reflexionen con más profundidad.

No puedo garantizarles que tendrán éxito en los negocios, pero puedo asegurar que, cuando terminen mi clase, no querrán cosas de manera ingenua. Avanzarán escogiendo especializaciones, creando empresas, encontrando parejas y leyendo las noticias con mayor conciencia acerca de lo que ocurre en su interior. Esa conciencia es el prerrequisito para cambiar.

Hay ciertos descubrimientos que, una vez que aparecen, comienzan a impregnar la experiencia diaria de vivir. La comprensión del deseo mimético es uno de ellos. Una vez que sabes cómo funciona, empiezas a ver cómo explica gran parte del mundo que te rodea. Y eso incluirá no solo a ese miembro de la familia cuyo estilo de vida peculiar nunca escogerías, a la política de tu oficina, a ese amigo al que le importan demasiado las redes sociales o a ese colega que alardea diciendo que su hijo entró a Harvard. También te incluirá a ti. Lo verás en ti mismo.

PRÓLOGO

Alivio inesperado

En verano de 2008, viví el momento que muchos fundadores mueren por experimentar: supe que sería capaz de recuperar el dinero de la inversión gracias al éxito de mi empresa. Después de un período intenso de cortejo que duró varios meses, estaba camino a tomar unas copas para celebrar con el CEO de Zappos, Tony Hsieh. Zappos compraría FitFuel.com, mi compañía de *e-commerce* dedicada a productos para el bienestar.

Aproximadamente una hora antes, Tony me había enviado un mensaje directo a través de Twitter (su forma favorita de comunicación por aquel entonces) pidiéndome que me reuniera con él en The Foundation Room, un bar en el piso sesenta y tres del Mandalay Bay Hotel en Las Vegas. Sabía que él había asistido a una reunión con la junta directiva ese mismo día y que uno de los temas a discutir en la agenda era la adquisición de mi compañía. Él no me invitaría a The Strip si no tuviera buenas noticias.

Llevaba dando vueltas por mi casa todo el día. Necesitaba firmar el acuerdo. Fit Fuel consumía todo el dinero de los inversores. A pesar de nuestro crecimiento rápido durante los últimos dos años, los meses próximos no tenían buena pinta. La Reserva Federal había entrado en modo de rescate financiero y había tenido una reunión de emergencia para evitar que el inmenso banco inversionista Bear Stearns se hundiera. El mercado inmobiliario caía en picado. Necesitaba organizar una ronda de inversión, pero los inversionistas estaban asustados. Todos me decían que volviera en un año… pero no tenía un año.

Ni Tony ni yo sabíamos por aquel entonces cuán volátil sería el 2008. A principios de año, Zappos había sobrepasado sus metas de ganancias operativas y había decidido premiar a todos sus empleados con bonos generosos. A finales de ese año —apenas ocho meses después de entregar los bonos— Zappos tendría que despedir al ocho por ciento de sus empleados. Ese mismo verano, los miembros de la junta de Zappos y los inversores experimentados, guiados por Sequoia Capital, ya se ajustaban los cinturones[1].

Cuando recibí la invitación de Tony, salí a toda velocidad de mi hogar en Henderson, Nevada, rumbo a The Strip, con hip hop de la vieja escuela sonando a todo volumen mientras emitía suspiros intercalados de alivio y entusiasmo a través del techo corredizo del coche para que, cuando llegara allí, pudiera parecer tranquilo.

Por aquel entonces, Zappos era una compañía de nueve años que había superado recientemente los mil millones de dólares en ventas. Tony realizaba experimentos sociales poco ortodoxos, como ofrecerles a empleados nuevos hasta dos mil dólares para que abandonaran la compañía después de la formación (la idea era que eso separaría a los empleados que no tenían la pasión suficiente para trabajar allí de aquellos que la poseían). La empresa era famosa por su cultura idiosincrática.

Parecía que a Tony lo que más le agradaba de Fit Fuel era la cultura corporativa. Cuando él y los otros ejecutivos importantes de Zappos visitaron nuestra oficina y nuestro almacén, comentaron cuánto les gustaba lo que veían: trabajábamos con empeño (porque no teníamos personal suficiente), éramos divertidos (porque todos en la empresa eran personajes) y éramos raros en la medida adecuada (porque contábamos con las características típicas de una empresa emergente, como cachimbas y pufs donde tomar asiento).

Tony me dijo que quería que yo coordinara una nueva sección dentro de Zappos. Estaría a cargo de construir la próxima línea que generaría mil millones de dólares más. La primera había sido el calzado. La segunda sería el bienestar.

Además de la cantidad de dinero que cambiaría mi vida y las acciones en Zappos, formaría parte de un equipo líder respetado y recibiría un buen salario (nunca había ganado un salario regular en mis empresas, jamás, y anhelaba esa estabilidad económica).

Yo no era lo que alguien llamaría «adecuado» para la cultura corporativa de Zappos. Pero teniendo en cuenta que hablábamos sobre unir fuerzas, empecé a adaptarme más al molde de la cultura corporativa de Zappos para lograr que las cosas funcionaran.

En mi desesperación por vender la empresa, le dije a Tony todo lo que creí que él quería oír. Yo tenía una visión heterodoxa acerca de la cultura corporativa de Zappos que no estaba en sintonía con su representación en los medios... pero la enterré. Es fácil ser un director que se opone a todo. Lo difícil es emprender la acción opositora: cuestionar la narrativa dominante, ser sincero con uno mismo, decir la verdad aun cuando la consecuencia inmediata sea dolorosa... como perder la oportunidad de vender mi empresa y terminar sepultado bajo una avalancha de deudas.

Intenté jugarme la piel, pero fui demasiado lejos[2].

Había pasado los últimos meses conociendo a Tony. Nos reunimos después de que le enviara un correo frío y él me invitara a comer a Claim Jumper, un restaurante cerca de las oficinas de Zappos en Henderson, un suburbio de Las Vegas. Cuando llegué a lo que pensaba que sería una comida casual para conocernos, vi al menos a seis ejecutivos séniors sentados alrededor de la mesa, esperándome. Era una entrevista. No tuve tiempo ni de tocar mi sopa de almejas.

Después del comer, Tony y yo caminamos juntos de vuelta a su oficina. Él se detuvo a medio camino y se metió las manos en los bolsillos como si estuviera buscando cambio. Dijo: «No estaría haciendo mi trabajo si no te preguntara si estás dispuesto a asociarte con nosotros». Respondí que sí y los meses siguientes parecieron un período de sociabilización intensa. Me invitaban a los *happy hours* de Zappos, a fiestas en casa de Tony y a caminatas matutinas por Black Mountain.

Tony no parecía un hombre que tuviera millones de dólares. Le había vendido a Microsoft la primera empresa de la que había sido cofundador,

LinkExchange, por 265 millones de dólares en 1998, a los veinticuatro años. Pero vestía vaqueros simples y una camiseta de Zappos, y conducía un Mazda 6 sucio. Tras pocas semanas pasando tiempo con él, descarté mis vaqueros de True Religions (sí, lo sé) y comencé a comprar en The Gap. Empecé a preguntarme si debía conducir un coche más viejo y sucio.

Había cofundado Fit Fuel unos tres años antes de conocer a Tony, en 2005. La grandiosa misión de la empresa era hacer que la comida saludable fuera más accesible para todos a nivel mundial. Trabajaba poco a poco, día tras día, avanzando con firmeza y aprendiendo a liderar una compañía en crecimiento. Pero incluso cuando nuestras ventas aumentaron y los elogios llegaban a mansalva, mi deseo de ir todos los días a la oficina disminuyó.

El libro de Tim Ferris *La semana laboral de cuatro horas: no hace falta trabajar más* llegó a las librerías mientras yo luchaba por descifrar qué me pasaba. *Si trabajo más de cuatro horas por semana, debo estar haciendo algo mal,* pensé. Desesperado, comencé a buscar mejores modelos de emprendedores, pero no estaba seguro de quién decía la verdad.

Conocer a Tony solo aumentó mi desesperación. Mi objetivo era alcanzar los diez millones de dólares en ventas. Zappos estaba generando mil millones. Desde mi punto de vista, Tony habitaba una realidad alternativa: una en la que viven los fundadores de empresas unicornio. Yo no parecía capaz de lograrlo.

Experimenté una especie de vértigo existencial, como si estuviera saltando de un rascacielos hacia un trampolín gigante que me catapultaba de nuevo a la cima antes de caer otra vez. Lo que quería lograr cambiaba a diario: más respeto y estatus, menos responsabilidad; más capital, menos inversores; más discursos públicos, más privacidad; una lujuria intensa por el dinero seguida de arrebatos extremos de alardeo moral relacionados con la palabra *social.* Incluso me debatí entre querer ganar músculos e intentar perder peso.

Lo más problemático para mí era que el deseo que me había llevado a crear y construir mi empresa había desaparecido. ¿A dónde había ido? ¿De dónde había surgido en primer lugar? Mis deseos parecían un amor de comedia romántica: cosas que sucedían en lugar de cosas que yo escogía. (Por cierto, ¿sabías que, en prácticamente todos los idiomas del mundo, las personas *caen* cuando se enamoran? Nadie se eleva[3]).

Mientras tanto, el conflicto interno entre mi cofundador y yo empeoró hasta que decidimos separarnos. Ocupé el papel de único líder de la empresa justo en el momento en el que perdí el deseo de liderar.

Era evidente que había fuerzas misteriosas ajenas a mí que afectaban lo que yo quería y la intensidad con la que lo quería. No podía tomar ninguna decisión seria hasta que supiera más al respecto. No podía crear una empresa nueva. Incluso dudaba sobre la idea de contraer matrimonio algún día, sabiendo que mi deseo por algo (o por alguien) podía desaparecer de un día para otro. Descubrir cuáles eran esas fuerzas parecía una responsabilidad.

* * *

El día posterior a mis copas de celebración con Tony en The Strip de Las Vegas, le enseñé a un amigo las oficinas de Zappos, ya que estaba entusiasmado por mostrarle mi futuro hogar. Mientras caminábamos por Monkey Row (así llama Zappos al sitio donde toman asiento los ejecutivos), noté que los ejecutivos parecían haber visto un fantasma. Tuvimos un intercambio incómodo.

Era el mal presentimiento previo a una ruptura.

Más tarde, esa noche, mi amigo y yo salimos a cenar. A mitad del plato de pasta, recibí una llamada de Alfred Lin, quien había sido el director financiero, el jefe de operaciones y el presidente ejecutivo de Zappos de 2005 a 2010.

Alfred sonaba serio. Luego me explicó el motivo.

Después de la reunión oficial, la junta directiva de Zappos había tenido un segundo encuentro en el avión de regreso a San Francisco y había decidido detener cualquier plan inmediato. No habría ninguna adquisición. *Cambiaron de opinión,* me dijo.

—*¿Cambiaron de opinión?* —repetí.

—Sí. No sé qué más decir —respondió Alfred—. Lo siento.

—*¿Cambiaron de opinión?* —Continué repitiendo la misma pregunta y Alfred continuó diciendo lo mismo. Seguí murmurando las palabras después de haber cortado la comunicación, pero esta vez como una afirmación, no como pregunta—. Cambiaron... de opinión —dije otra vez mientras regresaba a la mesa, tomaba asiento y miraba fijamente mi cuenco de espaguetis, pinchándolos y haciéndolos girar sin parar, formando bocados perfectos solo para desarmarlos de nuevo y volver a empezar.

No habría salida que fuera a cambiar mi vida, dinero caído del cielo ni segunda residencia en Sicilia. Lo peor era que mi empresa estaba en problemas. Sin el trato con Zappos, estaría en bancarrota en seis meses. Mientras comenzaba a asimilar el impacto de cómo cambiaría mi vida y bebía de un trago mi chianti, algo se modificó. Sentí alivio.

INTRODUCCIÓN

GRAVEDAD SOCIAL

En la pared más lejana, cuelga una fotografía: un solo ojo abierto en blanco y negro, fotografiado de cerca, no más grande que un posavasos, colocado en un marco de cincuenta y cinco centímetros.

Estoy sentado en casa de Peter Thiel sobre Sunset Strip. Thiel es famoso por ser el multimillonario fundador de PayPal, por ser el primer inversor externo de Facebook, por sus visiones opositoras sobre los negocios, y por haber destruido a Gawker y desafiado públicamente a Google. Pero no estoy aquí para hablar con él sobre nada de esto.

Transcurren unos minutos, y el asistente que me ha hecho pasar vuelve para hablar conmigo.

—Peter estará con usted en un momento. ¿Puedo ofrecerle algo más, señor? ¿Quiere más café?

—No, gracias —digo. Me avergüenza haberme tragado la taza entera. Él sonríe y sale.

Esta sala de estar de dos pisos podría pertenecer a una edición de la revista *Architectural Digest* sobre el estilo de mediados de siglo. Las ventanas con paneles de techo a suelo dan a una piscina infinita con vistas a Sunset Boulevard. Es hogareño, pero también majestuoso.

La pieza central de la amplia habitación es un minibar construido en uno de los muros de la galería, con paneles de roble llenos de obras de arte en tonos fríos: fotografías en blanco y negro, impresiones índigo oscuro y grabados grises. Entre ellas, hay una mancha de tinta con forma de cangrejo que quizás sea un Rorschach; una lámina grande que contiene círculos abstractos y varas, probablemente sea geometría molecular; y un tríptico de un hombre de pie hundido hasta la cintura en lo que parece un lago helado de montaña.

En otro sector de la habitación, hay objetos más escuetos expuestos entre los sillones de terciopelo suave y los sofás. En el centro de la mesita de café de madera de quince centímetros de ancho que está frente a mí, una escultura plateada metálica en forma de lágrima se sostiene en equilibrio, desafiante, en su propia punta. Unas puertas dobles de seis metros de alto (que he visto solo en catedrales) llevan a la siguiente sala. Cerca de la puerta, hay un tablero de ajedrez esperando a un contrincante digno. (No seré yo). Un telescopio apunta a una ventana junto a un busto griego. Todo coexiste en un conjunto. Si la película *El juego de la sospecha* hubiera sido dirigida por Ray Eames, tendría el mismo aspecto que la casa de Peter Thiel.

Un hombre aparece en la pasarela del segundo piso, en el extremo más lejano de la sala.

—Estaré contigo en un minuto —dice Peter Thiel.

Saluda con la mano y sonríe, luego desaparece a través de una puerta. Oigo agua correr. Diez minutos después, reaparece vestido con una camiseta de béisbol, pantalones cortos y calzado deportivo. Desciende por la escalera de caracol.

—Hola, soy Peter —dice, extendiendo la mano—. Así que has venido a hablar sobre las ideas de Girard.

UNA MENTE PELIGROSA

René Girard, un francés que trabajó como profesor de literatura e historia en Estados Unidos, formuló su primer descubrimiento sobre la naturaleza del deseo a finales de los años cincuenta. Cambiaría su vida. Tres décadas más tarde, cuando Peter Thiel era estudiante de filosofía en Stanford, el profesor también cambiaría su vida.

El descubrimiento que cambió la vida de Girard en los cincuenta y la de Thiel en los ochenta (y la mía en los dos mil) es el deseo mimético.

Es lo que me llevó a casa de Thiel. Me cautivaba la teoría mimética, simplemente porque soy mimético. Todos lo somos.

* * *

La teoría mimética no es como aprender algunas leyes impersonales de física, lo cual es posible estudiar desde la distancia. Significa aprender algo nuevo sobre tu propio pasado que explica cómo ha sido conformada tu identidad y por qué ciertas personas y cosas te han influenciado más que otras. Implica encontrarle sentido a una fuerza que atraviesa las relaciones humanas: vínculos de los que, en este instante, formas parte. Uno nunca puede ser observador neutral del deseo mimético.

Tanto Thiel como yo hemos experimentado el mismo desconcierto al descubrir esa fuerza que opera en nuestras vidas. Es tan personal que dudé sobre escribir un libro al respecto. Escribir sobre el deseo mimético es revelar un poco de uno mismo.

Le pregunté a Peter por qué no había mencionado de modo explícito a Girard en su popular libro sobre negocios *De cero a uno,* a pesar de que estaba plagado de conceptos propios de su mentor [1]. «Hay algo peligroso en las ideas de Girard», dice Thiel. «Creo que las personas tienen mecanismos de defensa contra algunas de estas cosas». Él quería que todos vieran que los conceptos de Girard contenían verdades importantes y que explicaban lo que ocurría en el mundo que los rodeaba, pero no quería llevar de la mano a sus lectores del otro lado del espejo.

Una idea que desafía suposiciones comúnmente aceptadas puede parecer amenazante... lo cual da aún más razones para inspeccionarla con detenimiento: para entender el porqué.

Una verdad en la que nadie cree suele ser más peligrosa que una mentira. La mentira en este caso es la idea de que uno quiere cosas por voluntad propia, sin la influencia de los otros; que uno es el rey soberano que decide qué quiere y qué no. La verdad es que los deseos son derivativos y están mediados por otros, y que somos parte de un deseo ecológico que es más grande de lo que podemos llegar a comprender.

Si creo en la mentira de mis deseos independientes, solo me engaño a mí mismo. Pero si rechazo la verdad, niego las consecuencias que tienen mis deseos para otras personas y los suyos para mí.

Resulta que lo que queremos importa mucho más de lo que pensamos.

* * *

Al igual que Henry Ford viendo la cadena de montaje en un matadero o el psicólogo Daniel Kahneman dándole forma al nuevo campo de la economía conductual, el descubrimiento de Girard llegó cuando estuvo fuera de su área de especialización, la historia. Ocurrió cuando se vio obligado a aplicar su pensamiento a novelas clásicas.

A principios de su carrera académica en Estados Unidos, le pidieron que enseñara unos cursos de literatura que analizaban libros que aún no había leído. Reticente a rechazar trabajo, lo aceptó. A menudo leía las novelas del programa prácticamente antes de ir a clase. Leyó y enseñó a Cervantes, a Stendhal, a Flaubert, a Dostoievski, a Proust y a muchos más.

Dado que carecía de entrenamiento formal y necesitaba leer rápido, comenzó a buscar patrones en los textos. Descubrió algo sorprendente, algo que parecía presente en casi todas las novelas más cautivadoras jamás escritas: los personajes de esos libros dependían de que otros personajes les mostraran qué valía la pena desear. No querían nada con espontaneidad. En cambio, sus deseos se formaban al interactuar con otros personajes que modificaban sus objetivos y su comportamiento. Y, sobre todo, precisamente, sus deseos.

El descubrimiento de Girard fue como la revolución newtoniana en la física, en la que es posible comprender las fuerzas que influyen en el movimiento de los cuerpos solo en relación con un contexto. El deseo, al igual que la gravedad, no reside de modo autónomo en nada ni en nadie, sino que habita el espacio intermedio [2].

Las novelas que Girard enseñaba no avanzaban gracias a la trama o a los personajes. Estaban basadas en el deseo. Las acciones de un personaje son un reflejo de sus deseos, los cuales cobran forma al vincularse con los deseos de otros. Las tramas se desarrollan según quién está en una relación mimética con quién y cómo interactúan y resultan sus deseos.

Los dos personajes ni siquiera deben conocerse para que esta relación ocurra. Don Quijote, solo en su habitación, lee sobre las aventuras del famoso caballero Amadís de Gaula. Lo invade el deseo de imitarlo y se convierte en un hidalgo errante que merodea por el campo en busca de oportunidades para demostrar sus virtudes caballerescas.

En todos los libros que Girard enseñó, el deseo siempre involucraba a un imitador y un modelo. Otros lectores no lo habían notado o lo habían pasado por alto al subestimar la posibilidad de un tema tan generalizado.

La distancia de Girard con el objeto de estudio, combinada con su intelecto sagaz, le permitió reconocer el patrón. Los personajes de las grandes novelas son tan realistas porque quieren cosas del mismo modo que nosotros: no espontáneamente, no fuera de una cámara interna de deseo auténtico, no de modo aleatorio, sino a través de la imitación: de su modelo secreto a seguir.

ARRUINANDO A MASLOW

Girard descubrió que llegamos a desear muchas cosas no por motivaciones biológicas, por pura razón o por decreto de nuestro yo ilusorio y soberano, sino que lo hacemos por imitación.

La idea me resultó difícil de aceptar la primera vez que la oí. ¿Acaso todos somos máquinas imitadoras? No. El deseo mimético es solo una pieza de la visión global de la ecología humana, la cual también incluye libertad y una comprensión relacional de la individualidad. La imitación del deseo está vinculada con nuestra apertura profunda ante la vida interior de otras personas: algo que nos distingue como humanos.

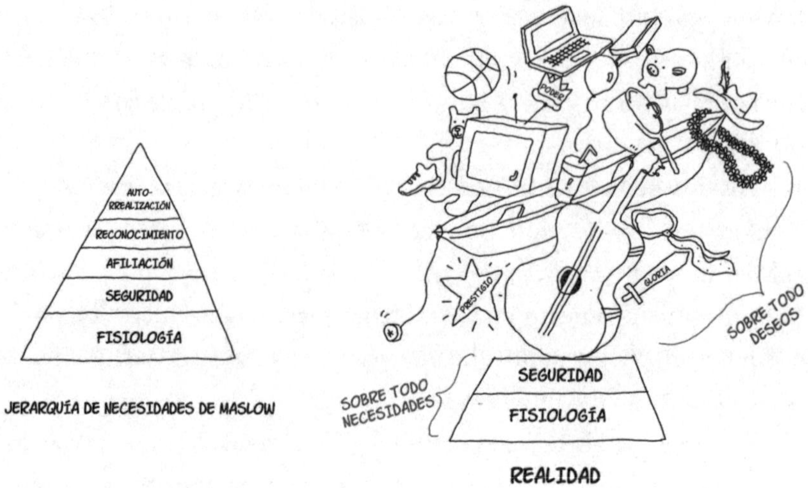

La jerarquía de necesidades de Abraham Maslow está muy clara. Después de que una persona haya calmado sus necesidades básicas, entra en un universo de deseos que no tiene una jerarquía estable.

Deseo, en el sentido en que Girard usaba la palabra, no se refiere al impulso de buscar comida, sexo, refugio o seguridad. Es mejor llamar a esas cosas *necesidades*: están programadas en nuestro cuerpo. Las necesidades biológicas no dependen de la imitación. Si estoy muriendo de sed en el desierto, no necesito a nadie que me muestre que quiero agua.

Pero después de cubrir nuestras necesidades básicas como criaturas, entramos en el universo humano del deseo. Y saber qué querer es mucho más difícil que saber qué necesitar.

Girard estaba interesado en cómo llegamos a querer algo cuando no hay ninguna base instintiva clara para ello [3]. Considerando los mil millones de objetos de deseo potenciales en el mundo, desde amigos a carreras o estilos de vida, ¿cómo llegan las personas a desear unas cosas más que otras? ¿Y por qué los objetos y la intensidad de nuestro deseo parecen fluctuar de manera constante y carecen de estabilidad real?

En el universo del deseo, no hay jerarquía clara. Las personas no escogen objetos de deseo del modo en que eligen vestir un abrigo en invierno. En lugar de señales biológicas internas, tenemos una señal externa diferente que motiva estas elecciones: los modelos. Los modelos son personas o cosas que nos muestran qué vale la pena querer. Son los modelos —no nuestra capacidad de análisis «objetivo» o nuestro sistema nervioso central— los que moldean nuestros deseos. Con esos modelos, las personas participan de una manera de imitación secreta y sofisticada a la que Girard llamó «mímesis», del griego *mimesthai* (que significa «imitar»).

Los modelos son los centros gravitacionales alrededor de los cuales gira nuestra vida social. Es más importante entender esto ahora que en cualquier otro momento de la historia.

* * *

Con la evolución humana, las personas han pasado menos tiempo preocupadas por sobrevivir y más tiempo anhelando cosas: menos tiempo en el mundo de las necesidades y más en el mundo del deseo.

Incluso el agua ha hecho la transición del mundo de las necesidades al mundo de los deseos. Imagina que viniste aquí de otro planeta que aún está en la etapa evolutiva previa a la existencia del agua embotellada (una etapa crítica) y yo te pregunto si prefieres Aquafina, Voss o San Pellegrino. ¿Cuál escogerías? Claro, podría darte la composición mineral y los niveles de PH de cada una, pero estaríamos engañándonos al pensar que así es cómo tomarías tu elección. Te digo que yo bebo San Pellegrino. Y si eres una criatura imitativa como yo, o si solo crees que soy un ser más desarrollado que tú (porque tú provienes de una civilización en la que *aún no existe* el agua San Pellegrino), escogerás la misma marca que yo.

Si prestas atención, encontrarás un modelo (o varios) para prácticamente todo: tu estilo personal, tu modo de hablar, el aspecto y la ambientación de tu hogar. Pero los modelos que la mayoría de nosotros pasamos por alto son los modelos del deseo. Es difícil y engañoso descubrir por qué compramos ciertos objetos; es extraordinariamente arduo comprender por qué anhelamos alcanzar ciertos logros. Es tan complicado que pocas personas se atreven a preguntar.

El deseo mimético atrae a las personas hacia las cosas[4]. «Esa atracción, ese movimiento... [es] la mímesis. Para la psicología es lo mismo que la gravedad para la física»[5], escribe James Alison, un académico adepto a las ideas de Girard.

La gravedad puede hacer que una persona caiga de un acantilado. El deseo mimético puede hacer que una persona se enamore o se desenamore, que tenga deudas, amistades o empresas, o puede someterla a la esclavitud degradante de ser solo un producto de su entorno.

LA EVOLUCIÓN DEL DESEO

En su casa, Peter Thiel me cuenta que él es más propenso que la mayoría de las personas a tener un comportamiento mimético. Aunque es famoso por ser un pensador contrario, no siempre ha sido así.

Al igual que muchos estudiantes de instituto, él se esforzó por ser admitido en una universidad prestigiosa (en su caso, Stanford) sin cuestionarse por qué deseaba estudiar en ese lugar. Era lo que hacían las personas de su entorno.

Una vez allí, el esfuerzo continuó: quería obtener buenas calificaciones, becas y otros símbolos de éxito. Notó que había cierto grado de diversidad decente entre las metas profesionales de los recién llegados, pero con el transcurso de los años, los objetivos de todos parecieron coincidir: finanzas, derecho, medicina o asesoría. Thiel tenía la sensación molesta de que algo no andaba bien.

Comprendería mejor el problema después de descubrir al profesor Girard a través de un grupo reducido de estudiantes fascinados con sus ideas. En su penúltimo año, empezó a asistir a comidas y reuniones en las que sabía que el profesor participaría.

Girard desafiaba a sus alumnos a comprender el cómo y el por qué detrás de los sucesos actuales. Recorría sistemáticamente la historia humana, mostrando capa tras capa de significado, a veces incluso citaba a Shakespeare de memoria para ilustrar su argumento.

Analizaba textos antiguos y literatura clásica con tal profundidad penetrante que sus estudiantes sentían una corriente de adrenalina, como si hubieran llegado a un nuevo universo. Uno de sus primeros alumnos, Sandor Goodhart, que ahora es profesor en la universidad Purdue, recuerda que Girard inició su primera clase de literatura, mitos y profecías con estas palabras: «Los seres humanos no luchan porque son diferentes, sino porque son iguales y en su esfuerzo por destacar se han convertido en enemigos gemelos, humanos dobles en la violencia recíproca» [6]. Muy alejado del saludo más típico de «Bienvenidos a la clase. Leamos el plan de estudios».

Después de haber vivido en Francia bajo ocupación alemana durante la Segunda Guerra Mundial, Girard llegó a Estados Unidos en septiembre de 1947 para enseñar francés y trabajar en su doctorado en historia en la Universidad de Indiana. Se destacó en el campus de Bloomington: tenía una cabeza tan grande como sus ideas y podía resultar intimidante para los novatos.

Girard conoció allí a su esposa, una estadounidense nacida en Indiana llamada Martha McCullough. No podía pronunciar su apellido cuando pasaba lista. Se reencontraron aproximadamente un año más tarde, cuando Martha ya no era su alumna. Con el tiempo, contrajeron matrimonio [7].

Girard no obtuvo la titularidad en Indiana porque no hizo suficientes publicaciones de su trabajo. Lo despidieron. Fue a enseñar a la Universidad de Duke, al Bryn Mawr College, a la Universidad Johns Hopkins y a la sede de la New York State University en Búfalo. Finalmente, en 1981, se convirtió en el profesor Andrew B. Hammond de Francés, Literatura y Civilización en la Universidad de Stanford, donde permaneció durante el resto de su carrera hasta su retiro oficial en 1995 [8].

Para muchos estudiantes y profesores de Stanford, Girard exudaba el carisma del Viejo Mundo. Cynthia Haven, una escritora y académica aliada desde hace tiempo a la universidad, recuerda a un hombre muy apuesto con cabeza «de tótem» caminando por el campus, antes de saber quién era él. Con el tiempo se hicieron amigos y ella escribió una biografía titulada *La evolución del deseo: una vida de René Girard.* «Él tenía el tipo de rostro que un director de cine podría contratar en una película para interpretar a uno de los mejores pensadores de todos los tiempos, a un Platón o un Copérnico» [9], escribió.

Girard era un autodidacta de amplio espectro. Estudió antropología, filosofía, teología y literatura, e integró todas las disciplinas para crear una visión del mundo única y sofisticada. Descubrió que el deseo mimético estaba muy relacionado con la violencia, en especial con la idea del sacrificio. En la historia bíblica de Caín y Abel, Caín asesina a su hermano Abel después de que su sacrificio ritual complaciera menos a Dios que el ritual de Abel. Ambos deseaban lo mismo (ganar el favor de Dios), lo cual los llevó a un conflicto directo entre ellos. Para Girard, la raíz de la mayoría de la violencia es el deseo mimético.

En un programa de televisión francés de la década de 1970, Girard explica la teoría mimética ante un panel de entrevistadores, echando la ceniza de su cigarrillo mientras habla. Les dice a los panelistas: «Lo que me ha fascinado durante mucho tiempo es el sacrificio, el hecho de que el hombre en casi todas las sociedades humanas, por motivos religiosos, mata a un animal e incluso a víctimas humanas» [10]. Él anhelaba con fervor comprender el problema de la violencia y la fascinación religiosa con el sacrificio que se extiende en prácticamente cada parte de la cultura humana.

René Girard en un encuentro de la Facultad de Artes de la Universidad de Búfalo, julio de 1971. (Todas las fotos son cortesía de Bruce Jackson).

Girard en la apertura de su seminario que sentaría las bases de su libro *La violencia y lo sagrado*, en la primavera de 1971.

Girard conversando con Diane Christian, profesora distinguida de Inglés en la Universidad de Búfalo.

Girard en la primavera de 1971, con el teórico literario francés Gérard Bucher.

(De hecho, una de sus afirmaciones más controversiales es que la domesticación de gatos y perros podría no haber sido intencional. Las personas no tenían originalmente la intención de convivir con estos animales del modo en que lo hacemos hoy, integrándolos en paz en nuestras familias durante toda su vida. Ese proceso habría requerido generaciones de esfuerzo coordinado. Él argumentaba que la razón por la que domesticamos a los animales fue mucho más práctica: las comunidades integraron a los animales en sus vidas para poder sacrificarlos. Los sacrificios son más efectivos cuando provienen del interior de una comunidad: cuando la víctima tiene algo en común con los que realizan el sacrificio. Hablaremos sobre el motivo en el capítulo 4 [11]).

Las consecuencias que tiene el deseo mimético funcionan de manera curiosa en muchas áreas diferentes. La mayor parte del drama ocurre detrás de escena.

* * *

La exposición que Peter Thiel hizo ante Girard no hizo que cambiara su rumbo de inmediato. Aceptó un empleo en contabilidad y estudió en la escuela de derecho. Pero se sentía perdido. «Tuve una crisis existencial cuando me di cuenta de que todas las cosas hipercompetitivas que perseguía se debían a estos malos motivos sociales», me dijo.

Conocer a Girard en Stanford introdujo a Thiel a la mímesis, pero la comprensión intelectual no se tradujo de inmediato en un cambio de conducta. «Uno queda atrapado en todos esos ciclos miméticos nocivos. Y había mucha resistencia por mi parte, una doctrinaria resistencia libertaria. La teoría mimética rechaza la idea de que todos somos individuos atomizados», dice. La adulación de la autosuficiencia es poderosa. «Me llevó un tiempo superar eso», dice Thiel.

Describe una transformación que fue a la vez intelectual y existencial. Cuando aprendió sobre el deseo mimético, logró identificarlo cuando lo veía… en todos, menos en sí mismo.

«La transformación intelectual fue rápida porque era algo que yo buscaba», explica. Pero continuó teniendo dificultades después de graduarse porque no veía cuán enredado estaba él mismo en las cosas que Girard había mencionado. «Pero tardé un poco en entender la dimensión existencial».

Thiel abandonó el mundo corporativo y cofundó Confinity con Max Levchin en 1998. Empezó a utilizar su conocimiento sobre la teoría mimética como ayuda para organizar su negocio y su vida. Cuando aparecieron las rivalidades competitivas dentro de su empresa, le dio a cada empleado tareas claras, precisas e independientes para que no compitieran por cumplir las mismas responsabilidades. Esto es de gran importancia dentro del ambiente de una empresa emergente porque las funciones suelen ser fluidas al inicio. Una empresa en la que evalúan a las personas basándose en objetivos claros de desempeño (y no en su desempeño en relación con los demás) minimiza la rivalidad mimética.

Cuando surgió el riesgo de una guerra sin cuartel contra la empresa rival de Elon Musk, X.com, Thiel se fusionó con él para fundar PayPal. Sabía gracias a Girard que cuando dos personas (o dos empresas) se consideran mutuamente modelos miméticos, comienza una rivalidad en la que el único final posible es la destrucción, a menos que sean capaces en cierto modo de ver más allá de la rivalidad[12].

Thiel también tomó en cuenta la mímesis al evaluar decisiones relacionadas con las inversiones. Reid Hoffman, el fundador de LinkedIn, le había presentado a Mark Zuckerberg. Thiel vio con claridad que Facebook no era solo otro MySpace o SocialNet (la primera empresa de Hoffman). Facebook está construido alrededor de la identidad, es decir, de los deseos. Ayuda a las personas a ver lo que otras tienen y quieren. Es una plataforma para encontrar modelos, seguirlos y diferenciarse de ellos.

Los modelos de deseo son los que hacen que Facebook sea una droga tan potente. Antes de Facebook, los modelos de una persona provenían de un grupo reducido de gente: amigos, familia, trabajo, revistas y quizá televisión. Después de Facebook, todo el mundo es un modelo potencial.

Facebook no está lleno solo con cualquier tipo de modelo: la mayoría de las personas a las que seguimos no son estrellas de cine, atletas profesionales o celebridades. Facebook está lleno de modelos que están *dentro de nuestro mundo,* en términos sociales. Son lo bastante cercanos como para que nos comparemos con ellos. Son los modelos más influyentes de todos y hay mil millones de ellos.

Thiel percibió rápido el poder potencial de Facebook y se convirtió en el primer inversor externo de la compañía. «Aposté por la mímesis», me dijo. Con el tiempo, su inversión de quinientos mil dólares le generó más de mil millones.

QUÉ HAY EN JUEGO

Debido a su cualidad social, el deseo mimético se expande de persona a persona a través de la cultura. Se manifiesta en dos movimientos diferentes —dos ciclos— de deseo. El primer ciclo lleva a la tensión, el conflicto y la volatilidad; rompe vínculos y causa inestabilidad y confusión porque los deseos que compiten entre sí interactúan de manera volátil. Este es el ciclo por defecto predominante en la historia de la humanidad. Hoy está más acelerado.

Pero es posible trascender el ciclo por defecto. Es posible iniciar un ciclo distinto que canalice la energía en objetivos creativos y productivos que sirvan al bien común.

Este libro explorará estos dos ciclos. Son fundamentales para el comportamiento humano. Al ser tan cercanos a nosotros —porque operan *dentro* de nosotros—, solemos pasarlos por alto. Sin embargo, estos ciclos están en funcionamiento constante.

Los movimientos del deseo son los que definen nuestro mundo. Los economistas los miden, los políticos los sondean, los negocios los alimentan. La Historia es la historia del deseo humano. Sin embargo, el origen y la evolución del deseo son un misterio. En 1978, Girard llamó a su obra maestra *Cosas ocultas desde la fundación del mundo.* Era una alusión a los extremos a los que han llegado los humanos para esconder la verdadera naturaleza de sus deseos y sus consecuencias. Este libro es sobre esas cosas ocultas y sobre cómo funcionan en el mundo de hoy. No podemos permitirnos ignorarlas porque:

1. **La mímesis puede sabotear nuestras ambiciones más nobles.** Vivimos en una época de hiperimitación. La fascinación con las modas y con ser viral es un síntoma de nuestro apuro. Al igual que la polarización política. En parte nace del comportamiento mimético que destruye los matices y envenena incluso nuestros objetivos más honorables: entablar amistades, luchar por causas importantes, construir comunidades saludables. Cuando la mímesis toma el control, nos obsesionamos con derrocar a otro y nos medimos en relación con ello. Cuando la identidad de una persona depende por completo de un modelo mimético, es imposible para ella escapar realmente de ese modelo porque hacerlo significaría destruir su propia razón de ser [13].
2. **Las fuerzas homogéneas crean una crisis de deseo.** La igualdad es buena. La invariabilidad en general no lo es: a menos que estemos hablando sobre coches en una cadena de ensamblaje o sobre la constancia en la calidad de tu marca favorita de café. Cuanto más forzadas estén las personas a ser las mismas (cuanta más presión sientan por pensar, sentir y querer las mismas cosas), mayor será la intensidad con la que lucharán por diferenciarse. Y esto es peligroso. Muchas culturas han

sostenido un mito en el que un par de gemelos ejercen violencia mutua. Hay al menos cinco historias separadas sobre la rivalidad entre hermanos solo en el libro del *Génesis*: Caín y Abel, Ismael e Isaac, Esaú y Jacob, Lea y Raquel, José y sus hermanos. Las historias sobre la rivalidad entre hermanos son universales porque son reales: cuanto más parecidas sean las personas, más probable es que se sientan amenazadas. Si bien la tecnología acerca el mundo (la misión de Facebook), también acerca nuestros deseos y amplifica el conflicto. Somos libres de resistirnos, pero las fuerzas miméticas se aceleran tan rápido que estamos cerca de quedar encadenados a ellas.

3. **La sustentabilidad depende de la deseabilidad.**
Las décadas de la cultura consumista han forjado deseos poco sostenibles. Muchas personas saben a nivel intelectual que podrían, por ejemplo, cuidar mejor del medio ambiente. Pero hasta que llevar una dieta más sostenible o conducir vehículos con combustible más eficiente no sea mucho más atractivo para el consumidor promedio que las otras alternativas, no habrá una adopción masiva de las opciones más ecológicas. No es suficiente saber qué es bueno y verdadero. La bondad y la verdad necesitan ser atractivas: en otras palabras, deseables.

4. **Si las personas no canalizan sus deseos en algo positivo, encontrarán vías de escape negativas.**
Los días previos a los ataques terroristas del 11 de septiembre de 2001, el secuestrador Mohammed Atta y sus compañeros pasaban el tiempo de fiesta en unos bares al sur de Florida y jugando videojuegos. «¿Quién pregunta sobre las almas de esos hombres?», se cuestionó Girard en su último libro, *Battling to the End*[14]. La división maniquea que parte el mundo en personas «malas» y «no malas» nunca fue suficiente para él, ya que veía a las dinámicas generadas por la rivalidad mimética funcionando detrás del aumento del terrorismo y del conflicto de clases. Las personas no pelean porque quieran cosas *diferentes*; pelean porque el deseo mimético hace que quieran las *mismas*

> cosas. Los terroristas no hubieran querido destruir símbolos de la riqueza y la cultura de Occidente si, en un nivel profundo, no hubieran deseado en secreto parte de lo mismo. Por esa razón los bares de Florida y los videojuegos son una pieza importante del rompecabezas. El *mysterium iniquitatis* (el misterio del mal) permanece así: inescrutable. Pero la teoría mimética revela un aspecto importante de él. Cuanto más pelean las personas, más llegan a parecerse entre sí. Debemos escoger a nuestros enemigos sabiamente, porque nos podemos volver como ellos.

Pero aún hay más en juego. Cada uno de nosotros tiene la responsabilidad de darles forma a los deseos de los otros, al igual que ellos dan forma a nuestros deseos. Cada encuentro que tenemos con otra persona nos permite, a ella y a nosotros, querer más, querer menos o querer algo diferente.

En el análisis final, hay dos preguntas esenciales: *¿Qué quieres? ¿Qué has ayudado a que otras personas quieran?* Una pregunta ayuda a responder la otra.

Y si no estás satisfecho con las respuestas que encuentras hoy, no hay problema. Las preguntas más importantes conciernen a lo que querremos en el futuro.

¿QUÉ QUERRÁS EN EL FUTURO?

Al finalizar este libro, comprenderás el deseo de un modo diferente: lo que tú quieres, lo que otros quieren, y cómo vivir y liderar en base a un modelo en el que el deseo es una expresión de amor. Para ayudarte a llegar allí, esta obra aborda un viaje que consta de dos partes.

La primera parte, *El poder del deseo mimético,* trata sobre las fuerzas ocultas que influencian los motivos por los cuales queremos lo que queremos. Es la teoría mimética para principiantes. En el capítulo 1, empezaré explicando los orígenes del deseo mimético en la infancia y mostraré cómo evoluciona a una forma sofisticada de imitación en los adultos. En el capítulo 2, veremos cómo el deseo mimético funciona de manera diferente dependiendo de la relación que la persona tenga con un modelo. Al inicio del capítulo 3, explicaré cómo funciona el deseo mimético en grupos, lo cual es esencial para comprender algunos de nuestros problemas sociales más persistentes y desconcertantes. En el capítulo 4, llegaremos a la culminación del conflicto mimético: el mecanismo del chivo expiatorio. La primera mitad del libro está centrada en el ciclo de deseo destructivo o por defecto: el primer ciclo.

La segunda parte, *La transformación del deseo,* subraya el proceso necesario para librarse del primer ciclo, para poder lidiar con nuestros deseos de un modo más saludable. La segunda mitad del libro muestra cómo tenemos la libertad de poner en movimiento el ciclo creativo del deseo: el segundo ciclo. En el capítulo 5, conoceremos a un chef ganador de tres estrellas Michelin que salió del sistema de deseo en el que había nacido y recuperó la libertad de crear. El capítulo 6 muestra cómo la empatía disruptiva rompe los vínculos que evitan que la mayoría de nosotros descubramos y construyamos *deseos sólidos* que conforman una buena vida. El capítulo 7 aplica las leyes del deseo al liderazgo. Y, por último, el capítulo 8, trata del futuro del deseo.

La primera parte parece un descenso. Es necesario visitar el infierno para no convertirnos jamás en residentes permanentes. El segundo tramo nos indica el camino de salida.

A lo largo de este libro haré hincapié en quince estrategias que he desarrollado para lidiar de un modo positivo con el deseo mimético. Mi objetivo es compartirlas para ayudarte a pensar en términos prácticos sobre estas ideas y que con el tiempo logres desarrollar tus propias estrategias, que probablemente serán muy distintas de las mías.

* * *

El deseo mimético es parte de la condición humana. Puede yacer bajo la superficie de nuestra vida y actuar como nuestro líder no reconocido. Pero hay maneras de identificarlo, confrontarlo y realizar elecciones más intencionales que lleven a una vida más satisfactoria: mucho más plena que la vida en la que nos consume por completo el deseo mimético sin que lo sepamos.

Al finalizar este libro, tendrás un marco simple para comprender cómo funciona el deseo mimético en tu vida y en nuestra cultura. Entenderás mejor *qué* imitas y *cómo* lo haces. Saber si respondes de manera más o menos mimética en una situación dada y en relaciones específicas es un paso importante hacia el autocontrol.

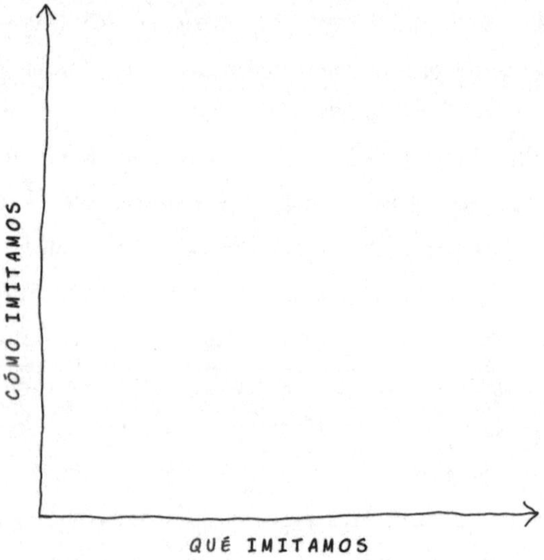

Somos cada vez más conscientes de cuán frágiles son los sistemas del mundo y cuán interconectados están. Los sistemas político-económicos que antes parecían estables han sido destruidos. La salud pública ha enfrentado desafíos porque incluso las mejores políticas deben confrontar con grupos de personas que desean cosas diferentes. La pobreza que permanece a la par de las riquezas extremas es un escándalo. Todas estas cosas tienen una base en el sistema de deseo fundamental que intento describir. Este sistema de deseo es para los organismos mundiales lo que el sistema circulatorio es para el cuerpo. Cuando el sistema cardiovascular no funciona adecuadamente, los órganos sufren y, con el tiempo, dejan de funcionar. Lo mismo sucede con el deseo.

Nuestros vínculos fracturados con otros humanos y con el ecosistema entero revelan que lo que queremos, de modo individual y colectivo, tiene consecuencias. Pero si entendemos la naturaleza mimética del deseo, podremos hacer nuestra parte para construir un mundo mejor. Los mejores avances a lo largo de la historia han sido el resultado de que alguien quiso algo que aún no existía y de ayudar a otros a querer más de lo que creían que era deseable.

Tu conciencia nueva o más profunda del deseo mimético hará que veas el mundo de un modo diferente. Si eres como yo, te atormentará tanto que comenzarás a notarlo por todas partes: quizás incluso en tu propia vida. Lo que escojas hacer al respecto depende de ti.

Primera parte

EL PODER DEL DESEO MIMÉTICO

1

MODELOS OCULTOS
Mentiras románticas, verdades infantiles

El autoengaño de César... Elegir el amor con ojos ajenos... La invención de RR.PP. ... Por qué hacerse el difícil funciona.

El hombre nunca puede saber qué debe querer, porque vive solo una vida y no tiene modo de compararla con sus vidas precedentes ni de enmendarla en sus vidas posteriores.

—Milan Kundera

Cuando las personas te dicen lo que quieren, cuentan una versión de la mentira romántica. Es algo así:

Acabo de darme cuenta de que quiero correr un maratón. (Al igual que todos mis amigos al cumplir los treinta y cinco años).

Porque vi un tigre, ahora lo entiendo... (De la canción «I Saw a Tiger», escrita por Vince Johnson para Joe Exotic, el rey tigre, para quien ver a uno de estos animales parece ser una experiencia mística que lo hizo desear crear un zoológico para felinos grandes).

Deseo a Christian Grey. Lo deseo con fervor. Es un hecho. (De *Cincuenta sombras de Grey*, que está plagado de estas simplicidades).

Julio César fue un excelente mentiroso romántico. Después de su victoria en la batalla de Zela, declaró: Veni, vidi, vici («Vine, vi, vencí»). La frase ha sido citada miles de veces por personas que confiaron en la palabra de César: creyeron en que vio el lugar y decidió conquistarlo. El mago James Warren sugiere que reinterpretemos las palabras de César en el lenguaje del deseo para ver lo que afirma en verdad: *Vine, vi, deseé.* Y, por lo tanto, lo conquistó [1].

César quiere que pensemos que él solo necesita posar la vista en algo para saber si es o no deseable. Pero César es arrogante.

La verdad es más compleja. Primero, César veneraba a Alejandro Magno, el genio militar macedonio que conquistó prácticamente todo el mundo conocido en el siglo III a. C. Segundo, en la batalla de Zela, el rival de César, Farnaces II, había sido el primero en atacar a César. César no solo *fue y vio.* Había deseado durante mucho tiempo ser un conquistador como su modelo, Alejandro, y estaba respondiendo a su rival, Farnaces.

La mentira romántica es un autoengaño, es la historia que las personas cuentan sobre por qué realizan ciertas elecciones: porque encajan con sus preferencias personales, porque ven sus cualidades objetivas, o simplemente porque *vieron* la elección y, por lo tanto, la *quisieron.*

Creen que hay una línea recta entre ellos y lo que desean. Es mentira. La verdad es que esa línea siempre es curva.

Enterrada bajo una capa más profunda de nuestra psicología está la persona o la cosa que hizo que quisiéramos algo en primer lugar. El deseo necesita modelos: personas que les infunden valor a las cosas para nosotros, porque ellas desean esas cosas.

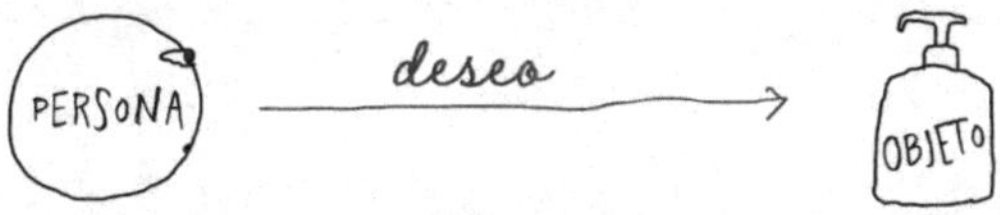

MENTIRA

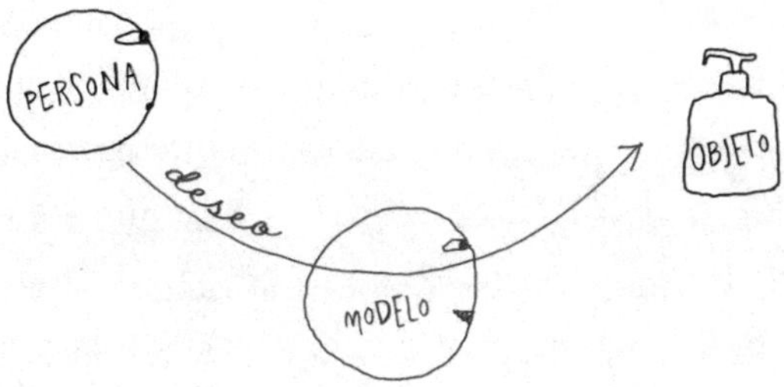

Los modelos transfiguran los objetos ante nuestros ojos. Entras en una tienda de segunda mano con una amiga y ves percheros con cientos de camisetas. Ninguna te llama la atención. Pero en cuanto tu amiga se enamora de una en particular, la camiseta ya deja de ser una prenda en un perchero. Tu amiga Molly escogió *la* camiseta: Molly, quien, por cierto, es asistente de vestuario en películas importantes. En cuanto ella mira la camiseta, la distingue de las otras prendas. Es una camiseta diferente de la que era cinco segundos atrás, antes de que ella comenzara a quererla.

«¡Oh, infierno! Elegir el amor con ojos ajenos», dice Hermia en la obra de Shakespeare *Sueño de una noche de verano.* Es un infierno saber que hemos elegido *cualquier cosa* con los ojos de otro. Pero lo hacemos todo el tiempo: escogemos marcas, escuelas y platos en un restaurante de esta manera.

Siempre hay modelos de deseo. Si no conoces los tuyos, es probable que estén sembrando el caos en tu vida.

* * *

Entonces debes estar preguntándote: si el deseo es generado y transformado por modelos, ¿de dónde obtienen los modelos sus deseos? La respuesta es: de otros modelos.

Si retrocedemos lo suficiente en la evolución de tu deseo, a través de tus amigos, padres, abuelos y tatarabuelos, hasta los romanos, que tomaron como ejemplo a los griegos, continuarás hallando modelos.

La Biblia contiene una historia sobre la mentira romántica en el albor de la humanidad. Originalmente, Eva no tenía el deseo de comer la fruta del árbol prohibido… hasta que la serpiente le dio forma a ese deseo. *La serpiente sugirió un deseo.* Eso hacen los modelos. De pronto, una fruta que no había despertado ningún interés particular se convirtió en la más deseada del universo. De manera instantánea. La fruta parecía irresistible porque —y solo a partir de que— fue transformada en un bien prohibido [2].

Nos tientan los modelos que sugieren un deseo por cosas que no tenemos en el momento, en especial cosas que parecen fuera de nuestro alcance. Cuanto mayor es el obstáculo, mayor es la atracción.

¿No es curioso? No queremos cosas que sean demasiado fáciles de obtener o que ya estén a nuestro alcance. El deseo nos lleva más allá de donde estamos actualmente. Los modelos son como personas que están varios metros por adelante de nosotros en la calle y que pueden ver algo a la vuelta de la esquina que nosotros aún no podemos vislumbrar. Así que la manera en que un modelo describe o nos *sugiere* algo marca toda la diferencia. Nunca vemos cosas que queremos directamente; las percibimos de forma indirecta, como una refracción de la luz. Nos seducen las cosas cuando están moldeadas de un modo atractivo para nosotros y por el modelo correcto. Nuestro universo de deseo es tan grande o tan pequeño como nuestros modelos.

* * *

La dependencia respecto de los modelos no es necesariamente algo malo. Sin modelos, ninguno de nosotros hablaría el mismo idioma o aspiraría a ser más que el *statu quo.* George Carlin quizás hubiera pasado cincuenta años haciendo bromas sobre el clima de no haber estado entre la audiencia del espectáculo de Lenny Bruce en 1962. Bruce era el modelo de una nueva manera de hacer humor y Carlin lo usó para ser exitoso.

El peligro es no reconocer a los modelos por lo que son. Cuando no los identificamos, es fácil establecer relaciones poco saludables con ellos. Comienzan a ejercer una influencia extrema en nosotros. Solemos obsesionarnos por ellos sin notarlo. En muchas ocasiones, los modelos son el ídolo secreto de una persona.

«René podía identificar el ídolo en los ojos de otra persona como si fuera un acto de adoración», me dijo Gil Bailie, amigo de Girard. La teoría mimética expone nuestros modelos y reordena nuestro vínculo con ellos. El primer paso es sacarlos a la luz.

* * *

En este capítulo, veremos cómo Edward Bernays, un hacker de principios del siglo xx conocido como «el padre de las relaciones públicas», utilizó modelos ocultos colocados con precisión para manipular a una generación de consumidores. En las décadas de los cincuenta y los sesenta, sus descendientes fueron los «Mad Men» de la avenida Madison. Hoy, es probable que formen parte de grandes compañías tecnológicas, gobiernos y salas de prensa.

También veremos cómo la mímesis afecta los mercados financieros, y por qué encontrar y nombrar a los modelos ocultos nos ayuda a comprender el movimiento de las acciones y la humanidad de las burbujas.

Pero empezaremos analizando un sitio donde los modelos operan de manera visible: la vida de los bebés.

SECRETOS QUE GUARDAN LOS BEBÉS

Los bebés son unos imitadores brillantes. Apenas segundos después de nacer, empiezan a imitar a otros humanos. Como recién nacidos, son capaces de realizar imitaciones a un nivel que supera incluso a los primates adultos más desarrollados[3].

Los investigadores han descubierto que los poderes imitativos de un bebé comienzan a desarrollarse aun antes del nacimiento. «Después de nacer, los bebés reproducen muchos sonidos diferentes que están particularmente moldeados por la prosodia que oyeron en el vientre de su madre», escribió Sophie Hardach en 2019, en un artículo para *The New York Times* que detallaba una nueva investigación realizada por una científica alemana, la doctora Kathleen Wermke. Para el tercer trimestre, los bebés escuchan los distintos tonos de la voz de su madre. Poco después de nacer, los bebés nacidos de madres hablantes de mandarín (un idioma muy tonal) suelen llorar con entonaciones más complejas que los niñitos nacidos de madres que hablan alemán o sueco, por ejemplo[4].

Este y otros descubrimientos recientes han desafiado la teoría del infante asocial: la postura compartida por Freud, Skinner y Piaget, que sostenía que los recién nacidos son como polluelos dentro del huevo, aislados de la realidad externa hasta que los adultos los hacen socializar. Freud incluso propuso una distinción entre un nacimiento físico y uno psicológico o interpersonal, sugiriendo que un bebé no es una persona completa hasta no haber socializado[5]. Pero cualquier madre que haya tenido en brazos a un recién nacido sabe que esto es falso. Los bebés nacen como seres sociales.

Pocos científicos han hecho más por refutar el mito del infante asocial que el doctor Andrew Meltzoff, cuyo trabajo sobre el desarrollo y la psicología infantil así como sobre la neurociencia durante las últimas décadas ha proporcionado pruebas científicas que avalan el descubrimiento de Girard. El trabajo del doctor Meltzoff sugiere que no aprendemos a imitar; nacemos siendo imitadores. Ser un imitador es parte de ser humano.

En uno de sus experimentos más famosos, llevado a cabo en 1977, Meltzoff fue a un hospital de Seattle (junto al investigador M. Keith Moore) y les mostró la lengua a los recién nacidos. Mientras que la edad promedio de los bebés de este estudio era de treinta y dos horas, una recién nacida de apenas cuarenta y dos minutos de vida imitó su expresión facial con una precisión sorprendente. Era la primera vez que uno de esos bebés había visto a un ser humano sacar la lengua o hacer muecas graciosas; sin embargo, la bebé parecía comprender que ella era «como» la criatura que estaba ante sus ojos: que ella también tenía un rostro y que podía hacer cosas con él[6].

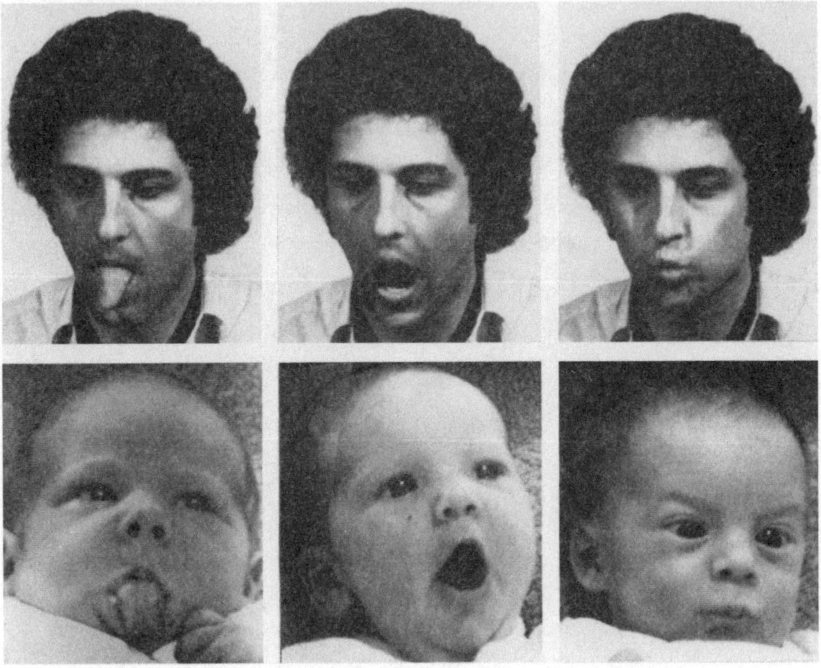

A. N. Meltzoff y M. K. Moore (1997). *Science*, 198:75-78.

(Foto cortesía de Andrew Meltzoff).

Viajé hasta la oficina del doctor Meltzoff en el Instituto de Aprendizaje y Ciencias del Cerebro de la Universidad de Washington, el cual codirige junto a su esposa, Patricia K. Kuhl, una especialista en las ciencias del habla y la escucha. «Los bebés salen del vientre con la aparente habilidad de imitar», me dice el doctor Meltzoff.

Podemos entender nuestra naturaleza mimética si consideramos a los bebés como maestros. «Los bebés saben un secreto de la mente humana que ha estado oculto durante milenios», escribió el doctor Meltzoff. «Son nuestros dobles. Tienen una voluntad primordial de entendernos que es más avanzada que su desarrollo, y nosotros poseemos el deseo de comprenderlos, el cual impulsa las ciencias sociales y la filosofía. Estudiando la mente y el corazón de los niños, aprendemos sobre nosotros mismos»[7].

* * *

Entre 2007 y 2009, el doctor Meltzoff se reunió varias veces con René Girard en Stanford y una vez en la casa de Girard en Palo Alto. Intercambiaron opiniones sobre los descubrimientos de cada uno con respecto al desarrollo de la vida humana y la cultura.

«A René le fascinaba la ciencia, el modo en que los infantes siguen las miradas, lo cual los hace entrar en la órbita de los objetivos adultos, las intenciones y los deseos», dice el doctor Meltzoff. Girard valoraba que un científico de la talla de Meltzoff corroborara y dilucidara su teoría en un área diferente.

—Y también sugirió algunas novelas que me gustaría leer.

—¿Novelas? —pregunto.

—Sí, por ejemplo las de Proust.

—¿Por qué Proust?

—Él estaba muy interesado en un concepto de mi investigación llamado *atención visual conjunta*: cuando dos personas enfocan la vista en el mismo objeto. Los bebés siguen la mirada de sus madres. Él compartió conmigo algunos pasajes maravillosos de Proust en los que menciona que las personas prestan atención a los ojos de otras y que leen en ellos sus intenciones y sus deseos.

A través de *En busca del tiempo perdido*, la obra maestra de Proust, los personajes intentan saber lo que otros quieren prestando atención a las señales más sutiles. En el volumen 5, Proust escribió: «¿Cómo fracasé en notar hace tiempo que los ojos de Albertine pertenecen a la categoría que, incluso en una persona bastante ordinaria, parece compuesta por varios fragmentos debido a todos los lugares donde la persona desea estar mientras oculta el deseo de estar, en aquel día en particular?» [8]. Los personajes de Proust captan señales que indican lo que otros desean, a veces incluso a partir de una mirada.

Nosotros hacemos lo mismo. El doctor Meltzoff explica: «La madre mira algo. El bebé lo considera una señal que indica que la madre desea ese objeto o al menos le presta atención porque debe ser importante. El bebé mira el rostro de la madre y luego el objeto. Intenta comprender la relación entre su madre y el objeto». Al poco tiempo, el bebé no solo es capaz de seguir la mirada de su madre, sino que incluso percibe la intención detrás de sus acciones.

Para poner a prueba esa idea, el doctor Meltzoff organizó un acto frente a bebés de dieciocho meses de edad. En el experimento, un adulto actuó como si estuviera tratando de desmontar un juguete en forma de pesa hecho con un cilindro que tenía un cubo de madera en cada extremo. Mientras el adulto hacía un esfuerzo por desarmar el juguete, dejó que una de sus manos cayera de uno de los extremos. Lo intentó de nuevo, pero esta vez dejó que la mano se deslizara del extremo opuesto. La intención del adulto era clara: quería desarmar el juguete. Pero aparentemente fracasaba.

Después de la actuación del adulto, el investigador les presentó el objeto a los niños y observó lo que hacían. Los bebés recogían la pesa y la desmontaban de inmediato; el experimento tuvo lugar cincuenta veces, y esta conducta sucedió en cuarenta de ellas. Los bebés no imitaban lo que el adulto hacía: imitaban lo que creían que los adultos *querían hacer.* Leyeron entre las líneas del comportamiento superficial [9].

Los bebés del experimento estaban en la etapa prelingüística. Rastreaban los deseos de otros antes de comprenderlos o de tener palabras para describirlos. No sabían o no les importaba *por qué* otras personas deseaban algo: simplemente notaban lo que ellas querían.

El deseo es nuestro interés primordial. Mucho antes de que las personas puedan articular por qué quieren algo, lo desean. El orador motivacional Simon Sinek aconseja a las organizaciones y a las personas que «empiecen por el por qué» (el título de uno de sus libros), que encuentren y comuniquen su propósito, antes que nada. Pero eso en general es una racionalización *a posteriori* de lo que sea que ya queremos. El deseo es un mejor punto de partida.

* * *

Los niños parecen sorprendentemente altruistas. En 2020, el doctor Meltzoff y sus colegas observaron que pequeños de diecinueve meses contribuían a que un adulto obtuviera una fruta fuera de su alcance. Los niños ayudaron a otros a cumplir sus deseos sin vacilar, reiteradas veces y rápido más de la mitad de las veces, y lo hacían aunque significara entregarle comida a un adulto a pesar de tener hambre [10].

Esta preocupación natural y saludable de los niños acerca de lo que quieren otras personas parece mutar en la adultez a una preocupación insalubre sobre lo que quieren otros. Crece y se convierte en mímesis. Los adultos hacen como expertos lo que los bebés hacen con torpeza. Después de todo, cada uno de nosotros es un bebé altamente desarrollado. En vez de aprender lo que otras personas quieren para poder ayudarlas a obtenerlo, competimos en secreto con ellas para poseer el mismo objeto de deseo.

Le pregunto al doctor Meltzoff cuán profunda es la imitación del deseo. Él se incorpora de un salto de su silla y me lleva a una habitación especial en la que hay un aparato de dos millones de dólares que realiza magnetoencefalografías (MEG). Una MEG tiene magnetómetros extremadamente sensibles que permiten a los científicos localizar las fuentes de actividad magnética en el cerebro. Cuando el cerebro está activo, produce un campo magnético en la cabeza y a su alrededor. La máquina detecta las fluctuaciones en los campos magnéticos que alguien produce de manera natural al percibir, desear, sentir y pensar en las cosas que lo rodean.

Si bien las primeras MEG han existido desde la década de los setenta, el doctor Meltzoff ha personalizado el software de la suya, incluyendo programas diseñados específicamente para analizar el aprendizaje y la actividad cerebral en bebés. Su máquina parece un secador de cabello para gigantes. Está cubierta por coloridas pegatinas de criaturas marítimas.

En un estudio de 2018, el doctor Meltzoff y su equipo descubrieron que el cerebro de los niños imita las acciones que ellos ven en el mundo que los rodea. «Descubrimos que cuando un niño ve un objeto que toca a un adulto mientras el niño está dentro de la MEG, la MEG muestra que la misma parte del cerebro se activa en el niño, *como si* el niño fuera quien está en contacto con el objeto» [11]. La división imaginaria entre el individuo y el otro (el cimiento de la mentira romántica) ha sido expuesta.

* * *

Las *neuronas espejo* fueron descubiertas por accidente en Parma, Italia, en la década de los noventa, por un grupo de científicos italianos guiados por el famoso neurocientífico Giacomo Rizzolatti. Descubrieron que un área específica del cerebro de un macaco se activa cuando ve a un adulto tomar un cacahuete: la misma zona que se activa si el mono toma el cacahuete directamente. «Por esa razón se la llama *neurona espejo*», escribe Marco Iacoboni, un neurocientífico de la Universidad de California en Los Ángeles. «Es como si el mono observara su propia acción reflejada en un espejo» [12].

Según el doctor Meltzoff, las neuronas espejo son una parte de la base neurológica que explica la imitación, pero no pueden explicarla por completo. «Lo que hacen los bebés es más complicado que las neuronas espejo», me dice. Lo que Girard llama *deseo mimético* tal vez tenga una base neurológica en esas neuronas, pero el deseo mimético es un fenómeno misterioso que no puede reducirse solo a las neuronas espejo.

Los animales imitan sonidos, expresiones faciales, gestos, agresiones y otros comportamientos. Los humanos imitan todo eso y más:

planes de jubilación, ideales románticos, fantasías sexuales, recetas culinarias, normas sociales, credos, rituales de dar y recibir, cortesías profesionales y memes.

Somos tan sensibles a la imitación que notamos la más sutil desviación de lo que podemos llamar *imitación aceptable.* Si recibimos la respuesta a un e-mail o mensaje de texto que no concuerda de modo suficiente con el tono, podemos sufrir una pequeña crisis (*¿No le gusto? ¿Cree que es superior a mí? ¿He hecho algo mal?*). La comunicación prácticamente depende de la mímesis. En un estudio publicado en 2008 en el *Journal of Experimental Social Psychology,* asignaron a sesenta y dos estudiantes que negociaran con otros estudiantes. Aquellos que copiaban la postura de otros y su discurso alcanzaron un acuerdo el 67 % de las veces, mientras que quienes no llegaron a un acuerdo lo hicieron el 12,5 % de las veces [13].

La imitación de cosas superficiales es parte de la vida cotidiana y en general no es algo por lo que debamos preocuparnos… a menos que se convierta en un portal hacia otro mundo, en un agujero negro al universo del deseo, que puede succionarnos sin posibilidad de escapar.

EL MARTINI ES UNA DROGA DE ENTRADA

Los bebés que siguieron la mirada de su madre y que fueron observados por el doctor Meltzoff se convirtieron en adultos que miraban a sus vecinos con una atención fascinante en busca de las pistas más sutiles que indicaran qué era deseable.

Tengo planeado pedir una cerveza en el bar. Mi amigo pide un Martini con ginebra. De pronto, «me doy cuenta» de que a mí también me apetece un Martini.

Si soy sincero conmigo mismo, *no quería* un Martini cuando entré por la puerta. Estaba decidido a beberme una cerveza fría. ¿Qué cambió? Mi amigo no me recordó un deseo subconsciente e interno que tenía por beber un Martini; me generó un nuevo deseo. Quiero uno *porque* mi amigo lo quiso primero.

En general, un Martini es algo inofensivo. Pero digamos que mientras estamos sentados con la barriga contra la barra tomándonos nuestras bebidas, mi amigo comenta que está a punto de conseguir un ascenso. Recibirá veinte mil dólares más de salario y tendrá un nuevo puesto: director ejecutivo o algo así que suene importante. También tendrá más días de vacaciones.

Mientras sonrío y le comento cuán fantástico es eso, siento un poco de ansiedad. ¿No debería yo también ganar veinte mil dólares extra? ¿Mi amigo y yo aún planearemos vacaciones juntos si su salario es el doble que el mío? Y, además, *¿qué cojones?* Nos graduamos en la misma universidad y yo me esforcé el doble que él en la escuela y después también. ¿Acaso estoy rezagado? ¿Habré escogido mal mi camino en la vida? Aunque solía decir que nunca me interesaría trabajar en lo suyo, ahora tengo dudas.

Mi amigo se ha convertido en un modelo de deseo para mí. Nunca hablaremos de ello. Pero una fuerza interna se ha activado en mí y, si no la controlo, causará conflictos. Empezaré a tomar decisiones basadas en lo que él quiere. Si él se muda a otro barrio, comenzaré a evaluar dónde vivo. Si él alcanza la categoría de platino del programa SkyMiles de Delta, no me bastará con pertenecer a la categoría dorada.

A veces, lo imitaré por oposición, haciendo lo contrario de lo que él haga. Si compra un Tesla, yo nunca querré tener uno. No quiero ningún recordatorio de que siempre estoy un paso por detrás de él. Soy diferente. Me compraré un Ford Camaro clásico y empezaré a mirar con desdén a los conductores de Tesla que se crucen en mi camino (parecen una manada, haciendo todos lo mismo...), con la inconsciencia absoluta de que mi comportamiento está basado en el de mi modelo.

Cuando él pierda su empleo, sentiré *schadenfreude,* me alegraré ante su humillación. Cuando lo recupere, sentiré envidia. Incluso mis emociones son un reflejo de la relación que tengo con mi modelo. Y en este momento, estoy por terminar mi copa de Martini y veo que él tiene una aceituna más que yo.

* * *

En el paso de la infancia a la adultez, la imitación visible del niño se convierte en la mímesis oculta de los adultos. Buscamos en secreto modelos mientras que simultáneamente negamos necesitar uno.

El deseo mimético funciona a oscuras. Aquellos que pueden ver en la oscuridad lo aprovechan al máximo.

ANTORCHAS DE LIBERTAD

El 6 de abril de 1917, el día en que Estados Unidos declaró la guerra contra Alemania, Edward Bernays, de veinticinco años, comenzó el proceso de alistarse en el ejército estadounidense. Según el libro que Larry Tye escribió sobre él, Bernays, un judío nacido en Austria de 1,62 de alto que era el sobrino de Sigmund Freud, estaba entusiasmado por demostrar su patriotismo y por defender el país al que había adoptado como propio. Pero tener los pies planos y visión defectuosa lo descalificó [14].

El rechazo solo motivó a Bernays a destacar de otras maneras. Era un observador sagaz de la naturaleza humana y tenía un talento innato para congregar a personas que quisieran defender causas. Comenzó a preguntarse cómo podía explotar ese don.

Cuatro años antes, a los veintiuno, siendo editor de una modesta revista de medicina, había visto oportunidades donde otros veían obstáculos. Dado el foco de la revista en la medicina y la necesidad de generar más interés y lectores, Bernays decidió promocionar la obra controversial *Damaged Goods,* escrita por el dramaturgo Eugène Brieux. Trataba sobre un hombre con sífilis que contagiaba a su esposa con la enfermedad y ella daba a luz a un bebé que también la padecía. Habían prohibido la obra en la mayoría de los lugares porque hablar sobre una enfermedad de transmisión sexual era un tabú indiscutible en la época. Bernays convocó a expertos en medicina y modelos públicos (entre los que estaban John D. Rockefeller, Anne

Harriman Vanderbilt y Eleanor Roosevelt) para que apoyaran la obra, presentándola como una batalla contra el pudor. A pesar de recibir reseñas variadas, su campaña hizo que la obra tuviera un éxito rotundo y aumentó la reputación de Bernays como estratega.

Continuó perfeccionando su talento con una serie de maniobras publicitarias que solían conectar causas profundamente personales con productos y entretenimiento, hasta que surgió una oportunidad mucho más importante. Después de que lo rechazaran en el ejército, Bernays utilizó su gran talento para conseguir apoyo para que Estados Unidos participara de la Primera Guerra Mundial.

La idea de una guerra dividía en profundidad al país. En enero de 1917, el presidente Woodrow Wilson dijo al Congreso que Estados Unidos debía permanecer neutral, una idea que él había promovido desde el inicio de la guerra. A finales de enero y en febrero, los submarinos alemanes comenzaron a atacar e incluso a hundir algunos barcos estadounidenses. Wilson regresó al Congreso para pedir la declaración de guerra. Aun así, muchos ciudadanos tenían opiniones encontradas al respecto.

Bernays logró obtener con sus habilidades un puesto en el Comité de Información Pública. Era una agencia independiente creada por el gobierno para influenciar a la opinión pública en favor de la guerra. De inmediato, Bernays comenzó a emplear sus viejos trucos. Organizó actos en Carnegie Hall con luchadores por la libertad de Polonia, Checoslovaquia y otros países; reclutó a la compañía automovilística Ford y a otras corporaciones estadounidenses para que apoyaran la guerra y repartieran folletos en sus oficinas fuera del país; y plantó propaganda estadounidense en periódicos populares, tanto en su lugar de origen como en el exterior.

Cuando ganaron la guerra, el presidente Wilson sentía sin dudas que Bernays había marcado la diferencia. Invitó al joven de veintiséis años a que lo acompañara a la Conferencia de Paz de París en enero de 1919. Cuando Bernays llegó a París, presenció cómo la multitud se agolpaba alrededor del presidente Wilson, un hombre al que él había posicionado como salvador y defensor de la libertad democrática.

«Hemos trabajado para que el mundo sea seguro para la democracia», dijo Bernays más tarde. «Ese era el gran slogan» [15].

* * *

Bernays regresó a Estados Unidos con una nueva conciencia: «Si es posible usar propaganda para la guerra, sin duda también es posible usarla para la paz» [16]. En las cuatro décadas siguientes, Bernays orquestó cientos de golpes en las relaciones públicas.

Cuando lo contrató una compañía que vendía carne de cerdo, hizo que comer *bacon* y huevos fuera el desayuno típico estadounidense. Logró que un amigo médico escribiera una carta para otros cinco mil médicos insistiéndoles en que todos apoyaran la recomendación de que comer un desayuno más pesado («*bacon* y huevos») era más saludable para la población.

Bernays convenció a los niños de que podían disfrutar al darse un baño organizando competencias de talla de jabón en las escuelas públicas. Eso fue porque Procter & Gamble, su cliente, creó una marca de jabón (Ivory) que flotaba en el agua.

A finales de la década de los cuarenta, persuadió al gobierno de Estados Unidos para que construyera la Ruta 66 como parte de su trabajo para Mack Trucks. Más rutas, más camiones.

Bernays parecía comprender que los modelos influenciaban el deseo. Los médicos eran los modelos «expertos» que recomendaban *bacon* y huevos. Los maestros eran quienes moldeaban la escultura en jabón. Y cuando Mack Trucks contrató a Bernays para que defendiera a la compañía contra las vías del tren, Bernays reunió a legiones de moteros entusiastas, desde miembros de clubes masculinos y femeninos de motociclistas a conductores que repartían leche y trabajadores mecánicos, para que apoyaran la construcción de más autopistas.

Pero ninguna de estas cosas se compara con la magnitud del impacto que Bernays tuvo décadas más tarde cuando creó uno de los modelos más poderosos del siglo.

* * *

En 1929, George Hill, el presidente de la empresa tabacalera American Tobacco Company, le ofreció a Eddie Bernays una propuesta tentadora: si lograba romper el tabú que condenaba a las mujeres que fumaban en público, podría ganar decenas de millones de dólares más al año. Hill ya le pagaba a Bernays un anticipo de veinticinco mil dólares, una suma inmensa en esa época (el equivalente a trescientos setenta y nueve mil dólares en dinero actual). Si la campaña para que más mujeres fumaran funcionaba, parte de las ganancias resultantes de la compañía acabarían presuntamente en manos de Bernays.

Las ventas de la marca distintiva de la empresa, Lucky Strike, ya eran espectaculares. Durante la guerra, la ración de los soldados había incluido cigarrillos. Y en años posteriores a la guerra, los fumadores aumentaron drásticamente debido a que la generación de jóvenes que primero habían fumado en busca de consuelo para enfrentar los horrores de la guerra ya era adicta al cigarrillo.

Las mujeres no participaban en esa moda. Había tabús sociales en contra de que ellas fumaran en público y los hombres denigraban a las mujeres que lo hacían incluso en privado. Las siguientes palabras del gerente de un hotel pronunciadas en 1919, y citadas en un artículo de *The New York Times*, eran lo típico:

> Odio ver a mujeres fumadoras. Más allá de la razón moral, ellas no saben fumar bien. Una mujer fumando un cigarrillo en la mesa de un restaurante generará más humo que una mesa entera llena de hombres fumando cigarros. Ellas no saben qué hacer con el humo. Tampoco saben sostener los cigarrillos de modo adecuado. Hacen que todo el acto sea un desastre.

George Hill sabía que este tabú afectaba a sus ganancias. «Si logro tener éxito con ese mercado, ganaré más de lo que espero», le dijo a Bernays. «Será como encontrar una nueva mina de oro en nuestro jardín» [17]. Para lograrlo, Bernays tenía que generar un cambio estructural suficientemente fuerte en la cultura estadounidense como para romper los tabús sexistas.

Bernays acudió primero a A. A. Brill, un discípulo de su tío Sigmund Freud y el psicoanalista más importante de Estados Unidos. Brill le explicó que el cigarrillo era un símbolo fálico que representaba el poder sexual masculino. Para convertir a los cigarrillos en un objeto que las mujeres pelearan por tener, Bernays tendría que hacer que el acto de fumar pareciera una manera de desafiar el poder masculino por parte de las mujeres. Los cigarrillos se habían convertido, en palabras de Brill, en «antorchas de libertad».

Para que eso sucediera, Bernays tendría que darles a las mujeres un modelo a seguir.

* * *

La emancipación femenina causaba furor en los años veinte. La decimonovena enmienda, ratificada en agosto de 1920, les había dado a las mujeres el derecho al voto, ganaban salarios más altos que nunca trabajando en empleos que habían surgido durante la guerra y las *flappers* celebraban sus nuevas libertades bebiendo cócteles French 75 y escuchando a Duke Ellington en el Cotton Club. La época era perfecta para cualquier cosa que apelara a la libertad [18].

Bernays elaboró su plan. En marzo de 1929, identificó que el día del desfile de Pascua en Nueva York era la oportunidad perfecta para transformar a los cigarrillos en «antorchas de libertad». El desfile era un espectáculo de alta costura, un frenesí mediático, una oportunidad para que los neoyorkinos adinerados se pasearan por la Quinta Avenida para ver y ser vistos.

La procesión de Pascua por la Quinta Avenida había surgido al inicio de la década de 1870. Por aquel entonces, la Pascua era tan importante para las ventas como lo es hoy la Navidad. Cuando el evento se convirtió en un ritual y en un desfile, las mujeres comenzaron a vestir sus mejores sombreros y sus atuendos coloridos de Pascua. Mientras salían de las iglesias a lo largo de toda la Quinta Avenida, se topaban con otras mujeres de la alta sociedad que utilizaban la calle como una pasarela. Visitaban las iglesias llenas de flores de camino al desfile mientras las clases bajas las admiraban desde hileras formadas a los laterales de la calle.

El plan de Bernays era convencer a un grupo cuidadosamente seleccionado de esas mujeres para que encendieran cigarrillos Lucky Strike de modo desafiante durante el desfile, el escenario más grande del mundo. Sería el equivalente a una campaña moderna con *influencers* de proporciones épicas: como si Beyoncé detuviera su actuación en el entretiempo del Super Bowl a mitad de una canción, sacara un Juul y le diera una pitada mientras las cámaras hacían zoom en la marca y en el sabor.

* * *

Según el relato de Larry Tye, Eddie acudió a un amigo de Vogue que lo ayudó a reunir una lista de treinta debutantes influyentes de Nueva York. Luego apeló a las mujeres de la alta sociedad a través de los periódicos neoyorkinos con ayuda de su amiga Ruth Hale, una líder feminista.

Una nota salió de su oficina con detalles del evento: «Las mujeres fumadoras y sus acompañantes pasearán desde la calle Cuarenta y Ocho hasta la calle Cincuenta y Cuatro por la Quinta Avenida entre las once y media y la una en punto». Bernays planeaba implantar en el evento a diez mujeres contratadas que fumaran de modo visible mientras se unían al desfile, y sabía exactamente a qué clase de mujeres quería. «Si bien deben ser atractivas, no tienen que parecer modelos», escribió.

La nota continuaba:

> Es necesario organizar el evento como si estuviera coreografiado por un director teatral; por ejemplo: una mujer ve que otra fuma, abre su bolso y encuentra el cigarrillo, pero no tiene cerillas y le pide fuego a otra. Al menos algunas de las mujeres deben estar acompañadas por hombres.

Edith Lee fuma un cigarrillo en el desfile del Día de Pascua, Nueva York, 1929.
(Foto cortesía de la Biblioteca del Congreso).

A la hora acordada y siguiendo las indicaciones de Bernays, las modelos tomaron sus cigarrillos Lucky Strike y los fumaron vestidas con sombreros estilo *flapper* y abrigos con puños de piel mientras se contoneaban por la calle.

Bernays no dejó nada librado al azar. Se aseguró de que hubiera fotógrafos y periodistas presentes para capturar el momento. Incluso les indicó que utilizaran la frase «antorchas de libertad», la cual él había seleccionado para describir las imágenes. Sabía que el evento despertaría el debate, pero ¿cómo era posible que alguien en ese mundo de posguerra no estuviera a favor de la *libertad?*

* * *

Según Tye, las imágenes de las mujeres fumando sus «antorchas de libertad» aparecieron el día siguiente en la primera plana de los periódicos más importantes de Estados Unidos: desde *The New York Times* hasta el periódico de Albuquerque, Nuevo México.

United Press International mencionó a una mujer llamada Bertha Hunt, quien «dio otro golpe a favor de la libertad femenina». Se había abierto paso entre la multitud frente a la catedral de San Patricio para liderar el ataque.

«Espero que hayamos iniciado algo; que estas antorchas de libertad, sin favoritismo por ninguna marca, aplasten el tabú discriminatorio respecto de los cigarrillos y las mujeres y que nuestro sexo continúe rompiendo con todo tipo de discriminación» [19], les dijo Hunt a los periodistas. Lo que omitió mencionar durante la entrevista fue que era la secretaria de Bernays y que estaba repitiendo una declaración cuidadosamente planeada.

Bernays organizó toda la estrategia del día de Pascua para que pareciera que las mujeres habían comenzado a fumar *espontáneamente* y que Hunt deseó *espontáneamente* abrirse paso entre la multitud frente a la catedral. Usó la mentira romántica contra los demás.

Creó la ilusión de autonomía... porque así es como las personas creen que funciona el deseo. Los modelos son más poderosos cuando están ocultos. Si quieres que alguien se apasione por algo, debe creer que ese deseo es propio.

En cuestión de días, las mujeres salieron a la calle en ciudades de todo Estados Unidos encendiendo sus «antorchas de libertad». Las ventas de Lucky Strike se habían triplicado para la siguiente Pascua.

JUEGOS MIMÉTICOS

Las personas juegan juegos miméticos porque poseen el conocimiento tácito del funcionamiento del deseo mimético incluso aunque no puedan nombrarlo. Los niños respetan las leyes de la gravedad mucho antes de aprender sobre ellas en la escuela. Del mismo modo, los adultos suelen participar de juegos miméticos que explotan la vulnerabilidad de otros.

Analicemos brevemente cómo funcionan estos juegos en el romance, los negocios y la publicidad.

* * *

Romance

Cuando tenía veintipocos años, durante sus estudios universitarios en Francia, René Girard vio por primera vez un atisbo del deseo mimético de un modo sorprendente: una montaña rusa de deseo con una chica con la que salía. Girard le relató el incidente a Robert Harrison en 2005, en un episodio de radio del programa de Stanford *Entitled Opinions*[20]. El punto de inflexión en la relación ocurrió cuando la mujer sugirió que debían contraer matrimonio. De inmediato, él sintió una disminución del deseo y retrocedió con rapidez. Emprendieron caminos separados.

Estrategia 1: IDENTIFICA A TUS MODELOS

Identificar lo que sea —emociones, problemas o talentos— nos proporciona más control. Lo mismo se aplica a los modelos.

¿Quiénes son tus modelos en el trabajo? ¿Y en casa? ¿Quiénes son las personas que influencian tus decisiones de compras, tu camino profesional, tus opiniones políticas?

Algunos modelos son fáciles de identificar. Son los que en general consideramos «modelos a seguir»: personas o grupos que nos resultan ejemplares, a los que queremos imitar de un modo positivo. No nos avergüenza reconocer su existencia.

Pero hay otros a los que no consideramos modelos. Por ejemplo, el ejercicio. Una entrenadora personal es más que una entrenadora: es un modelo de deseo. Quiere algo para ti que tú aún no quieres lo suficiente como para hacer lo que tienes que hacer. El cambio importante es ver a las personas más allá de su función profesional; verlas también en su función como *influencers* del deseo. Esto se aplica a los maestros de tus hijos, a tus colegas y a tus amigos.

Es más difícil identificar a las personas que provienen del interior de nuestro mundo y que tal vez modelan rivalidades o comportamientos poco saludables: personas alrededor de las que orbitamos sin saberlo y que influyen en lo que queremos. Exploraremos este tipo de modelo menos reconocido en el capítulo 2, porque han venido a dominar nuestro mundo. Esta es una manera de identificarlas: piensa seriamente en las personas a las que menos deseas ver triunfar.

Y luego, en cuanto él se había mudado y ella lo había aceptado y, supuestamente, había iniciado una relación con otro hombre, Girard volvió a sentirse atraído por ella. Intentó conquistarla de nuevo, pero ella lo rechazó. Cuanto más se negaba ella a aceptarlo, más la deseaba él. «Influenciaba en mi deseo rechazándolo», dijo Girard[21].

Era como si *la falta de deseo de la joven* por él afectara la intensidad de *su deseo* por ella. Es más, el interés que otros hombres demostraban en ella afectaba a Girard. Ellos moldeaban la deseabilidad de la joven para él. Y, a través de su rechazo, ella también lo moldeaba. «De pronto, entendí que ella era el objeto y el mediador para mí: una clase de modelo», recordó Girard.

Las personas no solo modelan el deseo hacia un tercero o hacia un objeto, también modelan el deseo *hacia sí mismas.* Oponer resistencia es un método comprobado y real para enloquecer a las personas, pero pocos se preguntan por qué. El deseo mimético es una pista. Nos fascinan los modelos porque nos muestran algo que vale la pena querer y que está fuera de nuestro alcance... incluyendo el afecto.

* * *

El libro de Fiódor Dostoievski *El eterno marido* muestra la comedia y la tragedia del romance mimético. Un viudo busca al amante anterior de su esposa muerta (con quien ella tuvo una aventura) porque considera en su subconsciente que ese hombre es superior a él a nivel romántico y sexual. El viudo ha encontrado a una nueva mujer con quien le gustaría contraer matrimonio, pero no puede hacerlo sin la garantía de que su rival, el examante de su esposa, también desee a su futura novia. El masoquista se somete a más humillación a manos del otro hombre, el eterno amante, mientras que permanece siendo el eterno marido. Mientras que no note quién mueve los hilos de su vida amorosa, continuará torturándose a los pies de su rival. No puede dejar de compararse con él.

El eterno marido es un ejemplo extremo de cómo la mímesis puede sabotear relaciones. En general, no es tan evidente. Piensa en un hombre inseguro que siente chispas en las primeras citas con alguien. Ambos deciden que la relación sea más seria. Lo primero que hace es presentar a su pareja ante sus amigos porque necesita desesperadamente su aprobación. Busca algún indicio de que, al menos uno de ellos, también desea quizás estar con ella. Cuando ninguno parece interesado, comienza a dudar de haber elegido correctamente. Busca que sus modelos validen sus elecciones, al igual que el eterno marido.

O piensa en una estudiante de segundo año de instituto que publica un *selfie* en Instagram. Ella sonríe junto a su nuevo novio en un restaurant de *sushi.* De inmediato, su ex (que rompió con ella hace apenas unas semanas confiado en su decisión y de quien ella no ha tenido noticias desde entonces) empieza a enviarle mensajes confesando su amor. «No sabes lo que quieres», le dice ella. «¡Decídete!». Ella tiene razón: él no sabía lo que quería hasta que la vio con otro hombre (un alumno de último año de la edad de su hermano mayor que irá a la Universidad de Carolina del Norte gracias a una beca de baloncesto). La deseabilidad renovada de la joven no está relacionada en absoluto con su aspecto en la foto de Instagram; es consecuencia de que otro hombre la desee, y no cualquier hombre, sino uno que posee todas las características que a su exnovio le gustaría tener.

Un amigo y colaborador de Girard, el psicoanalista Jean-Michel Oughourlian, recomendaba una estrategia impactante a las personas que acudían a él en sus prácticas clínicas quejándose de que sus parejas ya no parecían mostrar interés en ellas: sugería que encontraran a alguien que compitiera con su pareja por el tiempo y la atención de quien le hacía la consulta. Incluso la remota sospecha de que alguien más compite por el tiempo de la pareja puede ser suficiente para despertar e intensificar el deseo. (No estoy sugiriendo que alguien intente de manera intencionada dar celos a su pareja: aunque parece una estrategia que muchas personas ya emplean con bastante naturalidad).

El romance puede parecer una montaña rusa porque así es como se mueve el deseo mimético.

Negocios arriesgados

En su libro *Dar y recibir: por qué ayudar a otros conduce al éxito,* el profesor Adam Grant, de la Escuela de Negocios Wharton, cuenta la historia del veterano emprendedor Danny Shader. Él ya había fundado dos empresas exitosas y buscaba reunir dinero para su próxima apuesta, que sería la más entusiasta hasta la fecha.

En un partido de fútbol de su hija en Silicon Valley, Shader se topa con el importante inversor de capital de riesgo David Hornik y le cuenta que está trabajando en algo nuevo. Acuerdan un encuentro. Pocos días después, Shader conduce hasta la oficina de Hornik y le presenta la idea. Hornik ve de inmediato el potencial de la empresa. En una semana, le da a Shader una hoja de términos para concretar una inversión.

A diferencia de la mayoría de los inversores, Hornik no le hace a Shader una oferta explosiva, que podría expirar al cabo de cierto tiempo. Los inversores de capital de riesgo hacen eso para aplicar la máxima cantidad de presión posible para que el fundador acepte el trato. Por otra parte, los fundadores prefieren conseguir las hojas de términos de todos los inversores posibles y enfrentarlos entre ellos con la esperanza de iniciar una guerra de apuestas.

Pero Hornik es diferente de los demás inversores. No limita su oferta. *Alienta* a Shader a hablar con otros inversores, y le otorga una larga lista con cuarenta referencias que dan fe de su reputación como inversor. Hornik quiere que Shader lo escoja porque él es el mejor socio y no solo por la inversión. Así que Shader realiza las rondas y conversa con otros inversores.

Pocas semanas después, llama a Hornik y le informa que ha aceptado los fondos de otro inversor. Le dice que como ha sido tan agradable, tan poco amenazante y tan cordial, le preocupa que no vaya a desafiarlo en el salón de conferencias para presionarlo a alcanzar su mejor versión. «Mi corazón quería ir contigo, pero mi cabeza me dijo que me decantara por ellos» [22], le dice Shader.

Así, Shader quedó atrapado en un juego de valor mimético. Los inversionistas que moldeaban su propia deseabilidad (que se posaban como selectivos y demandantes) ganaron más valor en su mente que el único inversor que no lo hacía. Las universidades de élite no mantienen los números de admitidos bajos porque deban hacerlo, lo hacen para proteger el valor de sus marcas.

Hornik no jugó al juego al que les gustaba jugar a los otros inversores. Quería trabajar con fundadores que reconocieran el valor de lo que él realmente tenía para ofrecer, y no el valor asignado a él a través de la farsa de un concurso de belleza de inversionistas.

La historia de Shader y Hornik funciona como advertencia para mantener la guardia alta ante las evaluaciones miméticas. Es la paradoja de la importancia: a veces las cosas más importantes de nuestra vida llegan fácilmente y parecen regalos, mientras que muchas de las cosas menos relevantes son aquellas que más nos esforzamos por obtener al final.

Publicidad irónica

Los manipuladores del deseo hoy no son tan atrevidos como Eddie Bernays. Ahora son más sabios. Y en cierto modo, nosotros también.

Los gurús publicitarios saben que fruncimos la nariz cuando nos venden algo con demasiado empeño. Saben que ya no pueden capturarnos simplemente mostrándonos a una persona hermosa y aparentemente feliz bebiendo una marca particular de refresco. Al menos durante los últimos treinta o cuarenta años, los publicistas han tenido que utilizar una estrategia diferente y menos evidente: la ironía. Se burlan de nosotros para que bajemos la guardia.

Un anuncio de 1985 de Pepsi muestra a un hombre que detiene su furgoneta en una playa y exhibe cómo bebe con lujuria su Pepsi fría sobre los altavoces montados en el techo del vehículo hasta que todos los de la playa lo siguen hasta la furgoneta, donde el hombre procede a venderles botellas de Pepsi. El anuncio termina con la frase: «Pepsi: la elección de una nueva generación». El uso de la palabra «elección» es irónica porque el anuncio representa a todas las personas sudorosas de la playa como gente sin elección alguna.

El objetivo es que todos piensen: «Qué tontos los del anuncio, todos siguen la moda». En cuanto una persona se excluye a sí misma de lo que ve alrededor es el momento en el que es más vulnerable. Como señaló una vez David Foster Wallace: «Joe Briefcase, sentado en su sofá viendo solo el comercial de Pepsi, cree que ha trascendido a la masa de plebeyos a la que Pepsi quiere apelar con su publicidad… y luego sale y compra más Pepsi, por motivos *que él piensa que son diferentes*»[23].

Y si no bebe más Pepsi, entonces es más probable que beba otra cosa que él sienta que lo distingue de las masas; quizá kombucha. La consumición también puede ser algo que no sea un refresco, algo de un estilo muy distinto: el último documental original de Netflix, por ejemplo, o pódcasts que lo hagan sentir más inteligente que sus amigos. El orgullo que hace que una persona crea que no le afectan o que es inmune a las preferencias, las debilidades o la mímesis es lo que la ciega y le impide ver su complicidad en el juego.

Si una agencia de noticias puede convencer a su audiencia de que la programación es neutral, desactiva los mecanismos de defensa de la audiencia. Las grandes compañías de informática hacen algo similar. Presentan su tecnología como agnóstica, como una simple «plataforma». Y es verdad, siempre y cuando la evaluemos de un modo materialista, como bits y bytes. Sin embargo, a nivel humano, las empresas de redes sociales han creado motores de deseo.

Los modelos miméticos esperan al acecho cada vez que le echamos un vistazo a nuestro móvil. Las familias de nuestros amigos de la infancia publican fotografías en las que cada día parece una tarjeta de Navidad y los modelos de Instagram con dientes blanqueados nos muestran cómo comer sus nutritivos desayunos. El universo del deseo está plagado de mil millones de estrellas que parecen brillar más que otras en el momento exacto en el que nos resulta más difícil de ver.

MODELOS QUE MUEVEN MERCADOS

Entre el 3 y el 4 de febrero de 2020, las acciones del fabricante de coches eléctricos Tesla tuvieron un aumento parabólico de más del 50 %. Esto generó un período de cuatro meses en los que las acciones ya habían duplicado su precio. A finales del día 4 de febrero, ya se había cuadriplicado prácticamente lo esperado para aquel período de cuatro meses.

Tesla llevaba cotizando en bolsa casi una década. No era una nueva OPI, en la que esa clase de precio para las acciones y la volatilidad no sería una anomalía. ¿Qué noticia movía las acciones de la empresa?

Nada extraordinario. La compañía superó las ganancias estimadas para los trimestres tercero y cuarto. Había buenas noticias de la fábrica de China. Pero era difícil ver qué impulsaba esos movimientos tan extremos.

Antes de octubre de 2019, Tesla parecía haber estado al borde del desastre. El CEO Elon Musk había perjudicado los mercados con su comportamiento errático y los inversionistas se preguntaban cómo podría la compañía mantenerse a flote mientras gastaba casi tres mil quinientos millones en doce meses. Tesla informó que había perdido más de mil millones en la primera mitad de 2019. Y luego llegó la explosión inexplicable en el precio de las acciones de la compañía.

Los analistas profesionales estaban atónitos. «Hablé con personas de Goldman Sachs, que en general son los mejores expertos mundiales para explicar los precios de las acciones, y ahora ellas me preguntaron si yo tenía alguna idea de qué rayos estaba pasando con las acciones de Tesla», dijo Bob Lutz, un exejecutivo de la industria automovilística, en el pódcast de la BBC *Business Daily.* Nadie creía que el movimiento de las acciones se correspondiera con «la realidad» [24].

Pero lo hacía, solo que no era la realidad aceptada por la mayoría de los analistas. Parafraseando a Shakespeare: hay más cosas en el cielo y en la Tierra de las que sueñan en las filosofías inversionistas.

Una versión de la mentira romántica en las finanzas es la hipótesis del «mercado eficiente» (muy vinculada a las «expectativas realistas», otra hipótesis). La teoría del mercado eficiente es la creencia en que los precios de los activos van en función de toda la información disponible. Asume que las agencias de noticias, las expectativas de los inversionistas, los eventos de actualidad, las noticias políticas y todo lo demás que pueda afectar el valor de una empresa se refleja perfectamente en el precio de las acciones. El precio cambia en función del tiempo, cuando hay nueva información disponible.

Pero hace falta más que información para entender a los mercados y a las personas [25].

* * *

Un par de informes deberían haber alertado a los inversionistas en las acciones de Tesla de que había algo más que información impulsando el precio de las acciones. El 4 de febrero, el segundo día de subida, más de cincuenta y cinco mil millones de dólares en acciones de Tesla cambiaron de manos: más que cualquier otra acción en la historia hasta el momento. El mismo día, las personas que buscaban en Google con la palabra «debería» recibían una sugerencia automática para completar su pregunta: «¿Debería comprar acciones de Tesla?».

Millones de personas buscaban en Google para decidir si debían comprar esas acciones basándose en si otras personas querían comprarlas también. Esto, en mi opinión, no es *simplemente* información. Es deseo mimético.

El deseo no se basa en los datos. Se basa en los deseos de otras personas. Lo que los analistas de la bolsa de valores llamaron «una psicosis masiva» no era algo tan psicótico después de todo. Era el fenómeno del deseo mimético que Girard había descubierto más de cincuenta años atrás.

Tanto en las burbujas económicas como en las quiebras, los modelos se multiplican. El deseo se expande a una velocidad tan alta que no logramos comprenderlo con nuestro cerebro racional. Podríamos considerar una perspectiva diferente y más humana.

«El conformismo es una fuerza poderosa que puede contrarrestar la gravedad por más tiempo de lo que esperan los escépticos», escribe el columnista de finanzas Jason Zweig en *The Wall Street Journal.* «Las burbujas no son racionales o irracionales: son profundamente humanas y siempre estarán con nosotros»[26].

El deseo mimético es intrínsecamente humano y siempre estará con nosotros. No es algo que existe «ahí fuera» para diseñar y mejorar la vida. Vive con fuerza en nuestro interior, más cerca de lo que podemos ver con nuestros propios ojos.

Y los niños van al campamento de verano
y luego a la universidad,
donde los meten en cajas
y salen todos iguales.

—Malvina Reynolds

2

REALIDAD DISTORSIONADA

Todos volvemos a ser novatos

Celebrilandia... Pseudónimos... El culto a los gatos... Raperos ilustres... Imitación en espejo.

Aquí vamos de nuevo. La percepción triunfa sobre la realidad una vez más.

—Dick Fuld, ex CEO de Lenhman Brothers, mientras veía las noticias de última hora sobre el cierre inevitable de la firma [1].

Durante el año escolar 1972-1973, tres años antes de que llegara el primer ordenador personal, un estudiante de primer curso del Reed College en Oregon buscaba un modo de ganar algo de dinero. Aprendió una lección que un día lo ayudaría a convertirse en el mejor empresario de su generación.

Steve Jobs había pactado vender su vieja máquina de escribir IBM Selectric a un compañero llamado Robert Friedland. Al igual que Jobs, Friedland era estudiante de grado, pero tenía cuatro años más que Jobs. Lo habían expulsado del Bowdoin College en Maine y lo habían sentenciado a dos años de cárcel por tener ciento veinticinco mil dólares en LSD. Después de la libertad condicional, se inscribió en Reed e hizo planes para postularse como presidente estudiantil y viajar a la India para conocer a un gurú. Pero, primero, necesitaba una máquina de escribir.

Steve Jobs no sabía nada sobre su comprador. Llegó a la habitación de Friedland para entregarle la compra y recoger su dinero, pero nadie respondió cuando llamó a la puerta. Intentó abrir el picaporte. No estaba cerrado con llave. Para que el viaje no hubiera sido en vano, consideró dejar la máquina de escribir dentro y recoger más tarde el dinero. Así que abrió la puerta.

Cuando entró, se sintió abochornado por lo que vio: Friedland estaba en la cama practicando sexo con su novia. Jobs intentó marcharse, pero el desconocido lo invitó a tomar asiento y a esperar a que terminaran. *Es muy poco convencional,* pensó Jobs[2].

¿Quién era esa criatura que parecía carecer de cualquier sentido del tabú que le indicara que su comportamiento incomodaría a las personas normales? ¿Quién hacía exactamente lo que quería sin pedir disculpas por ello?

Uno de sus compañeros, Daniel Kottke (quien luego se convertiría en uno de los primeros empleados de Apple) reconocería más adelante la influencia que tuvo Friedland en Jobs. Friedland «era inestable, confiado, un poco tirano», recordó en la biografía de Jobs escrita por Walter Isaacson. «Steve admiraba esa actitud y la adoptó un poco después de pasar tiempo con Robert».

Cuando fundó Apple, Jobs se había vuelto famoso por su propio comportamiento poco convencional. Caminaba por la oficina descalzo, rara vez se duchaba y disfrutaba cuando sumergía los pies en el váter.

«Cuando conocí a Steve era un tipo tímido, discreto y muy reservado», dice Kottke. «Creo que Robert le enseñó mucho sobre vender, salir de su caparazón, abrirse y hacerse cargo de una situación».

Jobs no se había dado cuenta, pero en el instante en que entró en esa habitación en la universidad, Friedland se había vuelto un modelo para él. Más tarde, Jobs vería quién era él en realidad, pero el impacto inmediato que tuvo Friedland en el joven Jobs fue formativo. Le enseñó que el comportamiento extraño y sorprendente deslumbra a los demás. Las personas se sienten atraídas hacia otras que parecen jugar con reglas diferentes. (Los *reality shows* explotan esto [3]).

Cuando Jobs se convirtió en un talentoso practicante de este comportamiento, sus colegas lo describieron como alguien que tenía «un campo de realidad distorsionada». Jobs parecía ser capaz de manipular a todos los que orbitaban a su alrededor a su voluntad; es decir, según sus deseos. El campo de realidad distorsionada abarcaba a cualquiera cercano a él. ¿A qué podemos atribuir el efecto que tenía Jobs sobre los demás?

Era brillante, pero eso no era lo que lo convertía en alguien tan atrayente. El filósofo iluminista Immanuel Kant también era brillante, pero su vida era tan mundana que los pueblerinios podían cronometrar los horarios de sus caminatas diarias. Jobs era deslumbrante porque *quería* ser diferente.

Solemos atribuir el magnetismo de una persona a alguna de sus cualidades objetivas: a su modo de hablar, su inteligencia, su tenacidad, su astucia o su confianza. Esas cosas ayudan, pero hay más.

En general, nos fascinan las personas que tienen una relación diferente con el deseo, ya sea real o percibida como tal. Cuando a alguien no parece importarle si otros quieren o no las mismas cosas, se vuelve un ser de otro mundo. Son personas que parecen menos afectadas por la mímesis, e incluso se las podría considerar antimiméticas. Y eso es fascinante porque la mayoría de nosotros no lo somos.

DOS CLASES DE MODELOS

A nadie le gusta pensar que es un imitador. Valoramos la originalidad y la innovación. Nos atraen los rebeldes. Pero todos poseen modelos ocultos: incluso Steve Jobs.

En este capítulo, exploraremos dos clases de modelos que nos afectan de maneras distintas: aquellos que están *fuera* de nuestro mundo inmediato y aquellos que están *dentro* de él. La mímesis tiene consecuencias diferentes en cada caso. ¿En qué mundo piensas que estaba

Robert Friedland? Al terminar el capítulo, verás que la respuesta no es tan simple.

* * *

Hay algo extraño en nuestro vínculo con la imitación. Aristóteles reconoció hace aproximadamente 2500 años que los humanos cuentan con capacidades avanzadas para la imitación que nos permiten crear cosas nuevas. Nuestra capacidad de imitar de manera compleja es el motivo por el cual tenemos idiomas, recetas y música[4].

Entonces, ¿no resulta curioso que en general las personas miren con desdén a la imitación? Una de las mejores fortalezas humanas es considerada una fuente de vergüenza, una señal de debilidad, incluso algo que puede meterte en problemas.

Nadie quiere que lo conozcan como un imitador, excepto en casos muy específicos. Animamos a los niños a imitar modelos a seguir y la mayoría de los artistas suelen reconocer el valor de emular a los maestros. Pero la imitación es sin dudas un tabú en otras circunstancias. Imagina que dos amigos comienzan a asistir a cada reunión social vistiendo las mismas prendas; que una persona que recibe un regalo siempre devuelve la acción dándole a la otra persona el mismo regalo que recibió; que alguien imite constantemente el acento o los modismos de sus compañeros de trabajo. Estas acciones serían consideradas extrañas, groseras o insultantes, además de exasperantes.

Hay cierta incomodidad cuando un amigo se corta el pelo en un estilo demasiado parecido al nuestro.

Para que el asunto sea aún más confuso, ¿por qué alentamos y condenamos simultáneamente la imitación en las organizaciones? Vístete como alguien que tiene el puesto que quieres conseguir, pero no demasiado igual; imita las normas culturales, pero asegúrate de destacar; emula a los líderes importantes de las organizaciones, pero que no parezca que eres un lameculos.

Elizabeth Holmes, la exdirectora general de la empresa de biotecnología Theranos (ahora obsoleta), imitaba abiertamente a Steve Jobs.

Vestía jerséis de cuello alto negros y contrataba a todos los diseñadores de Apple que pudiera encontrar. Pero imagina lo que sucedería si un empleado nuevo de Theranos comenzara a imitar a Holmes, paseándose con la misma prenda, usando lentes de contacto azules, imitando la mirada intensa de Holmes, o hablando con su mismo tono grave y su estilo seco. ¿Qué crees que ocurriría? Sin duda esa persona perdería su empleo.

Es como si todos dijeran: «Imítame, pero no *demasiado*», porque si bien todos se sienten halagados por la imitación, una copia demasiado fiel parece amenazante.

En este capítulo, verás por qué sucede esto.

* * *

Este es el capítulo más técnico del libro. Es la parte en la que construimos los cimientos para comprender las implicaciones más importantes de la teoría mimética.

Primero veremos cómo afectan de manera diferente al deseo las personas que están a una mayor distancia social de nosotros (celebridades, personas ficticias, figuras históricas, quizás incluso nuestro jefe) y aquellos más cercanos a nosotros (compañeros, amigos, contactos de las redes sociales, vecinos o personas que conocemos en fiestas).

En la primera situación, en la que hay una diferencia grande de condiciones, los modelos viven en un lugar al que llamaremos Celebrilandia. Desde mi perspectiva, los residentes de Celebrilandia incluyen a Brad Pitt, Lebron James, Kim Kardashian y los fundadores de unicornios (empresas emergentes valuadas en mil millones de dólares). Es como si estas personas vivieran en un universo del deseo diferente; hay pocas probabilidades de que sus deseos entren en contacto con los míos. Hay una barrera social o existencial que nos separa.

No siempre hay una diferencia tan evidente y dramática. El director general de un banco inversionista parece vivir en Celebrilandia para un analista, y lo mismo sucede con un sacerdote para alguien laico, con un roquero para los cantantes del coro, con Tony Robbins para quienes asisten a su seminario, incluso con un hermano mayor para su hermano menor en muchos casos. Celebrilandia es donde viven los modelos que median —o cambian nuestros deseos— desde algún sitio *fuera* de nuestra esfera social y con quienes no tenemos posibilidad directa e inmediata de competir en igualdad de condiciones.

Nos sentimos más amenazados por personas que desean lo mismo que nosotros que por aquellas que quieren algo diferente. Pregúntate con sinceridad: ¿de quién estás más celoso? ¿De Jeff Bezos, el hombre más rico del mundo? ¿O de alguien de tu campo, quizás incluso de tu oficina, que es tan competente como tú y que trabaja la misma cantidad de horas que tú, pero que tiene un mejor puesto y gana diez mil dólares más al año? Es probable que elijas a la segunda persona.

Esto ocurre porque la rivalidad está condicionada por la proximidad. Cuando nos separan lo suficiente de otros el tiempo, el espacio, el dinero o las condiciones, es imposible que compitamos en serio con ellos por las mismas oportunidades. No vemos a los modelos de Celebrilandia como amenazantes porque puede que no les importemos lo suficiente como para que adopten nuestros deseos como propios.

Pero hay otro mundo, en el que la mayoría de nosotros vivimos la vida. Lo llamamos Novatolandia. Las personas están en contacto cercano y la rivalidad implícita es común. Las diferencias diminutas se amplifican. Los modelos que viven en Novatolandia ocupan el mismo espacio social que sus imitadores.

Nos afecta fácilmente lo que dicen, hacen o desean las personas de Novatolandia. Es como estar de nuevo en el primer año del instituto, en el que luchamos por nuestra posición y por diferenciarnos de un grupo de personas que están en la misma situación que nosotros. La competencia no solo es posible: es la norma. Y la similitud entre quienes compiten hace que sea una competencia particular.

Este capítulo trata sobre por qué la imitación difiere en tipo o cualidad según dónde ocurra. Te daré las bases para comprender por qué las personas están bajo la influencia de ciertos modelos, cómo los modelos distorsionan la realidad y por qué el deseo mimético es tan peligroso en Novatolandia.

Celebrilandia

René Girard llama a los modelos de Celebrilandia *mediadores externos del deseo.* Influencian el deseo desde fuera del mundo inmediato de una persona. Desde la perspectiva de sus imitadores, estos modelos revisten una cualidad especial.

Las parejas perfectas viven en Celebrilandia, siempre y cuando nunca conozcas a la persona con la que sueñas salir, o si la pareja perfecta vive en una esfera social intocable que la coloca fuera de nuestro alcance. Las celebridades que aceptan asistir a un baile de graduación son amables, pero todos comprenden que el chaval de instituto no los quitará de su lista de pretendientes predilectos. La frase «fuera de liga» se refiere a este mundo extraño e inalcanzable.

En Celebrilandia siempre hay una barrera que separa a los modelos de sus imitadores[5]. Pueden separarnos de ellos el tiempo (porque murieron), el espacio (porque viven en un país diferente o no utilizan las redes sociales) o la condición social (un multimillonario, una estrella de rock o un miembro de una clase privilegiada).

Julia Child es un modelo para millones de personas que aspiran a mejorar sus habilidades culinarias en casa y Abraham Lincoln es un modelo para muchos políticos. Dado que ambos murieron, ocupan un lugar permanente en Celebrilandia. Es imposible que entren en nuestro nuestro mundo y se conviertan en nuestros rivales.

Esto nos lleva a una característica importante de los modelos de Celebrilandia: al no existir la amenaza de conflicto, *en general se los imita con libertad y abiertamente.*

En 1206, Francesco Bernardone, un hombre de veinticuatro años proveniente de una familia de comerciantes adinerada, se desnudó en la *piazza* central de su pueblo en el centro de Italia, le entregó sus prendas elegantes a su padre y renunció a sus derechos hereditarios. Durante los ochocientos años siguientes, cientos de miles de personas siguieron el camino de San Francisco de Asís. Hicieron votos radicales de pobreza, imitaron su devoción y vistieron la misma túnica sencilla de café. Cuando escribo esto, hay aproximadamente treinta mil franciscanos en el mundo. Y en 2013, un excardenal de Buenos Aires, Jorge Mario Bergoglio, se convirtió en el papa N.° 266 y declaró que su nombre papal sería Francisco, para indicar que tenía intenciones de imitar el foco que había puesto San Francisco de Asís en la ayuda a los pobres.

CELEBRILANDIA

Los santos se convierten en modelos de Celebrilandia (se los declara como dignos de imitar) solo después de morir. Nadie puede convertirse oficialmente en santo mientras esté vivo. Un protocolo similar ocurre en el Salón de la Fama de los deportes profesionales: ningún deportista puede llegar allí mientras esté participando del juego. Las personas se convierten en verdaderas leyendas solo después de retirarse o de haber muerto, porque entran en un espacio existencial diferente.

Algunos modelos utilizan un truco para afianzar su ciudadanía en Celebrilandia: protegen su identidad para aumentar nuestra sensación de intriga. Banksy, J. D. Salinger, Stanley Kubrick, Elena Ferrante, Terrence Malick y Daft Punk se escondieron del ojo público, lo cual hace que aparenten vivir en un plano diferente.

Satoshi Nakamoto, el seudónimo del programador al que se le adjudica la invención del bitcoin, aumentó su valor mimético y llegó disparado a la estratosfera de Celebrilandia a través de la discreción. Hizo que fuera imposible competir con él. «Es imposible que seas un Satoshi más carismático, porque nadie sabe con seguridad si lo ha conocido en persona», escribieron Tobias Huber y Byrne Hobart. «Es imposible que seas un Satoshi más paranoico porque aún no lo han identificado con certeza. Es imposible que seas un Satoshi más visionario a menos que empieces ahora y desarrolles algo que será más importante que los bitcoins en diez años, sin que te descubran» [6].

Las jerarquías en las empresas pueden crear barreras para la competencia, lo cual hace que sea prácticamente imposible para algunas personas competir con otras por las mismas funciones y premios. Desde la perspectiva de un empleado de atención al cliente que trabaja para una empresa jerárquica, una suite ejecutiva bien podría ser como vivir en un planeta diferente. Rara vez es posible ver a la CEO. Es inaccesible. No hay ninguna amenaza real de que un representante de servicio al cliente compita con ella por su puesto en el futuro cercano.

Lo mismo se aplica a muchos fundadores y empleados, a maestros y estudiantes, a profesionales y aficionados a un deporte. (La distinción entre aficionados y profesionales está marcada por un ritual de iniciación que existe para delimitar quién puede competir contra quién). En Celebrilandia, las personas no compiten con sus imitadores. Tal vez ni siquiera sepan que existen. Esto hace que sea un lugar relativamente pacífico.

Sin embargo, en Novatolandia puede surgir la competencia feroz entre dos personas en cualquier momento, y casi siempre ocurre en secreto.

Novatolandia

Este es el ámbito de los modelos que median el deseo desde el *interior* de nuestro mundo, y por ese motivo Girard los llama *mediadores internos del deseo.* No hay barreras que eviten que las personas compitan de modo directo por las mismas cosas.

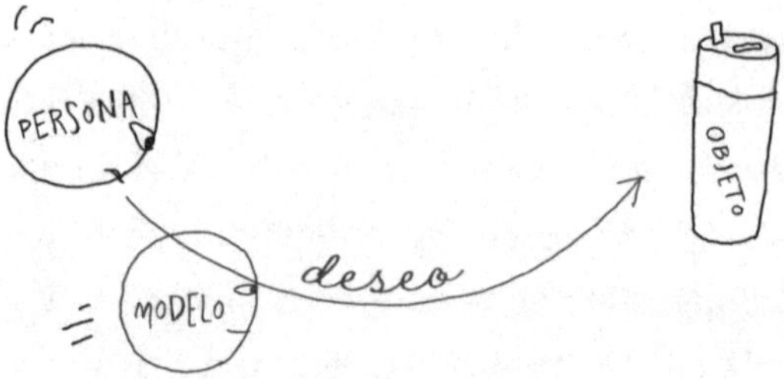

NOVATOLANDIA

Entre las redes sociales, la globalización y la destrucción de viejas instituciones, la mayoría de nosotros vive toda la vida en Novatolandia.

Los amigos viven juntos en Novatolandia. En la obra de Shakespeare *Los dos caballeros de Verona* se muestra cuán sencillo es que los deseos de este mundo se entremezclen. Valentín y Proteo, amigos de la infancia, descubren que sus deseos convergen en la misma mujer y no por accidente, sino *a causa* del deseo del otro. Proteo está enamorado de una joven llamada Julia. Cuando visita a su amigo Valentín en Milán, Valentín habla muy bien de su propio interés romántico, Silvia. Al oír las alabanzas excesivas de su amigo, Proteo también se enamora de Silvia de inmediato. Un día antes, Proteo había proclamado su amor eterno por Julia, y ahora quiere a Silvia. Shakespeare suele retratar el deseo mimético en las comedias porque así es más fácil de digerir para las personas: pueden burlarse de otros cuyo comportamiento es ridículo desde una distancia segura, sin que les recuerden su propia mímesis.

El deseo mimético es lo que une y destruye muchas amistades. Un ejemplo común: un amigo introduce a otro a la pastelería, por lo cual ambos comparten el deseo de convertirse en un mejor pastelero, lo que los lleva a pasar más tiempo juntos cocinando. Pero si la amistad se tiñe de rivalidad mimética, esto los encerrará en un juego interminable de competitividad que afectará no solo a la pastelería, sino también sus vínculos, el éxito profesional, el estado físico y más. La misma fuerza que los unió, el deseo mimético, ahora los separa cuando intentan diferenciarse.

¿Recuerdas cómo era estar en primer año del instituto? Hay personas de muchos contextos sociales distintos en el mismo edificio, los mismos pasillos, las mismas clases. A los *skaters* les asignan trabajar en proyectos con los chicos de teatro; los músicos deben hacer deporte con los atletas; los atletas se sientan junto a los pringados.

Podría parecer que estos grupos son muy diferentes. ¿Acaso los pringados no miran a los deportistas como si fueran de otro mundo? Sí. Pero son mucho más parecidos que distintos. Tienen aproximadamente la misma edad, todos lidian con las hormonas adolescentes. Asisten a las mismas clases y comen en los mismos comedores. Cualquiera de los integrantes de un grupo puede entrar en contacto con los del otro en cualquier momento.

Todos detectan señales miméticas en todos, pero casi nadie lo sabe. Hay una batalla silenciosa por diferenciarse, mientras cada uno intenta formarse una identidad distinta a la del resto y en oposición a ella.

Celebrilandia (Mundo de la mediación externa)	**Novatolandia (Mundo de la mediación interna)**
Los modelos son distantes en tiempo, espacio o condición social	Los modelos son cercanos en tiempo, espacio o condición social
Diferencia	Similitud
Los modelos son fáciles de identificar	Los modelos son difíciles de identificar
Imitación abierta	Imitación secreta
Modelos reconocidos	Modelos sin reconocer
Relativamente estable, modelos fijos	Inestable, modelos en constante cambio
No hay conflicto posible entre modelos e imitadores	El conflicto entre modelos e imitadores es normal
La mímesis positiva* es posible	La mímesis negativa es la norma

* La mímesis positiva se explica en la segunda parte de este libro.

Distorsión de la realidad

Ser literalmente un novato es algo confuso y lleno de ansiedad. Así es la vida en Novatolandia. La realidad está distorsionada en muchos sentidos. Estos son algunos.

Distorsión 1: La apropiación errónea del asombro

Las personas exageran de manera constante las cualidades de sus modelos, ya sean de Novatolandia o de Celebrilandia. Cuando un modelo pertenece a Celebrilandia, las personas lo observan boquiabiertas y lo admiran sin esconderse. Un ejemplo obvio de esto es cuando las personas se apiñan por conseguir el autógrafo de una celebridad. Un ejemplo menos obvio es el modo en que un profesor quizás admira de manera evidente a otro profesor que dirige un departamento en una universidad diferente. Pero en cuanto trasladan al segundo profesor al departamento del primer profesor, la dinámica cambia de inmediato. Ahora viven en el mismo mundo. Ahora deben competir por las mismas cosas.

En Novatolandia, las personas ocupan el mismo espacio que sus modelos, así que deben admirarlos en secreto. Nunca podrían admitir la vergonzosa verdad de que quieren parecerse más a sus vecinos, a sus compañeros o quizás incluso a uno de sus amigos. En Novatolandia rige la *omertà*, la ley del silencio. Steve Jobs cayó bajo el hechizo de Robert Friedland porque quería, en cierto modo, parecerse más a él. Su compañero de estudios ya había colonizado su mundo de deseo.

Girard llama *deseo metafísico*[7, 8] a este anhelo de un nuevo modo de vivir o de ser sin un *objeto* de deseo particular. En griego, la palabra *meta* significa «después». Aristóteles había estudiado el mundo físico y había aprendido todo lo que había podido sobre él. Luego, se preguntó: «¿Y ahora qué?». Se dedicó a estudiar lo que más tarde sería conocido como «metafísica», que se traduce literalmente como «después de la física»[9].

Girard creía que todo deseo verdadero (los deseos post instintivos) es metafísico. Las personas siempre buscan algo que trascienda el mundo material. Si alguien cae bajo la influencia de un modelo que media el deseo de obtener un bolso, lo que busca conseguir no es el bolso. Es la novedad imaginada de ser que cree que el objeto le proporcionará. «El deseo no pertenece a este mundo», ha dicho Girard. «Ocurre para poder penetrar a otro mundo que uno desea, para iniciar una existencia radicalmente foránea» [10].

La naturaleza metafísica del deseo lleva a distorsiones extrañas en el modo en que vemos a los otros. Girard ve cómo esto sucede en el caso trágico de la anorexia nerviosa y la bulimia. El deseo de ser igual a un modelo que representa una imagen corporal ideal es más fuerte que la necesidad básica de sustento. Es obvio que son trastornos psicológicos, pero Girard no cree que hayamos identificado bien el papel del deseo mimético en su etiología. Para él, son casos en los que el deseo metafísico supera las necesidades físicas [11].

Todos sufrimos este problema a nuestro modo: todos somos, en cierta manera, anoréxicos en busca de modelos que puedan satisfacer un hambre que no es física, un deseo metafísico.

* * *

EL CULTO A LOS GATOS

Es más probable que tomemos a alguien como modelo si no parece sufrir por deseos como nosotros. Piensa en un gato. ¿De dónde proviene su atractivo? ¿Por qué los egipcios los adoraban?

Las razones son complejas. Pero la teoría mimética ofrece una posibilidad: los gatos parecen mucho menos demandantes que nosotros. No desean del mismo modo que nosotros. Los egipcios quizás hayan asociado la actitud de los gatos con varias divinidades debido a la aparente falta de deseo del animal. ¿Y quién es menos demandante que un dios?

Por supuesto que algunos gatos maúllan como si estuvieran famélicos hasta que los alimentan. Algunos felinos son insaciables en el momento de pedir caricias. Pero los gatos son volátiles. En general, parecen no tener interés en tu opinión, muy parecido al modo en que a Steve Jobs no le preocupaba lo que opinaran los demás respecto de que no se duchara y de que colocara los pies en el váter.

Cuando regañaba a mi cachorro de pastor alemán porque había destrozado mi sillón, el perro bajaba la mirada y se escabullía. En contraposición, si le grito a mi gata por haber arruinado mi sillón en mi ausencia, ella me muestra el trasero y sale paseando de la habitación. Cuando me esfuerzo al máximo para que vuelva, ella se sienta y se lame la pata. El efecto es similar al de una persona que finge desinterés por la atención y la aprobación ajenas. Su simulación de autosuficiencia los hace fascinantes.

Mientras que nosotros nos esforzamos por cumplir nuestros deseos eternamente cambiantes, el gato se lame. No necesita nada, no quiere nada.

Así que no siempre intentes acariciar a un gato cuando veas uno en la calle, tal como aconseja el popular psicólogo Jordan Peterson en su libro *12 reglas para vivir*. En lugar de eso, haz que el gato quiera que lo acaricies cuando se encuentre contigo. Y habrás logrado algo especial.

Distorsión 2: El culto a los expertos

Hace cien años, había una distancia mucho mayor de conocimiento entre alguien que había estudiado un doctorado y alguien que no lo había hecho. Hoy en día, con la información mundial prácticamente al alcance de la mano de todos, la distancia de conocimiento entre personas con más educación formal y quienes tienen menos educación formal se ha reducido. De hecho, tener ciertos títulos, como un doctorado o un máster, puede perjudicarte si quieres trabajar en empresas que los consideran una señal de autosuficiencia. Somos testigos de una inversión de valores.

Peter Thiel creó la Beca Thiel en 2011 para pagar a emprendedores prometedores para que crearan empresas en lugar de asistir a la universidad. La beca logró que su propuesta de valor fuera atractiva en parte porque intencionalmente rompía con el deseo mimético: *obtener una beca era más difícil que ser aceptado en Harvard.* (La primera promoción de becados tuvo una tasa de aceptación de aproximadamente el 4 % y en los años siguientes bajó al 1 %). Entre los desertores universitarios patrocinados por la beca había chicos brillantes y ambiciosos como Vitalik Buterin, cocreador de la plataforma de código Ethereum, basada en la tecnología *blockchain*; y Eden Full, inventor de una tecnología de rastreo para paneles solares que permite que los paneles sigan el sol. Estos emprendedores modelaron para muchos jóvenes algo aún más importante que un título de Harvard: modelaron un camino diferente.

El valor de hoy se basa en gran parte en la mímesis en vez de en puntos fijos y estables (como los títulos universitarios). Esto ha creado oportunidades para cualquiera que destaque entre la multitud. Y tiene consecuencias positivas y negativas.

* * *

Las personas están desesperadas por encontrar algo sólido a que aferrarse en la «modernidad líquida» de hoy (tomando prestada una expresión del sociólogo y filósofo Zygmunt Bauman). La modernidad líquida es una fase caótica de la historia en la cual no hay modelos a seguir acordados culturalmente, no hay puntos fijos de referencia. Se han derretido como glaciares y nos han sumergido en un mar tormentoso con visibilidad limitada. Celebrilandia se hunde en él.

Al mismo tiempo, el mundo es cada vez más complejo. Piensa en el sistema financiero global. La proporción de conocimiento total disponible que cualquier persona tiene es microscópica. Así que confiamos más que nunca en los modelos, como el gestor de fondos de cobertura Ray Dalio, para comprender lo que ocurre. El individualismo radical no libera a las personas de la necesidad de modelos. Pero ¿de dónde saldrán estos modelos?

«Dado que el hombre moderno no tiene manera de saber qué sucede más allá de sí mismo, dado que no puede saberlo todo, se perdería en un mundo tan vasto y técnicamente complejo como el nuestro si no tuviera a nadie que lo guiara», escribió Girard en su libro *Resurrection from the Underground: Feodor Dostoevsky.* «Ya no confía en sacerdotes y filósofos, claro, pero de todos modos debe confiar en otras personas más que nunca, es un hecho».

¿Y quiénes son esas personas? «Son los expertos», prosigue Girard. «Personas más competentes que nosotros en campos de acción innumerables».

Los expertos son quienes ayudan a mediar los deseos, quienes nos dicen qué vale la pena querer y qué no. Tim Ferris les muestra a millones de personas qué libros leer, qué películas ver y qué aplicaciones nuevas usar en sus e-mails *5 ideas para los viernes*, del inglés *5 Bullet Fridays* (que nunca me pierdo). Él es un experto. Incluso enseña a otros cómo alcanzar la condición de experto. «Es posible crear el estatus de experto en menos de cuatro semanas si comprendes los indicadores de credibilidad básicos», escribe.

Katie Parla es la mejor experta para personas que quieren aprender sobre restaurantes en Roma. Marie Kondo es la experta en purgar basura. Richard Blevins (más conocido como «Ninja») juega a videojuegos como un experto mientras más de seiscientas cincuenta mil personas lo observan en una partida[12].

Parecido a cuando Paris Hilton y las Kardashian se volvieron conocidas por «ser famosas por ser famosas», ahora hay expertos que llenan espacios reservados en los noticiarios y que son expertos en ser expertos. El actor y escritor Dax Shepard incluso parece burlarse de la noción con su popular pódcast *Armchair Expert* («experto en sillones»), en el que entrevista a una amplia variedad de invitados desde el punto de vista de alguien que no tiene experiencia en el campo a tratar. Al final de cada episodio, su copresentadora, Monica Padman, hace una verificación de datos, un resumen de las afirmaciones que ha hecho Shepard durante la entrevista. Por supuesto, solo los expertos tienen los hechos.

* * *

«El mundo moderno está lleno de expertos», escribió Girard. «Ellos son los únicos que saben qué hacer. Todo se reduce a escoger el experto adecuado» [13]. Si mi amigo es mejor que yo en asuntos globales, urbanismo, cultura y diseño, es porque está suscrito a la revista *Monocle.* Si alguien comprende mejor el papel de la tecnología en nuestra vida, es porque escucha el pódcast correcto (*Note to Self* de Manoush Zomorodi, por cierto). ¿Y cómo se te da la cocina? Te recomiendo a Samin Nosrat.

Hay tanta demanda de nuevos modelos que insertamos mediadores de deseo donde no deberían estar, como en competencias de negocios al estilo *Negociando con tiburones* en las que los expertos, en vez del mercado, deciden si un negocio es rentable. Somos adictos a los modelos. Ahora mismo, los modelos que preferimos son los expertos.

Probablemente esto suceda porque pensamos que hoy somos más racionales que nunca, y lo somos en muchos sentidos. El avance científico ha sido veloz durante los últimos cien años. Sin embargo, subestimamos el fuerte papel que cumple la mímesis en el modo en que escogemos a nuestros expertos.

¿Cuál es la base para considerar que una fuente es fiable? ¿Es porque comprobamos todas las credenciales de la persona en cuestión? ¿Es porque la fuente ha sido corroborada por el equipo de Peter Canby en *The New Yorker*? ¿O es porque la persona tiene más seguidores en redes sociales y una pegatina de «perfil verificado» junto a su nombre? La autoridad es más mimética de lo que nos gustaría creer. El modo más veloz de convertirse en experto es convencer a un par de personas adecuadas para que te llamen «experto».

El culto a los santos se ha convertido en el culto a los expertos. Eso no significa que ya no dependamos de modelos para descubrir qué queremos. Significa que en un mundo post Ilustración, los modelos favoritos son con frecuencia aquellos que parecen más eruditos: los expertos.

Los modelos prometen cierto secretismo, sabiduría salvífica que evoca las primeras sectas religiosas del gnosticismo, que creían que uno podía salvarse de la ignorancia predominante a través de la evolución de la conciencia proporcionada por los «mensajeros de la luz». (¿Bebes café común? Entonces es obvio que no has leído a Dave Aprey, que sabe que los granos que bebes están cubiertos de moho que producen micotoxinas y que deberías comprar su café a prueba de balas para evitar sufrir el destino de los bebedores de café plebeyos que ignoran este hecho). Hay un modelo para todos: alguien dispuesto a impartir el conocimiento específico necesario para ser feliz y hacer que las personas sientan que han escapado del destino de las masas. Pero cualquier modelo que se autodenomine como esta clase de experto es un charlatán.

Entonces, cada tanto, es bueno deconstruir las capas miméticas detrás de la autoridad de alguien y pensar con seriedad sobre cómo escogemos en primer lugar nuestras fuentes de conocimiento. Tal vez descubramos que el camino hacia nuestros expertos favoritos estaba pavimentado con la influencia mimética.

Estrategia 2: ENCUENTRA FUENTES DE SABIDURÍA QUE RESISTAN LA MÍMESIS

Los expertos tienen un papel cada vez más prominente en nuestra sociedad. Pero ¿qué constituye a un experto? ¿Un título? ¿Un pódcast? Cada vez más expertos son coronados a través de la mímesis, como una moda.

Dado que hay cada vez menos acuerdo sobre los valores culturales e incluso menos sobre el valor de la ciencia (piensa en los debates sobre el cambio climático), las personas encuentran «expertos» cuya destreza es en gran parte producto de la validación mimética. Es esencial ver más allá de la mímesis y encontrar fuentes de conocimiento que dependan menos de la ella.

Encuentra fuentes que hayan sobrevivido a la prueba del paso del tiempo. Ten cuidado con expertos autoproclamados y aclamados por las masas.

Es menos probable que los expertos sean escogidos miméticamente en las ciencias duras (física, matemática, química) porque deben mostrar su trabajo. Pero es fácil para alguien volverse un experto en «productividad» de la noche a la mañana solo porque ha logrado que lo publiquen en el lugar indicado. El cientifismo engaña a las personas porque es un juego mimético disfrazado de ciencia.

La clave es curar nuestras fuentes de saber con detenimiento para ser capaces de ver más allá de la mímesis y llegar a la verdad sin importar cuántas otras personas quieran creerla. Y eso implica hacer el trabajo.

Distorsión 3: Reflexividad

El multimillonario y activista George Soros ha afirmado que los mercados financieros operan según *el principio de reflexividad.* «En situaciones en las que hay participantes pensantes, hay una interacción bidireccional entre los pensamientos del participante y la situación en la que operan», escribe Soros en su libro *La alquimia de las finanzas.* La reflexividad en los mercados es parte de lo que causa las quiebras y las burbujas de los mercados. Los inversionistas perciben la posibilidad de una caída y se comportan de un modo que la precipita.

Se rumorea que Soros ha ganado más de mil millones de dólares en un solo día por comprender este principio. En 1992, mientras el gobierno británico gastaba grandes sumas de dinero para mantener la libra estable, Soros apostó diez mil millones de dólares a que no serían capaces de lograrlo. La apuesta de Soros indicó a otros inversionistas que el dinero inteligente estaba en contra del gobierno británico, lo cual también causó presión adicional en la baja de la moneda. Con el tiempo, el gobierno cedió y permitió que la moneda flotara con libertad. Perdió el 25 % de su valor contra el dólar estadounidense en un solo día, lo cual le generó grandes ganancias a Soros.

Si bien Soros se enfoca en el principio de reflexividad con respecto a los mercados financieros, este principio también opera en muchas otras áreas de la vida. Las personas se preocupan por lo que otros pensarán antes de decir algo, lo cual afecta lo que dicen. En otras palabras, nuestra percepción de la realidad cambia la realidad alterando el modo en el que actuamos. Esto lleva a una circularidad autocumplida.

Este principio afecta el discurso público y al personal. La politóloga alemana Elisabeth Noelle-Neumann acuñó por primera vez la expresión «espiral del silencio» en 1974, para referirse a un fenómeno que hoy en día vemos frecuentemente: la voluntad de las personas por hablar con libertad depende de las percepciones inconscientes de cuán populares son sus opiniones. Quienes piensan que nadie más comparte su parecer tienden más a permanecer callados, el silencio mismo aumenta la impresión de que nadie más piensa como ellos, y esto aumenta la sensación de aislamiento e infla artificialmente la confianza de los que opinan como la mayoría.

Incluso la ropa es reflexiva, según la autora Virginia Woolf: «Superficial como parece, la ropa tiene funciones más importantes que, simplemente, mantenernos calientes. Cambia nuestra visión del mundo y la visión que el mundo tiene de nosotros. Podemos hacer que tome la forma del brazo o del pecho… pero la ropa también moldea nuestro corazón, nuestra mente y nuestra lengua a su gusto» [14, 15]. Winston Churchill habló sobre la reflexividad de la arquitectura cuando dijo: «Damos forma a nuestros edificios y luego ellos nos dan forma a nosotros» [16].

El principio de reflexividad no ha sido explorado en el área del deseo. Podemos reformular así la definición de reflexividad de Soros: *En situaciones en las que los participantes deseosos tienen la posibilidad de interactuar entre sí, hay una interacción bidireccional entre los deseos de los participantes.*

La situación sería como estar en un trampolín junto a otra persona saltando a tu lado: ninguna de las dos puede brincar sin afectar a la otra. La reflexividad del deseo en Novatolandia distorsiona la realidad porque las personas creen que quieren cosas por motivos espontáneos y racionales (la mentira romántica), incluso mientras son afectadas por la gente que las rodea. Esto hace que las cosas parezcan mejores o peores de lo que en realidad son.

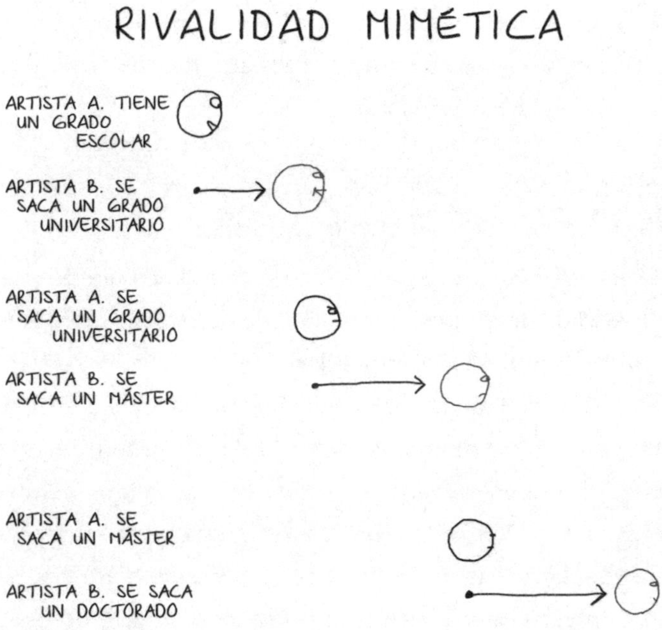

Desde 2003 hasta 2016 los inversionistas le dieron a Elizabeth Holmes, a quien hemos mencionado antes y a quien le gustaba imitar a Steve Jobs, más de setenta millones de dólares. Su empresa, Theranos, alcanzó su valuación máxima de más de diez mil millones de dólares. Los fondos de inversión le permitieron construir una oficina y elegante sede en Silicon Valley, contratar a codiciados exempleados de Apple y financiar una campaña de relaciones públicas que la llevó a un contrato lucrativo con Walgreens. Todo esto, hizo que los inversionistas salivaran por participar de la acción. Esta clase de proceso de financiación es doblemente mimético: los nuevos inversores quieren formar parte porque los inversores inteligentes ya están participando y la demanda de los inversores por acciones de la compañía permite que la empresa cuente una historia mejor, que genera aún más demanda por parte de los inversores.

La reflexividad del deseo es más evidente en relaciones de *rivalidad.* Cuando una persona está concentrada en lo que quiere un modelo rival, los deseos de ambos individuos son reflexivos. Ninguno de los dos puede querer algo sin afectar el deseo del otro.

En Novatolandia, la rivalidad mimética es como una carrera dentro de un mismo vehículo: nadie puede adelantar al otro. Y es muy probable que el coche se estrelle.

Raperos ilustres

La rivalidad en el hip hop estadounidense entre la costa este y la costa oeste en la década de los noventa es un caso de estudio sobre la reflexibilidad del deseo mimético competitivo.

En 1991, un rapero entonces desconocido llamado Tim Dog lanzó un álbum en el que adoptaba un estilo de rap furioso y combativo que atacaba directamente a los raperos de la costa oeste, incluyendo a Eazy-E, Dr. Dre, DJ Quik y Ice Cube. Tim Dog estaba enfadado porque las discográficas de la costa oeste parecían ignorar a la costa este y menospreciar la calidad del hip hop de la zona. Con una única canción, se burló de los raperos de la costa oeste y los introdujo a la rivalidad mimética.

A finales de 1992, el rapero de la costa oeste Dr. Dre lanzó su primer álbum, *The Chronic*, que se convirtió en uno de los álbumes de rap más vendidos de la historia. En él, el prometedor rapero de la costa oeste Snoop Dog menciona a Tim Dog por su nombre como venganza. No entraré en detalles sobre la verborragia de Snoop. Basta decir que incrementó el conflicto.

La costa este respondió del mismo modo. En 1993, Sean Combs firmó un contrato con Notorious B.I.G. (más conocido como Biggie Smalls) y su discográfica emergente, Bad Boy Records. La canción de

Biggie *Who Shot Ya?,* lanzada en el lado B de un *single* de Biggie, fue interpretada por el joven rapero de la costa oeste Tupac Shakur como una burla para él. Tupac acababa de ser víctima de un robo a mano armada en el cual le habían disparado.

Continuó una guerra cada vez más conflictiva. Durante unos años a mediados de la década de los noventa, parecía que cada canción exitosa lanzada por una de esas dos discográficas era una respuesta a una canción de la otra. La rivalidad mimética entre Tupac y Biggie terminó con ambos muertos.

Cuando la mímesis es suficientemente fuerte, los rivales olvidan por qué objetivos competían en primer lugar. Los objetivos se vuelven completamente intercambiables: los rivales lucharán por cualquier cosa, siempre y cuando el oponente quiera esa misma cosa. Quedan atrapados en un punto muerto, cada uno limitado reflexivamente por los deseos del otro, incapaces de huir.

Imitación espejo

¿Por qué todos los hípsters tienen el mismo aspecto y por qué nadie se identifica como uno?

La respuesta es la *imitación espejo.* Los espejos distorsionan la realidad. Cambian el lado en el que aparecen las cosas: tu mano derecha aparece en el lado izquierdo del espejo y la izquierda aparece en el derecho. La imagen reflejada es, en cierto modo, una imagen de opuestos. Por lo tanto, la imitación espejo es la que hace lo opuesto a lo que sea que haga un rival. Es reflexivo para un rival hacer algo diferente a los modelos rivales.

Cuando los rivales miméticos quedan atrapados en un punto muerto, obsesionados el uno con el otro, llegan a cualquier extremo para diferenciarse. Su rival es el modelo de lo que *no* desear. Para un hípster, el rival es la cultura popular. Según Girard: «El esfuerzo por apartarse del camino más transitado obliga a todos a caer en la misma alcantarilla» [17].

La imitación espejo reflexiva es divertida para los observadores. Ningún programa de televisión representa mejor el deseo mimético que *Seinfeld.* En el episodio «La gran ensalada», Jerry Seinfeld está muy enamorado de su nueva novia Margaret... hasta que descubre que su archienemigo Newman, su vecino molesto y poco atractivo, salió con ella algunas veces. Jerry se horroriza particularmente cuando descubre que fue Newman quien terminó la relación. Intenta encontrar defectos en Margaret que antes no había notado, pero se vuelve tan molesto que Margaret lo abandona. Esto representa una crisis existencial para Jerry. Dado que Newman rompió con Margaret y Margaret rompió con Jerry, Newman parece el superior romántico de Jerry.

Si este episodio no ilustra el deseo mimético con claridad suficiente, puedes ver el capítulo llamado «El alma gemela» o, también, «El aparcamiento». Pero casi cualquier episodio de Seinfeld está plagado de temas relacionados con la teoría mimética: no porque Jerry Seinfeld lo haya hecho a propósito, sino porque el deseo mimético es una verdad que habita en el corazón de las relaciones humanas que Jerry Seinfeld y Larry David deben haber percibido intuitivamente al haber escrito ese programa. Cuanto más precisa es la representación de las relaciones humanas en una obra de arte, más vinculada a la mímesis está [18].

* * *

Las rivalidades miméticas no terminan bien a menos que una de las dos partes involucradas renuncie a la rivalidad. Para comprender el motivo, imagina que eres el ganador tras un conflicto. El acto de ganar, paradójicamente, también implica la derrota. Nos indica que escogimos el modelo erróneo. En presuntas palabras de Groucho Marx: «No quiero pertenecer a ningún club que me acepte como miembro» [19]. Y nosotros tampoco.

Cuando una de las dos partes rivales renuncia a la competitividad, desactiva el deseo de la otra. En la rivalidad mimética, los objetos cobran valor *porque* el rival los desea. Si, de pronto, el rival deja de querer algo, nosotros también. Y buscamos algo nuevo.

Todos tenemos una relación tóxica con un modelo. La segunda mitad de este libro trata sobre la transformación del deseo, que es la cura a largo plazo. La cura a corto plazo es protegernos de la infección.

* * *

Estrategia 3: CREA LÍMITES PARA LOS MODELOS PERJUDICIALES

Es probable que sigas al menos a algunas personas que funcionan como objetos de deseo perjudiciales para ti. Tal vez es un conocido o un excompañero, alguien a quien sigues en redes sociales o quizás incluso un excompañero de escuela cuya carrera has seguido a lo largo de los años. Necesitas saber qué están haciendo con su vida. Te importa lo que piensan. Te importa lo que quieren.

Es esencial que te distancies de la influencia que ejercen sobre ti. No los sigas más. No preguntes por ellos. Si revisas lo que hacen todos los días, entonces comienza a dejar que pase una semana antes de volver a comprobarlo. Si lo haces cada semana, entonces no lo hagas durante un mes.

Uno de mis amigos fue uno de los primeros empleados de una empresa emergente en San Francisco cuando descubrió que tenía una relación muy mimética con un compañero talentoso. La empresa creció tan rápido que había meses en los que debía trabajar prácticamente sin dormir para seguirle el ritmo. Si su rival avisaba al equipo diciendo que saldría de la oficina a las diez de la noche, mi amigo se quedaba allí hasta las diez y media la noche siguiente... y se lo comunicaba a todos. (Me recuerda a mis primeros días en un banco inversionista, cuando ninguno de los analistas se atrevía a ser el primero en irse para terminar la jornada laboral, no fuera a ser que alguien pensara que no trabajaban lo suficiente).

Al poco tiempo, mi amigo y su rival trabajaban sin dormir. No porque el trabajo lo requiriera, sino porque era una exigencia de su rivalidad mimética. Los dos querían ganar la guerra.

Finalmente, el rival de mi amigo se fue y se convirtió en el fundador epónimo de una empresa. Tres meses después, mi amigo hizo lo mismo. (Vio una «oportunidad en el mercado», claro, justo en el momento exacto en que lo hizo su rival).

Durante meses, siguió los avances de la empresa del otro joven y sus publicaciones diarias en redes sociales. No admitía ante nadie, ni ante sí mismo, que cada uno de sus movimientos dependía de lo que hiciera el otro tipo.

Cuando su rival compró bitcoins, él también tuvo que comprar bitcoins para asegurarse de que al otro no le fuera mejor y que él no quedara rezagado. Mi amigo era como un inversionista que solo compra fondos indexados para garantizar que nunca se quedará atrás en el mercado, porque eso sería vergonzoso. Las personas hacen lo mismo con sus modelos.

Cuando la burbuja del bitcoin estalló, a mi amigo no le importó. Siempre que su rival estuviera equivocado, él también podía equivocarse.

Han pasado ocho años desde que crearon sus respectivas empresas. Un día durante el año pasado, me topé con un artículo que hablaba sobre su rival y se lo envié a mi amigo. «Oye, mira lo que está haciendo Tony (no es su nombre real)», escribí. Para mi sorpresa, mi amigo respondió con cortesía: «Gracias por enviármelo. Lo he borrado de inmediato. Hace un año me desconecté por completo de Tony hasta el punto en el que ya ni siquiera sé qué está haciendo, y me gustaría seguir así. Algún día, cuando mi rivalidad con él se quede sin oxígeno y muera, quizá lo lea. Pero por ahora, estoy matando de hambre a la rivalidad. ¿Podrías hacerme un favor y no enviarme artículos como este?».

Me alegré de no hacer. Y hoy, mi amigo también es más feliz.

MEDIACIÓN SOCIAL

Lo que llamamos habitualmente «medios sociales» (o redes sociales) es más que solo un medio. Es una mediación: un mundo de modelos que median deseos de manera constante para cualquiera que mire.

Tristan Harris, un exejecutivo de ética de Google y líder del Centro para Tecnologías Humanas, habla sobre el peligro de diseñar tecnología adictiva. Afirma que los teléfonos inteligentes son como máquinas tragaperras. Ambos funcionan con el poder de ofrecer recompensas variables intermitentes: tirar de la palanca de una máquina tragaperras otorga una recompensa muy variable que maximiza la adicción neurológica; tu teléfono inteligente hace lo mismo cada vez que deslizas hacia abajo para actualizar tu inicio de Instagram, sin saber jamás con certeza cuándo aparecerá algo interesante.

Respeto a Harris por ser un defensor del diseño centrado en los humanos. Es meticuloso y está dispuesto a asumir riesgos diciendo la verdad. Pero tal vez no esté bastante lejos. Un diseño mejor ayudaría, pero solo lidiaría con parte del problema.

El peligro no es que tengamos una máquina tragaperras en el bolsillo. El peligro es que tenemos una máquina de sueños en el bolsillo. Los teléfonos inteligentes proyectan los deseos de miles de millones de personas alrededor del planeta ante nuestros ojos a través de las redes sociales, las búsquedas de Google y las reseñas de restaurantes y hoteles. La adicción neurológica a los teléfonos inteligentes es real, pero nuestra adicción a los deseos de otros (a los que tenemos acceso sin restricciones a través de los teléfonos inteligentes) es una amenaza metafísica.

El deseo mimético es el verdadero motor de las redes sociales. Los medios sociales son *una mediación social* y nuestros modelos ahora están prácticamente siempre dentro de nuestro mundo.

Vivimos en Novatolandia. Cada uno de nosotros debe examinar qué significa esto en nuestra vida: cómo se manifiesta el deseo mimético en las circunstancias en las que nos encontramos y cómo deberíamos vivir.

Este nuevo mundo representa una amenaza, pero también una oportunidad. ¿Qué nuevos caminos de deseo surgirán? ¿Qué nuevas oportunidades podemos aprovechar? ¿Cómo podemos contagiar y permitir la infección de deseos que nos lleven a la satisfacción y no a la destrucción? Estas son preguntas que al final tendremos que hacernos y responder como individuos y como sociedad.

Ahora veamos cómo funciona el deseo mimético en grupos.

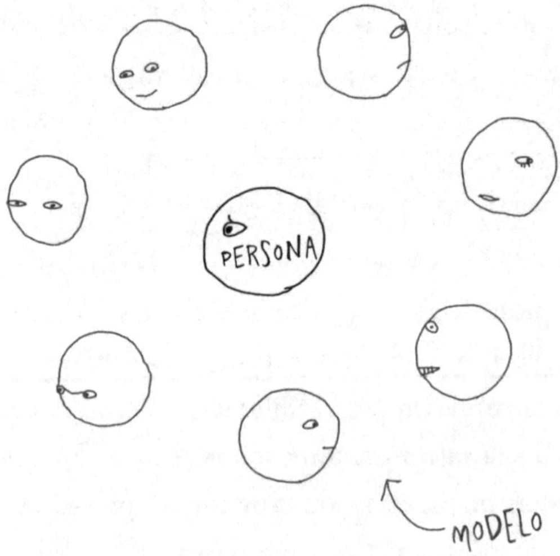

REDES SOCIALES

3

CONTAGIO SOCIAL

Ciclos de deseo

La prueba del cigarrillo... Lecciones de toreros...
La rentabilidad de las colisiones... Bajo el hormiguero.

Si los individuos tienen la inclinación natural de desear lo que poseen sus vecinos o de desear lo que sus vecinos simplemente desean, esto implica que la rivalidad existe en el centro de las relaciones sociales humanas. Esta rivalidad, si no se detiene, podría poner en peligro permanente la armonía e incluso la supervivencia de todas las comunidades humanas.

—René Girard

En agosto de 2019, dos familias fueron a un parque acuático en California. Cuando salieron del parque, se habían involucrado en una pelea que había dejado a un hombre en coma. Las noticias locales informaron: «Según la policía, una gran pelea ha tenido lugar en el parque Raging Waters en Sacramento. La pelea, en la que han intervenido unas cuarenta personas, ha empezado como una discusión entre dos familias por una toalla de playa» [1]. Una toalla de playa.

Pocas cosas son tan miméticas como la agresión. Comienza una discusión entre dos personas que piensan que una toalla les pertenece.

En cuestión de minutos, cuarenta personas están peleando por una toalla, comportándose exactamente del mismo modo, e imitando la estupidez y la violencia de los demás.

Este es, en esencia, el argumento principal de la obra de Shakespeare *Romeo y Julieta.* No es solo una historia trágica de dos jóvenes amantes. Es la tragedia de una ciudad enfrentada que cae en el caos mimético. La frase de apertura de la obra es: «Dos familias de idéntico linaje». Aun así, se detestan. La más ínfima provocación tiene el potencial de incitar una violencia contagiosa que hace que las familias se parezcan todavía más, a pesar de que todos creen que no pueden ser más diferentes.

Como señala Peter Thiel en *De cero a uno: cómo inventar el futuro*, Karl Marx y Shakespeare tenían dos perspectivas muy diferentes sobre el motivo por el cual las personas pelean. Marx creía que el conflicto sucede porque las personas son diferentes. Pelean porque tienen objetivos, deseos e ideas distintas debido a las diferencias en los bienes materiales que poseen. En esa línea de pensamiento, cabría esperar que las personas que tienen los mismos bienes materiales se pelearan menos. La perspectiva de Shakespeare parece ser exactamente la opuesta: las personas pelean cuando son similares, como los Capuleto y los Montesco en *Romeo y Julieta.*

Cuanto más parecidos son los miembros de un grupo, más vulnerables son a que haya una tensión única que afecte a todos. Imagina las consecuencias de un único conflicto en cada una de las siguientes situaciones. En la primera, estás caminando por la calle de una ciudad cuando ves a dos desconocidos peleando. En la segunda, un bateador forcejea en la base en un partido de la Liga Mayor de Béisbol. En la primera situación (dos desconocidos peleando) quizás un par de buenos samaritanos intentarían detener la pelea. Pero lo más probable es que nadie se involucre. Pero como todo fanático del béisbol sabe, la lucha entre el lanzador y el bateador probablemente vaciaría las gradas.

* * *

En este capítulo, veremos cómo el conflicto mimético es contagioso. Puede llevar a un ambiente social en el que todos reaccionan miméticamente a los demás. Esta dinámica mantiene a las personas encerradas en ciclos de conflicto eterno, estancadas entre sí por la mímesis, incapaces de ir a ninguna parte.

El deseo no se propaga como la información, se propaga como la energía. Pasa de persona a persona como la energía entre los presentes en un concierto o en un acto político. Esa energía puede llevar a un ciclo de deseo positivo, en el que los deseos saludables ganan impulso e inducen a otros deseos saludables uniendo a las personas de modos positivos; o puede convertirse en un ciclo de deseo negativo, en el que las rivalidades miméticas llevan al conflicto y a la discordia.

En Novatolandia, la proximidad y la similitud entre las personas hacen que los riesgos del deseo mimético sean mayores. Analizaremos esto en su mayoría en este capítulo y en el resto del libro.

Comenzaremos en Italia con un ciclo de deseo positivo que hizo que un fabricante de tractores construyera el primer Lamborghini de carreras. También veremos cómo un ciclo de deseo positivo puede llevar a hábitos saludables, a cosechas y al éxito emprendedor. Luego, iremos a Las Vegas, donde un emprendedor intentó construir una ciudad como si fuera una empresa emergente y, por accidente, generó un ciclo de deseo negativo que condujo al caos mimético.

Los finales diferentes de estas dos historias se deben al modo en que lidiaron (o no) con los deseos en cada caso.

LAMBORGHINI VERSUS FERRARI

Ferruccio Lamborghini se hizo famoso primero por construir tractores. Le parecía un trabajo importante y noble para la gran población de granjeros de Italia. Pero todo eso cambió cuando entró en contacto con Enzo Ferrari, cuyos hermosos vehículos comenzó a conducir después de volverse un empresario exitoso. Mientras Lamborghini estaba sentado en su Ferrari admirando la artesanía y el poder de su coche, algo cambió en su interior.

Lamborghini había tardado diez años en convertirse en uno de los fabricantes de tractores más exitosos de Italia. Tardaría solo dos años en volverse uno de los fabricantes de automotores más admirados del mundo. Esta es la parte no contada de la historia: la historia del deseo.

El corredor sigiloso

Norte de Italia, en algún momento a fines de la década de los cincuenta. Ferruccio Lamborghini estaba en la Autostrada del Sole entre Milán y Bolonia en su Ferrari 250 GTE rojo Pininfarina Coupé, mezclado con el tráfico mientras conducía ida y vuelta por la extensión de la vía rápida donde los técnicos de Ferrari iban a probar sus coches [2]. La fábrica de Ferrari, que estaba cerca, no tenía una pista de pruebas. Así que, en la mañana adecuada, los conductores que pasaban por ahí podían atisbar diez Ferraris rojos por sus retrovisores antes de que pasaran a toda velocidad por su lado. Los conductores de esos coches se encontraban entre los mejores del mundo y llevaban a los vehículos hasta sus límites técnicos.

Lamborghini acechó el tráfico, esperando a los pilotos de prueba de Ferrari. Cuando los vio, se apartó de la fila de coches ordinarios. Sus neumáticos serpentearon de lado a lado antes de aferrarse al pavimento y propulsar el vehículo hacia adelante, mientras la aceleración lo aplastaba contra el asiento. Pronto, su viejo modelo de Ferrari se unió a los nuevos vehículos recién salidos de la fábrica.

Los pilotos de Ferrari zigzaguearon sin esfuerzo entre el tráfico controlando el embrague como expertos, probando los giros y el manejo de sus nuevas creaciones. Lamborghini se mezcló entre ellos. Después de haber estado jugando un minuto, se apartó del grupo de coches. Los otros pilotos lo persiguieron, pero el Ferrari de Lamborghini había alcanzado un extra de velocidad de dieciséis kilómetros por hora.

Lamborghini, un mecánico experimentado, le había realizado algunas mejoras a su vehículo.

La región alrededor de Módena, Italia, donde están instalados tanto Ferrari como Lamborghini, es la clase de sitio en el que todos se conocen. Los pilotos de prueba de Ferrari sabían quién era su rival. La próxima vez que lo vieron por la ciudad, mientras compraba un expreso de su cafetería favorita, le preguntaron: «Oye, Lamborghini, ¿qué le has hecho a tu coche?»

«Ah, no lo sé», respondió él.

* * *

Lamborghini continuó burlándose de los pilotos de prueba. Al mismo tiempo, seguía teniendo dificultades con su Ferrari, problemas mecánicos que parecían ocurrir con demasiada frecuencia para un vehículo tan caro. Incluso cuando el embrague funcionaba, Lamborghini no estaba satisfecho con cómo se comportaba el coche cuando cambiaba. El vehículo seguía patinando.

Un embrague en una caja de cambios manuales patina cuando no transmite poder al motor del modo diseñado. Esto suele ocurrir cuando un conductor efectúa incorrectamente el cambio y gasta el disco que enlaza con el motor. Pero Lamborghini sabía lo que estaba haciendo. El embrague no patinaba por su culpa: simplemente no estaba bien hecho o era la clase de embrague equivocada para un vehículo tan potente.

Las primeras y escasas veces en las que había tenido inconvenientes con el embrague, había llevado el coche a la fábrica de Ferrari, aunque el problema luego fue recurrente. Exasperado, Lamborghini llevó el vehículo a los mecánicos de su propia fábrica. Descubrieron que Ferrari utilizaba el mismo embrague para sus automóviles de carrera de lujo de ochenta y siete mil dólares que Lamborghini para sus tractores de seiscientos cincuenta. Ferrari también le había cobrado de más cada vez que había reemplazado el embrague de su vehículo. El coche necesitaba un embrague más grande y más fuerte, así que Lamborghini lo reemplazó con uno de los mejores embragues de tractor que tenía en su fábrica… y resolvió de una vez por todas el problema.

Mientras trabajaba en ello, decidió añadir unas mejoras adicionales para el rendimiento del coche, entre las que incluyó nuevas válvulas con árboles de levas, lo cual aumentaba el flujo de aire hacia el motor. Los pilotos de los nuevos Ferraris no tenían posibilidades de ganarle a esa versión modificada.

Lamborghini disfrutaba conduciendo su modelo mejorado y modificado por la zona, avergonzando a los dueños de Ferraris básicos con su manejo y su velocidad superiores. Pero eso no era suficiente.

Tenía que hablar con Ferrari sobre sus embragues.

* * *

Finalmente, a principios de los sesenta, Lamborghini tuvo la oportunidad de enfrentarse al creador de su vehículo.

«Sabes, hoy ha venido a verme un hombre que tiene una fábrica de tractores cerca de aquí», le comentó Ferrari a su amigo Gino Rancati, un periodista automovilístico que trabajaba para la Radiotelevisione Italiana. «Me ha explicado que, de todos los vehículos que posee, el embrague de su Ferrari patina más que el de cualquier otro» [3]. Era evidente el disgusto de Ferrari. Había rechazado reunirse con Lamborghini varias veces antes de acceder por fin a un encuentro, porque consideraba que un fabricante de tractores no era digno de su tiempo. Cuando por fin se conocieron, Lamborghini tuvo las agallas de explicarle (con paciencia y quizás incluso de modo condescendiente) a Ferrari los cambios que había realizado en su vehículo para mejorarlo. No hay relato oficial de cómo terminó la reunión, pero quienes conocían la versión de Lamborghini dicen que Enzo Ferrari apenas pudo contener su furia. En una versión de la historia, Ferrari dijo: «El embrague no es el problema. El problema es que tú no sabes conducir un Ferrari y por eso rompes el embrague» [4]. Quiso insinuar que Lamborghini debía dedicarse solo a hacer tractores.

En palabras de Ken Kesey, «es verdad incluso si no sucedió». Porque fuera lo que fuere lo que estuviera pasando, Lamborghini salió de la reunión decidido a construir un vehículo superior [5]. Sabía que Ferrari lo había estafado cobrándole de más por el mismo embrague que él usaba en sus tractores. ¿Y por qué tenía que rogar para reunirse con un fabricante como él? Ferrari le había faltado el respeto en varios sentidos.

Hasta ese momento, Enzo Ferrari había sido un modelo remoto para Ferruccio Lamborghini, fuera de su mundo. Lamborghini había visto el éxito de Ferrari en la pista de carreras y había observado cómo el hombre crecía en magnitudes legendarias. Ferrari era el mejor fabricante de coches del mundo y nadie se atrevía a competir con él. Ferrari había sido presidente de Celebrilandia.

Pero ahora Lamborghini había entrado en contacto directo con Ferrari. Prácticamente compartían el mismo espacio, física y socialmente. La fábrica de Lamborghini estaba a veintisiete kilómetros de la de Ferrari. Él, al igual que Ferrari, había construido un negocio muy exitoso. Era un millonario que conducía y mejoraba vehículos de Ferrari. Lo que Ferrari quería, Lamborghini también comenzaba a desearlo. Gracias a la influencia de Ferrari, de pronto Lamborghini descubrió que quería algo que nunca había deseado: construir el coche superdeportivo más bonito y con mejor rendimiento del mundo[6].

Se había producido un cambio y ahora tanto Lamborghini como Ferrari vivían en Novatolandia. Recuerda, Novatolandia está definida por la posibilidad de conflicto directo. Las estrellas de fútbol Cristiano Ronaldo y Lionel Messi quizá sean celebridades para la mayoría de nosotros, pero entre ellos no lo son. Lo mismo ocurría con Ferrari y Lamborghini. A través del éxito de Lamborghini, ambos se habían acercado y podían competir directamente.

El salto de Lambo

En 1963, Lamborghini inició una nueva empresa llamada Automobili Lamborghini S.p.A en Sant'Agata Bolognese, a pocos kilómetros de su planta de tractores, en las afueras de Módena.

La zona estaba en medio de una transformación. La región de Emilia-Romaña tenía desde hacía tiempo la reputación de darle al mundo los mejores *prosciutto*, parmesano y vinagre balsámico. A principios de los sesenta, también se había vuelto el corazón de la fabricación de vehículos de lujo en Italia. Maserati tenía su oficina central en Módena, Ferrari estaba a final del camino en Maranello y la compañía de motocicletas Ducati estaba cerca, en Bolonia.

Lamborghini ahora se había propuesto robar los mejores ingenieros a las empresas industriales de la región y a sus competidores. Les ofreció mejores condiciones laborales, beneficios y la promesa de que usaría sus habilidades para crear un vehículo superior a cualquier otro que el mundo hubiera visto. Tomó la idea de cómo quería que fueran su primer vehículo y su nueva fábrica basándose en los viajes que hacía a las fábricas en Estados Unidos y en Japón, donde había estudiado los procesos de fabricación que usaban para poder implementarlos y mejorarlos. «Yo no invento nada», alardeaba Lamborghini. «Empiezo desde donde los otros dejaron» [7].

* * *

Lamborghini presentó su primer coche en público en 1964 en el Motor Show de Génova. El Lamborghini 350 GT fue el primer automóvil de carretera de la historia en tener un motor de doce cilindros y ejes de levas dobles. En 1966, Lamborghini presentó el Miura P400. Superó al mejor automóvil de carretera de Ferrari prácticamente en todas las categorías de rendimiento.

Tres años después de iniciar su empresa automovilística, Lamborghini había producido un vehículo que había deslumbrado incluso a los fanáticos más intelectuales. En 1968, solo cuatro años después de crear su primer coche, lanzó el sucesor del Miura P400, el Miura P400S, que se convirtió en un icono. Frank Sinatra y Miles Davis se compraron uno. Eddie van Halen utilizó el ruido del motor de su P400S durante su canción *Panama*. El precio de lista original de estos vehículos en 1968 era de aproximadamente veintiún mil dólares (casi ciento setenta mil dólares en moneda actual). Hoy, lo venden a casi un millón.

Los ingenieros de Lamborghini (muchos de los cuales provenían de Ferrari), estaban incentivados por el éxito del Miura. Le suplicaron a Lamborghini que les permitiera producir un verdadero coche de carreras para competir con Ferrari en las pistas, confiando en que su destreza como ingenieros los llevaría a la victoria.

Lamborghini no lo permitió.

Estrategia 4: UTILIZA LA IMITACIÓN PARA FOMENTAR LA INNOVACIÓN

Hay una dicotomía falsa entre imitación e innovación.

Son parte del mismo proceso de descubrimiento. La innovación puede ocurrir en cualquier etapa y algunos de los genios más creativos de la historia empezaron simplemente imitando el modelo correcto.

Me reuní con Naresh Ramchandani, uno de los socios de Pentagram, que ha sido calificada como una de las empresas de diseño más innovadoras del mundo. Es la fuerza creativa detrás de proyectos como el Museo Harley-Davidson, el escenario y los gráficos en pantalla de *The Daily Show* y la iniciativa *One Laptop per Child.*

«Puedes innovar en cualquier etapa del proceso», me cuenta Naresh. «A veces empezamos pensando en qué hay allá fuera. ¿Qué podemos copiar?».

Si el objetivo principal de alguien es innovar por el mero hecho de innovar, en general termina involucrado en una rivalidad mimética en la que todos los de su campo compiten más que nada basándose en la originalidad. Pero al devaluar todas las formas de imitación, las personas juegan a un juego de diferenciación para destacarse. Ser diferentes solo por serlo es el *ethos* detrás del arte basado en el impacto y de los académicos cuya característica prominente es hacer afirmaciones excéntricas solo para destacarse del rebaño.

Dado que el modo más rápido de alcanzar la humildad es no pensar más en ella, sino pensar con menos frecuencia en uno mismo, el camino más seguro hacia la innovación también es una ruta indirecta. «Hay cosas maravillosas afuera», dice Ramchandani. «¿Por qué no aprender de ellas? ¿Por qué no usarlas como ejemplos y construir algo que las supere en vez de permanecer a la par?».

Austin Kleon, autor de *Roba como un artista*, lo dice con estas palabras: «Si nos liberamos de la carga de querer ser totalmente originales, podemos dejar de intentar crear algo de la nada y aceptar esa influencia en vez de huir de ella» [8].

Aprender a saber cuándo usar la mímesis.

Lecciones de toreros

Ferruccio Lamborghini tuvo una obsesión con la tauromaquia que duró toda su vida. Comprendía la psicología detrás de la actividad.

En una corrida manipulan al toro hasta someterlo, no con fuerza, sino con agilidad y psicología. La pelea tiene tres actos. En el primero, el matador aprende cuáles son el comportamiento y las particularidades del toro a través de una serie de pases con una capa. En el segundo acto, el matador y sus asistentes clavan banderillas filosas en los hombros del toro para cansarlo. En el tercer acto, llamado «muerte», el torero mata al animal después de haberlo llevado al punto del agotamiento físico y psicológico.

Participar de la rivalidad mimética es como ser un toro en una corrida. En esta, el matador orquesta las acciones del toro. Hace que el animal ataque a una capa roja en movimiento, solo para retirarla en el último segundo, justo cuando el toro piensa que alcanzará su objetivo final [9].

El toro es como Sísifo, el embaucador mitológico. Zeus lo castiga después de la muerte por sus engaños: lo obliga a empujar una roca inmensa montaña arriba. Zeus hechiza la roca justo antes de que Sísifo alcance la cima, lo cual hace que la roca se resbale de sus manos y ruede cuesta abajo hasta el pie de la montaña. Sísifo debe regresar al punto de partida y comenzar de nuevo… una tarea que debe repetir durante toda la eternidad.

En la rivalidad mimética, el rival de una persona es como Zeus o como el matador. El rival decide lo que una persona quiere a continuación, qué objetivos persigue y en qué piensa cuando se acuesta por las noches. Si una persona no nota lo que sucede, el juego la llevará hasta el punto del agotamiento y quizás a algo peor.

Ferrari le dio a Lamborghini el deseo de construir automóviles superdeportivos. Lamborghini atacó. Se convirtió en un rival excelente. Pero se negó a luchar hasta el final. Sabía que el final *no existía*. Al fin y al cabo, la rivalidad nunca fue sobre vehículos. Era sobre el honor.

Lamborghini no cayó en las distorsiones causadas por el deseo mimético que llevan a las personas a buscar satisfacción en vano bajo una cantidad infinita de obstáculos. Girard explica la tragedia: «Un hombre parte en busca de un tesoro al que cree oculto bajo una roca», escribe en su primer libro, *Deceit, Desire, and the Novel: Self and Other in Literary Structure.* «Gira roca tras roca, pero no encuentra nada. Se cansa de aquella actividad fútil, pero el tesoro es demasiado valioso para él y para rendirse. Así que empieza a buscar una roca que *es demasiado pesada para poder levantarla*... Deposita todas sus esperanzas en esa roca y desperdiciará toda la fuerza que le queda en ella» [10]. Lamborghini escogió no hacer esto.

«Me negué a construirlo», dijo Lamborghini refiriéndose a un automóvil de carreras. «No solo porque quería evitar una pelea con Ferrari. Era una decisión que involucraba mi rol como padre. Mi hijo Torino tenía dieciséis años cuando comencé a construir automóviles y estaba seguro de que a él le resultaría atractiva la competencia».

Lamborghini parecía considerar la competencia como un peligro ocupacional para un emprendedor; algo bueno hasta cierto punto, pero que luego evoluciona en rivalidad si no se lo controla. «Este temor me llevó a incluir en las normativas de la empresa una cláusula que prohibía la participación en las guerras [de carreras]»[11], añadió.

Lamborghini tomó medidas específicas para mitigar los efectos negativos de la rivalidad. Eso lo salvó de que el toro lo matara.

* * *

En la historia oficial que cuenta Torino sobre su padre, escribe que Lamborghini disfrutó de pasar los últimos veinte años de su vida en su viñedo, ofreciendo visitas guiadas personales a quienes acudían a la propiedad. Luego, comparte un detalle jugoso: su padre siempre terminaba las visitas guiadas llevando a los concurrentes a un edificio de aspecto sencillo cerca de la casa principal. Era fácil confundirlo con un granero abandonado. Había un cartel pequeño de madera colgado cerca de la puerta principal. Decía en italiano: 40 ANNI DELLA MIA VITA («40 años de mi vida»).

Dentro del granero, había una colección de las creaciones más impresionantes de Lamborghini: los mejores y más raros modelos de automóviles de su marca, tractores, motores y partes de vehículos. Lamborghini guiaba a los visitantes por el granero, deteniéndose ante cada exhibición, recorriendo los años de su vida. Pero siempre terminaba el recorrido ofreciendo una demostración: la prueba del cigarrillo.

Era así: Lamborghini levantaba el capó de uno de sus vehículos y encendía un cigarrillo. Lo retiraba de su boca y lo colocaba directamente en una de las cabezas de los cilindros del motor, y después les indicaba a los visitantes que observaran con atención. Luego, subía al asiento del conductor y pisaba el acelerador hasta que el motor alcanzaba seis mil RPM, lo cual hacía que una cantidad inmensa de aire atravesara las válvulas: el equivalente a que mil fumadores dieran caladas lujuriosas en un cigarrillo al mismo tiempo. El coche rugía y el motor giraba a toda velocidad. Pero el cigarrillo apenas se movía un centímetro mientras se consumía rápidamente. Las mecánicas impecables del vehículo balanceaban miles de partes móviles sin siquiera generar un movimiento diminuto o un temblor: inmovilidad a través de la dinámica.

Lamborghini disfrutaba de hacer esa demostración hasta que el cigarrillo se convertía en una pila de cenizas. Luego, salía del coche y sacudía las cenizas con la mano.

Ferruccio Lamborghini murió inesperadamente en 1993, a la edad de setenta y seis años, pero Automobili Lamborghini S.p.A continúa hasta la fecha. Terminó el año 2019 con un récord de ventas. Y, con el tiempo, Automobili Lamborghini entró en el negocio de las carreras: el atractivo fue irresistible para los futuros líderes de la empresa. Pero no ocurrió mientras Lamborghini estuvo vivo. Él supo frenar en el momento indicado y maniobrar su energía hacia nuevas oportunidades.

La competencia puede ser buena hasta cierto punto. La clave es saber cuál es ese punto y tener los recursos para maniobrar y evitarlo.

A continuación analizaremos un proyecto que sufrió las consecuencias que Lamborghini evitó. Pero, primero, observemos cómo la expansión del deseo es distinta a la expansión de la información y por qué eso es tan importante.

LOS MEMES Y LA TEORÍA MIMÉTICA

¿Cómo es posible que dar el 20 % de propina se convirtiera en la norma en Estados Unidos, pero no en Europa? ¿Por qué los empresarios japoneses se saludan con reverencias en vez de con un apretón de manos? ¿Por qué algunas organizaciones tienen una jerga muy desarrollada, encriptada en sus manuales, y otras no? (¿Y por qué hay tanta jerga en el mundo de los negocios?). En todos estos casos, la imitación parece jugar un papel importante.

En 1976, el biólogo evolutivo Richard Dawkins acuñó la palabra «meme» en su libro *El gen egoísta.* Intentaba explicar la difusión a través de tiempo y espacio de cosas inmateriales como ideas, comportamientos y frases. Llamó a estas cosas «memes»: unidades culturales de información que se transmiten de persona a persona a través de un proceso de imitación [12].

La teoría de Dawkins sobre los memes y la teoría de Girard sobre el deseo mimético consideran la imitación como la base del comportamiento humano. Sin embargo, las dos teorías son diferentes en todos los demás aspectos.

Según Dawkins, los memes funcionan de manera similar a los genes biológicos: su supervivencia depende de la transmisión y de que los repliquen con la mayor perfección posible. Cada tanto pueden mutar, pero en general los memes son discretos, estáticos y fijos.

Según la teoría del meme, la difusión de memes a través de la imitación lleva al desarrollo y la sustentabilidad de una cultura. Según la teoría mimética de Girard, la cultura se forma principalmente a través de la imitación de deseos, no de conceptos. Y los deseos no son discretos, estáticos y fijos; sino que son abiertos, dinámicos y volátiles.

* * *

Todos sabemos qué son los memes. Pueden ser canciones («Cumpleaños feliz»), frases (decir que alguien *es un bombón* para referirse a su atractivo, por ejemplo), modas (corbatas y tacones) e incluso ideas («Lo que sucede en Las Vegas queda en Las Vegas»). Las plataformas de las redes sociales como Twitter parecen construidas para propagarlos: las palabras y las ideas se difunden a través de la imitación perfecta cada vez que alguien las comparte o las retuitea.

Los memes no se difunden a través de la intención humana o de la creatividad. Como en la evolución darwiniana, se someten a una serie de mutaciones y selecciones aleatorias. (Los memes de internet no son a lo que se refería Dawkins con la palabra «meme», porque un meme de internet es la alteración intencional de algo). Los verdaderos memes se propagan de manera más parecida a un virus. Los individuos que difunden memes son solo transmisores: huéspedes a través de los que se propaga la información. ¿Sabes quién creó el primer *lolcat*? Yo tampoco. Y no tiene importancia.

En la teoría mimética de Girard, lo opuesto es cierto. Las personas no son insignificantes transmisores de información, son importantes modelos de deseo. No nos importa qué es lo modelado más que quién lo modela. Imitamos no por la imitación en sí, sino para diferenciarnos: para intentar forjar una identidad en relación a otras personas.

El impulso por diferenciarse es lo que vemos en el caso de la imitación espejo, cuando alguien realiza lo opuesto a lo que hace otra persona (*Seinfeld* con Newman, los hípsters con la cultura popular). ¿Por qué algunas personas usan gorras con la frase «Make America Great Again» mientras otras no usarían esas gorras ni aunque su vida dependiera de ello? La repulsión que muchos sienten por vestir una gorra con dicha frase (en general) no está relacionada con el color rojo, el estilo de la prenda o la crítica política de la idea de la grandeza nacional. Está relacionada con la persona que luce la gorra: Trump[13].

Aún más importante es que la teoría del meme ignora toda clase de imitación negativa. Según esta concepción, la imitación es (en el peor de los casos) algo neutral. Desde la perspectiva de los memes, es algo positivo. En la teoría mimética, la imitación suele tener consecuencias negativas dado que la imitación del deseo causa que las personas compitan por las mismas cosas y lleva fácilmente al conflicto.

En el resto de este capítulo, analizaremos el efecto volante de la mímesis: el movimiento de ciclos de deseo creativos y destructivos que son responsables del surgimiento y la caída de las culturas. No es posible capturarlas en un meme.

EL EFECTO VOLANTE

El efecto mimético suele moverse en uno de dos ciclos. El ciclo 1 es el ciclo negativo, en el que el deseo mimético lleva a la rivalidad y al conflicto. Este ciclo funciona basado en la falsa creencia de que otras personas poseen algo que nosotros no tenemos y que no hay posibilidad de satisfacer los deseos del otro y los propios. Nace de una mentalidad enfocada en la escasez, el miedo y la furia.

El ciclo 2 es el ciclo positivo en el que el deseo mimético une a personas con un deseo compartido por un bien común. Surge de una mentalidad de abundancia y de entrega mutua. Esta clase de ciclo transforma el mundo. Las personas quieren algo que no podían imaginar querer antes… y ayudan también a otras a ir más lejos.

* * *

Jim Collins, en su libro *De buena a grandiosa: empresas que sobresalen,* utiliza el ejemplo de un volante gigante para explicar cómo las buenas empresas crecen y se vuelven grandiosas.

Collins pide que nos imaginemos de pie frente a «un disco de metal montado horizontalmente sobre un eje, con un diámetro de nueve metros, sesenta centímetros de espesor y dos mil doscientos sesenta y ocho kilos de peso» y que nuestro objetivo es «lograr que el volante rote sobre el eje lo más rápido posible durante la mayor cantidad de tiempo»[14]. Lo empujas durante horas, pero el disco apenas se mueve. La gravedad trabaja en tu contra. Después de tres horas, has logrado darle una vuelta completa. Sin desanimarte, continúas empujando unas horas más en la misma dirección con esfuerzo consistente. De pronto, en un momento indiscernible, el impulso funciona. El peso del disco comienza a trabajar a tu favor en lugar de en tu contra. El disco avanza por su propia cuenta. Cinco vueltas, cincuenta, cien.

Collins dice que esto es lo que sucede dentro de las empresas grandiosas cuando ponen en marcha un ciclo positivo y autocumplido. No hay proceso lineal de mejoría continua, sino que hay un momento de transición crítico en el que el impulso toma el mando y el proceso comienza a retroalimentarse.

La mímesis también funciona como un volante. Se acelera de manera no lineal, tanto en los casos positivos como en los negativos.

EL CICLO CREATIVO

Giro Sport Design fue fundada por el ciclista profesional Jim Gentes en 1985. Se convirtió en uno de los mejores ejemplos del efecto volante descritos por Jim Collins en su monografía *Turning the Flywheel* («Girando el volante»).

Cuando Gentes tenía veintitantos años y trabajaba para una empresa de equipamiento deportivo, pasaba las noches en su garaje, jugando con el prototipo de un casco para ciclistas que cambiaría el escenario del ciclismo competitivo. El casco en el que Gentes trabajaba pesaba la mitad que los otros cascos y tenía ventilación (los cascos de esa época prácticamente carecían de ella). Su prototipo era técnicamente superior al de cualquier otro casco... y por mucho. Además, tenía un aspecto bonito, lo cual no era común. Los modelos existentes eran apéndices feos, males necesarios, una semiesfera vergonzosa de policarbonato asfixiante y espuma.

Gentes presentó su prototipo en la convención Long Beach Bike Show y recibió cien mil dólares en reservas. Los ciclistas importantes vieron de inmediato que el casco era diferente a otros. La validación de la convención fue alentadora. Pero necesitaba un volumen consistente de pedidos para poder renunciar a su empleo y dedicarse a ello por completo.

Analizando a Nike, Gentes aprendió sobre la importancia de la influencia social en las prendas deportivas. Si lograba acceder al *influencer* correcto, conseguiría una red mucho mayor de clientes leales y obtendría el volumen consistente que necesitaba [15].

Durante su época de competiciones, Gentes se había hecho amigo del ciclista estadounidense Greg LeMond, quien en 1986 había sido el primer ganador no europeo en la historia del Tour de Francia. LeMond tenía lo que Gentes buscaba: era un ciclista fuerte conocido por correr riesgos y era atractivo.

LeMond había sufrido una herida grave en un accidente de caza en 1987, lo que hizo que se perdiera dos temporadas. La revista *Sports Illustrated* escribió artículos brillantes sobre su talento, incluso durante su convalecencia. Los fanáticos del ciclismo lo animaban a volver al Tour de Francia de 1989. Habían pasado cuatro años desde que Gentes había construido el primer prototipo de un casco Giro en su garaje y el negocio estaba creciendo. Pero necesitaba algo para propulsarlo aún más.

Le habló a LeMond sobre su nuevo casco Giro, el primero con cubierta de plástico del mercado. Gentes le prometió a LeMond que lo haría más rápido. También usó una gran parte del capital de su empresa para pagarle el patrocinador a LeMond, sabiendo que su apuesta daría sus frutos si LeMond tenía la visibilidad suficiente en la cobertura mediática de la carrera. ¿Y si ganaba?

El resultado no pudo haber sido mejor. LeMond ganó la carrera (veintiún días de carrera en veintitrés días) por un total impresionante de ocho segundos, la final más apretada en la historia del Tour. Millones de personas vieron a LeMond pedaleando por las colinas de los Alpes franceses con el casco que tenía la mitad del tamaño de los otros, con ventilaciones elegantes y colores brillantes en comparación con la cubierta opaca que llevaban los demás ciclistas. El volante de la marca Giro ganó un impulso imparable.

* * *

El efecto volante de Giro, según Collins, funcionó así: «Inventa un producto grandioso, haz que los atletas de élite lo utilicen, inspira a quienes practican deporte a nivel aficionado para que imiten a sus héroes, atrae a clientes comunes y construye el poder de la marca a medida que cada vez más atletas usan el producto. Pero luego, para mantener el factor "guay", sube los precios y destina las ganancias a crear la próxima generación de productos grandiosos que los atletas de élite quieren usar» [16].

Collins aplica el concepto del efecto volante al crecimiento de una empresa. Demuestra que hay ciertos modelos empresariales y procesos que construyen impulso bajo la dirección de un gran líder. Como en una máquina de Rube Goldberg, un avance positivo inicia el próximo.

Podemos aplicar el concepto del efecto volante del mismo modo al movimiento del deseo. Es posible vivir nuestra vida de forma que maximice el impulso del deseo. Pensemos en el ejercicio. Por ejemplo: (1) Quiero empezar a hacer ejercicio porque mi amigo comenzó un nuevo programa de entrenamiento y tiene buen aspecto. (2) Eso hace que quiera comer mejor para no desperdiciar todo el esfuerzo que hago en el gimnasio. (3) Así que quiero rechazar invitaciones sociales a eventos en los que haya alcohol y alitas de pollo. (4) El resultado es que quiero ir al gimnasio por las mañanas en lugar de tomarme un calmante, tragar un café y comer tortitas. (5) Y eso significa que quiero pasar más tiempo haciendo un trabajo productivo. Con el transcurso del tiempo, convertiré el bienestar en una virtud, es decir que se volverá fácil. Tomar decisiones saludables se convertirá en algo que *quiero* hacer, en lugar de algo que aborrezco.

* * *

El efecto volante del ejercicio es difícil de iniciar al principio. Te sientes horrible. Ir al gimnasio parece intimidante. Y cuando empiezas a entrenar, duele. El cambio es imperceptible. Pero continúas esforzándote y llega un momento en el que el volante comienza a girar. Un día despiertas y esperas con ansias el entrenamiento. El impulso ha tomado el control.

Si escoges un lugar en la parte externa del volante y trazas su movimiento de una etapa a la otra, quedarás inevitablemente enganchado en el giro. Cada paso no es solo la instancia siguiente en una secuencia; es la consecuencia lógica del paso previo. Según Collins, el movimiento de un volante funciona gracias a la lógica de «no puedo evitar hacerlo»: es inevitable dar el siguiente paso.

Giro siguió esta lógica. Si creas productos superiores, los deportistas de élite no podrán evitar querer usarlos. Si consigues que los deportistas de élite empleen tus productos, no podrás evitar atraer la atención de los consumidores comunes. Y si atraes la atención de los consumidores comunes, no podrás evitar que el poder de tu marca crezca. Y cuando tu marca tenga poder, no podrás evitar aumentar tus márgenes de ganancias.

El efecto volante puede derivar en algo bueno o malo. Las granjas regenerativas utilizan volantes positivos. Las construyen sobre la base de la salud del suelo. El volante funciona así (de manera simplificada): las plantas crecen mejor en un buen suelo, así que mejoras la biodiversidad de las plantas, lo cual lleva a rumiantes más saludables que se comen el césped y las plantas y luego defecan, lo que genera un suelo más saludable, lo que significa que el agua y los microbios se conservan mejor, lo que lleva a un suelo aún más rico en nutrientes, lo que aumenta la vitalidad de todo el ecosistema.

Pero también hay volantes negativos, o «ciclos malditos», en los que fuerzas negativas se retroalimentan y llevan al fracaso. Un ciclo maldito podría funcionar así: una empresa digital deja de darle importancia al servicio al cliente para invertir en otras áreas, lo que lleva a un aumento de reembolsos en tarjetas de crédito y malas reseñas en las redes, lo que ocasiona un descenso del volumen de encargos y devoluciones de los clientes, lo que causa una baja en ventas y pérdida de inventario, lo que obliga a la empresa a pagar tarde a los proveedores, lo que hace que los proveedores endurezcan las condiciones crediticias y no entreguen inventario, lo que genera que la empresa se enfoque aún menos en el servicio al cliente porque solo intenta mantener la compañía a flote. Como ves, la última de estas etapas lleva directo a la primera etapa y amplifica el problema.

Estos ciclos positivos y negativos aparecen en nuestras vidas todos los días. Para añadir una capa de significado al concepto del efecto volante (y para ayudarnos a comenzar ciclos positivos), retrocedamos dos mil quinientos años hacia la percepción que Aristóteles tenía sobre una fuerza especial que funciona en los organismos vivos y los sistemas.

* * *

Aristóteles inventó la palabra «entelequia» para referirse a una cosa que tiene en sí misma el principio de su desarrollo, una fuerza vital que impulsa a *convertirse por completo en lo que se es.*

Un embrión humano, si bien depende de otro (en especial de la madre), ya posee en su interior un mapa para desarrollarse hasta ser un humano completo y la autoorganización para lograrlo, siempre y cuando el embrión reciba lo que necesita para alimentar su crecimiento. Un ordenador común no tiene entelequia: deben montarlo y programarlo. No puede ensamblar por cuenta propia sus componentes y convertirse en una versión desarrollada y completa de sí mismo del modo en el que un brote se convierte en un árbol.

Comprender que algunas cosas poseen el principio de desarrollo vital y otras no es el modo de entender el concepto de un ciclo positivo de deseo impulsado por el efecto volante: contiene en su interior el principio que lo ayudará a alcanzar su propósito. Una vez que construyas el volante y comiences a moverlo, cobrará vida propia y empezará a autoorganizarse alrededor de un objetivo [17].

Todos deben construirse sus propios volantes. No existe, por ejemplo, un solo volante para alcanzar un buen estado físico, ya que el tuyo puede ser completamente distinto del mío. Los volantes personales más efectivos provienen de quienes se conocen bien a sí mismos. Es probable que ya tengas conocimiento tácito de lo que aumenta y disminuye la probabilidad de que quieras hacer algo en el futuro. La clave es lograr que el ciclo sea explícito, y luego ponerlo en movimiento.

Estrategia 5: INICIA CICLOS DE DESEO POSITIVOS

El deseo es un proceso que depende del camino. Las decisiones que tomamos hoy afectan a lo que querremos mañana. Por esa razón es importante planear, del mejor modo posible, las consecuencias que nuestras acciones tendrán en nuestros futuros deseos.

Empieza pensando con seriedad cómo sería un ciclo positivo de deseo para ti. Empieza con el deseo central. Podría ser pasar más tiempo con tus hijos, tener más tiempo libre o escribir un libro. Luego, planea el sistema de deseo que facilitará el cumplimiento de ese deseo central.

Escríbelo. Te sugiero que cada paso del ciclo consista en una oración que contenga la palabra «quiero» (o «deseo») y que conecte con el próximo paso del proceso con frases como «para que así...», «así...», «eso llevará a que...» o «lo cual hará que...».

Este es un ejemplo de una empresa digital que desea iniciar un efecto volante positivo para su equipo de atención al cliente, que se ha vuelto perezoso y carece de motivación:

1. Queremos que nuestro equipo de atención al cliente se sienta empoderado para tomar decisiones; *para que así*
2. Los clientes sientan que hablan con alguien con autoridad y por lo tanto quieran interactuar con ellos en vez de pedirles hablar con el gerente; *así*
3. Aumentará la eficiencia que permite a los gerentes pasar menos tiempo hablando con clientes frustrados y más tiempo organizando proyectos en los que quieran trabajar; *eso llevará a que*
4. Podamos crear un fondo de bonos discrecionales administrado por los gerentes que quieran recompensar a miembros del equipo de atención al cliente que se hagan cargo de tomar decisiones; *lo cual hará que*
5. El equipo de atención al cliente quiera tomar más decisiones.

No es necesario que tu plan tenga cinco pasos, pero asegúrate de que cada paso lleve inevitablemente al próximo y que el último paso del proceso lleve al primero.

Los ciclos negativos de deseo son mucho más comunes que los positivos. Esto sucede particularmente en Novatolandia, donde las personas tienen más cosas en común y son más cercanas. Al igual que el agua oceánica tibia en la que se forman los huracanes, el contagio mimético es capaz de ganar impulso con más rapidez en Novatolandia porque todos están en un ambiente reflexivo, interpretando señales miméticas.

Quedé atrapado en un ciclo negativo de deseo en la época que pasé en el centro de Las Vegas explorando la cultura del vendedor de calzado en línea Zappos.com. Aspiraba a muchas de las cosas que modelaba su CEO, Tony Hsieh: sencillez, una estructura de gestión plana, disposición a hacer las cosas de un modo diferente. Incluso modelaba extravagancia y la adoraba como uno de los valores de la empresa. Pero yo no sabía en esa época cómo funcionaba el deseo mimético. Aparentemente, en Zappos tampoco había nadie que lo supiera.

EL CICLO DESTRUCTIVO

Tony Hsieh quería que todos fueran felices.

—¿Eres feliz? —me preguntó un día mientras estábamos conociéndonos.

En esa época, la historia de Zappos era la más popular entre los medios de comunicación sobre negocios. Todos estaban fascinados por su cultura empresarial. La retrataban como la fábrica de chocolate de Willy Wonka, y Tony era Wonka: el alocado y multimillonario fundador que daba *tours* del funcionamiento de la empresa a aquellos curiosos que querían saber cómo había construido una utopía de la felicidad.

Serena Williams había ido a las oficinas centrales de Zappos para hacer un recorrido y conversó con Tony. Una vez me pregunté si la empresa tendría a un publicista de primer nivel; resulta que simplemente otorgaban un excelente servicio al cliente año tras año y el esfuerzo con el tiempo daba sus frutos. Las personas adecuadas les prestaron atención.

Cuando la empresa comenzó, su efecto volante funcional era algo así:

Nick Swinmurn, quien fundó Zappos en 1999, solo quería que fuera más sencillo comprar zapatos. Vio la oportunidad de hacer que un proceso extenuante fuera fácil con el nacimiento del *e-commerce,* el comercio electrónico [18]. Para que el modelo de negocio funcionara, la empresa necesitaba impulsar las ventas y crear una base de clientes: en especial su retención de clientes (el porcentaje de clientes que regresarían a comprar más artículos), lo cual era la clave para generar más ganancias [19]. Tony Hsieh comenzó como inversor en la empresa y con el tiempo se convirtió en su CEO. A principios de 2003, él y Fred Mossler, uno de sus primeros empleados, entendieron que la atención al cliente debía ser uno de los focos centrales [20]. Luego, en 2004, reconocieron que poner el eje en la atención solo era posible de lograr enfocándose en la cultura de la empresa. Con el tiempo, descubrieron que el principio organizativo de su cultura era «entregar felicidad».

La cultura giraría en torno a brindar felicidad a todas las partes: empleados, inversores, proveedores y demás. Las personas felices hacen que el volante gire con más facilidad. En 2008, la compañía superó los mil millones de dólares en ventas al menos dos años antes de lo previsto.

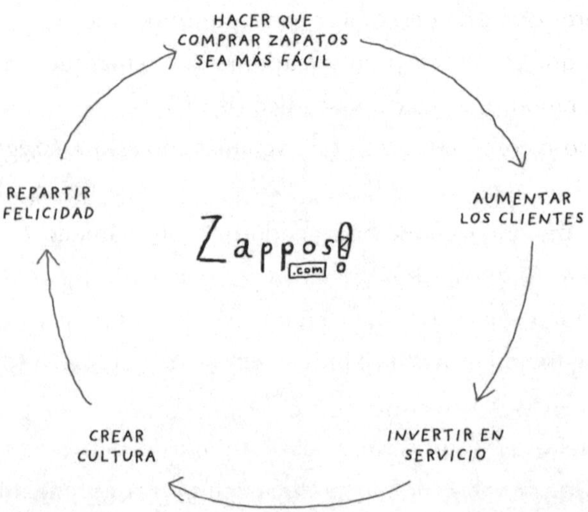

Este éxito provino en gran medida del liderazgo que ejercía Tony. Él era un apasionado del trabajo que Zappos hacía, estaba dispuesto a correr grandes riesgos para lograr que la empresa creciera y logró hacer que Zappos fuera un sitio donde las personas realmente quisieran trabajar.

Pero cuando reflexiono sobre esto, no creo que nadie supiera o considerara los efectos negativos de la mímesis, que efectivamente sabotearon un ciclo positivo de deseo que había convertido a Zappos en una compañía rentable y un sitio divertido en el que trabajar. El cambio llegó de un modo sutil e imperceptible. Nadie sentía que hubiera un problema… Como si fueran ranas dentro de un agua que aumenta de temperatura gradualmente hasta hervir, nunca sintieron la necesidad de saltar fuera de ella antes de convertirse en sopa de rana.

* * *

Volvamos a mi conversación con Tony.

Le dije que era feliz.

—Pero ¿lo eres? —preguntó él.

—Sí, estoy bien.

Tony sonrió solo con sus ojos. Era un excelente jugador de póker. Yo no tenía ni idea de cuál era su mano esta vez.

—Pero ¿de verdad eres feliz? —preguntó de nuevo.

Creo que ahí era cuando se suponía que tenía que lanzarme a sus brazos llorando. En lugar de eso, alcé las manos.

—¡Eso creo! —respondí, esta vez más molesto e inseguro—. ¿Por qué?

Tony me dijo que estaba leyendo un libro llamado *La hipótesis de la felicidad: la búsqueda de verdades modernas en la sabiduría antigua,* del psicólogo social Jonathan Haidt. Me preguntó si yo sabía que lo único que todas las personas buscan en todas partes y en todas las épocas es la felicidad.

La lógica de Tony era esta: las empresas deben existir para hacer felices a los clientes, por lo tanto, cuanto más aprendamos sobre la ciencia de la felicidad, más efectivos seremos a la hora de crear negocios exitosos.

Al menos esa era la idea.

* * *

Un año más tarde, Tony vendió Zappos a Amazon por aproximadamente un billón doscientos mil dólares[21].

Poco después de la venta, escribió el libro *Entregando felicidad: ¿cómo hacer felices a tus empleados y duplicar tus beneficios?* También anunció el lanzamiento del Downtown Project, una inversión de trescientos cincuenta millones de dólares en Las Vegas. Tony planeaba usar la cultura de la felicidad que había ayudado a construir en Zappos para ayudar a una ciudad.

El objetivo del Downtown Project era revivir el área al norte de la calle Fremont, una zona desprestigiada más conocida por los adictos a los opiáceos y la prostitución que por las apuestas. Era el fin del mundo para los apostadores, una parte del centro de Las Vegas a la que ningún turista se aventuraba a menos que estuviera bajo la influencia de su decimoquinto daiquiri helado.

Entre 2010 y 2013, Tony Hsieh y sus socios invirtieron noventa y tres millones de dólares para comprar veintiocho acres de terreno y edificios, desde hoteles vacíos a condominios elegantes y bares que luchaban por sobrevivir. Su objetivo a largo plazo era invertir en el espacio y expandir la cultura de Zappos a sus habitantes, atraer a empresarios talentosos de Silicon Valley y, finalmente, crear un ecosistema basado en los emprendedores.

Era un experimento social. Tony lo llamaba «la ciudad como una empresa emergente». Una ciudad feliz.

Después de la venta a Amazon, Tony permaneció en su puesto como líder de Zappos. A la empresa le permitían funcionar como una compañía muy autónoma. Al mismo tiempo, Tony lanzó el Downtown Project. Su cultura se mezcló con la de Zappos y viceversa. Zappos y el Downtown Project eran parte del mismo ecosistema.

* * *

Desde el inicio, hubo señales de alarma. Los empleados de Zappos me dijeron que la moral era baja. Había demasiados cambios excesivamente rápidos, incluyendo la adopción de una estructura experimental de gestión plana. Creó el caos.

El Downtown Project estaba en la misma situación. Según Nellie Bowles en su entrevista exclusiva de 2014 a *Vox* a menos de un año del lanzamiento del proyecto, Jody Sherman, uno de los emprendedores estrella, se suicidó de un disparo en su vehículo[22].

Un año después de la muerte de Sherman, Ovik Banerjee, un miembro esencial del Downtown Project y del primero grupo Venture for America en Las Vegas (Venture for America es la organización sin fines de lucro de Andrew Yang que forma a jóvenes empleados y fundadores de empresas emergentes), se suicidó saltando de su apartamento en un piso alto en el centro.

Menos de cinco meses después de la muerte de Ovik, Matt Berman, fundador de Bolt Barbers, una de las empresas emergentes incubadas en el proyecto, apareció ahorcado en su habitación.

MUDANZA A NOVATOLANDIA

¿Qué salió mal en Las Vegas? La nueva estructura de gestión plana de Zappos (y por extensión de Downtown Project) tuvo consecuencias miméticas que nadie había previsto o tenido en cuenta.

Ovik Banerjee «nunca tuvo un trabajo claro», según una fuente citada en el artículo de Bowles para *Vox*. «*Nadie* tenía un trabajo claro», continuó la fuente (el énfasis es mío). «Tony guiaba a todos diciendo "sal y haz cosas, sal y diviértete" y luego llegabas allí y no había ninguna estructura».

Cuando el foco cambió de los zapatos y el servicio al cliente a la felicidad, la cantidad de modelos miméticos se multiplicó. No estaba claro quién era feliz y quién no, a quién imitar y a quién no imitar, quién era un modelo y quién no lo era. Zappos y el Downtown Project se habían convertido en Novatolandia.

El doctor Zubin Damania, que dirigía un centro de salud en el centro de Las Vegas y era parte del equipo del Downtown Project, le comentó a Bowles sobre la situación: «En una comunidad emprendedora, muchos, pero muchos límites desparecen. A la gente le arrebatan sus anclas sociales. Es un ambiente de presión extrema».

Sugirió que la ilusión de libertad (la idea de que cada emprendedor es dueño de su propio deseo) es peligrosa. «Los fundadores son lo peor», dijo él. «Hay cierto sentimiento randiano, pero yo debo ser John Galt [alude a *La rebelión de Atlas*, de Ayn Rand]. Puedes ser todo lo libre que quieras, pero hay una red de conexiones que ellos olvidan».

* * *

El deseo es parte de la red de conexiones. Cuando las personas niegan que les afecta lo que quieren los de su alrededor, son más susceptibles a caer en ciclos perjudiciales de deseo a los que ni siquiera saben cómo resistirse.

El deseo mimético produce rivalidades, lo cual da lugar a colisiones y conflicto.

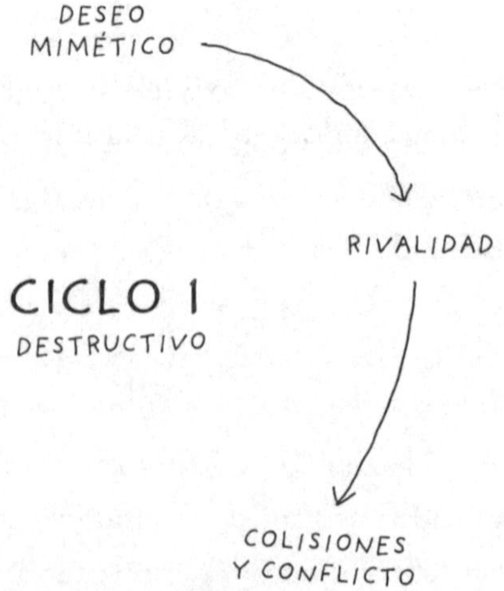

Cada comunidad inmersa en una crisis mimética, es decir, cada comunidad que sufre una pérdida de diferenciación en la que no hay separación clara entre modelos e imitadores, tiene su propia versión del ciclo 2 del efecto volante. En el Downtown Project, había un foco intencional por causar colisiones entre personas. Sin saberlo, exacerbaban la rivalidad mimética.

A Tony le gustaba usar una métrica clave para medir el éxito; la llamó «retorno sobre la colisión» (en oposición al retorno sobre la inversión). Según Tony, una «colisión» es un encuentro inesperado y fortuito entre dos personas que lleva a resultados positivos. Por ejemplo, dos emprendedores que trabajan uno junto al otro en una cafetería y con el tiempo generan una sociedad, o inversores que encuentran nuevas personas para invertir en gin tonics en el bar. A ojos de Tony, el retorno sobre las colisiones era el mejor modo de medir cómo una cultura o una comunidad avanzaba hacia la creación de valor.

«Mi fascinación por los eventos fortuitos comenzó en la universidad», dijo Tony, según un artículo publicado por *Inc.* en 2013. «Creo que, para la mayoría de las personas, la universidad fue la última vez en la que era normal toparse con gente aleatoria todo el tiempo. Al hacerte mayor, conduces al trabajo, ves a las mismas personas todos los días y luego vuelves a casa. Pero lo mejor sucede cuando las personas se encuentran y comparten ideas» [23].

Él quería que Las Vegas fuera más parecida a la universidad. Una Novatolandia.

Pero no todas las colisiones son iguales. Algunas llevan a cosas buenas: amistades, matrimonios e ideas para nuevas empresas. Otras llevan al caos y a la confusión.

Retorno sobre las colisiones

Una de las estrategias de Tony para animar las colisiones era el uso optimizado del espacio. Quería maximizar las oportunidades de que se dieran encuentros aleatorios. Él y sus compañeros organizaban conciertos y reuniones, *hackathons*, *happy hours*, noches de karaoke, y querían que diera la sensación de que el Ogden, un rascacielos en el centro de Las Vegas donde muchos ejecutivos de Zappos vivían, tenía las puertas siempre abiertas. La atmósfera era parecida a la de una residencia estudiantil de la universidad, donde todos miran con desdén las puertas cerradas y cualquiera puede acceder a la habitación de otro en cualquier momento.

Una noche asistí a una reunión enfocada en las colisiones para el Downtown Project en el ático de Tony. Estábamos en una habitación grande con suelo de madera y ventanas que iban de techo a suelo con vistas a The Fremont Street Experience. Los únicos muebles de la sala eran escritorios con ruedas con asiento incorporado, la clase de muebles que uno vería en un aula de primaria donde la maestra les pide a los niños que se muevan y formen grupos. Estos escritorios eran tamaño adulto, pero la idea era la misma. Había uno para cada uno.

Tony entró a la habitación y, con las manos en los bolsillos, les pidió a todos que tomaran asiento. Explicó que deberíamos intentar conocer a la mayor cantidad posible de personas en una hora, como si fueran citas rápidas, pero para empresas emergentes. Debíamos rodar por la sala y «colisionar» con otros para luego iniciar una conversación. Él tomó asiento en uno de los escritorios y rodó con el resto de nosotros.

No recuerdo a nadie a quien haya conocido ese día. Pero sí recuerdo que, cuando terminó la experiencia, salí de la habitación con más ansiedad que cuando me había sentado. Me estaba comparando con al menos otras veinte personas ambiciosas que en su mayoría vivían en el mismo radio de cuatro cuadras o planeaban mudarse al centro de Las Vegas si acaso ya no vivían allí. Olvida los escritorios con ruedas: todos estábamos sentados en autos de choque invisibles para adultos, que funcionaban con el combustible de nuestro ego. Las colisiones ocurrían más rápido y con mayor intensidad día a día.

Debajo del hormiguero

El Downtown Project era una extensión de Zappos, y Zappos siempre había sido famosa por tener una gestión relativamente plana: había pocos pisos de diferencia entre los ejecutivos y el personal. Pero Tony quería llevar las cosas más lejos.

En 2013, Zappos implementó una nueva filosofía de gestión llamada «holacracia». Brian J. Robertson, el fundador de Ternary Software, ayudó a desarrollar la holacracia como una «tecnología social» y un «sistema operativo» para las organizaciones porque buscaba un modo mejor para liderar su empresa. Robertson registró el término y se esforzó por implementarlo en su propia empresa y probarlo en otras. Pronto, empresas grandes como Zappos y la plataforma de difusión en línea Medium adoptaron también la holacracia.

En su libro *Holacracia: el nuevo sistema organizativo para un mundo en continuo cambio,* Robertson describe cómo Tony se acercó a conversar con él después de haberlo oído hablar en una conferencia. Tony le dijo: «Zappos está creciendo. Ya tenemos mil quinientos empleados y necesitamos escalar sin perder nuestra cultura emprendedora o ahogarnos en la burocracia. Así que estoy tratando de hallar un modo de dirigir Zappos como si fuera más bien una ciudad» [24]. La holacracia era un sistema codificado que lo ayudó a lograrlo.

La holacracia reemplaza las jerarquías de gestión tradicionales con equipos autoorganizados de personas que trabajan en un proyecto específico. La idea es eliminar los puestos tradicionales de CEO y COO para favorecer cierta cantidad de funciones que cumplan el mismo objetivo de gestión y que distintas personas ejerzan esas funciones en distintos momentos; se las selecciona para que desempeñen esas funciones a través de un proceso político, según una constitución.

Robertson me dijo que parte del motivo para hacer esto era diferenciar a la *persona* de la *función,* a fin de poder tomar la mejor decisión para la empresa. Esto ayuda a apartar el ego de los procesos importantes para cumplir misiones. Pero separar la función de la persona a veces saca problemas ocultos a la luz.

Como parte de la transición al nuevo sistema, Tony abandonó su puesto de CEO. La jerarquía de gestión previa de Zappos desapareció casi de un día para otro. El Downtown Project también implementó de manera similar la holacracia. Lo que ocurrió, como veremos luego, fue una crisis mimética: no fue necesariamente un sistema de gestión fallido como sugirió la prensa popular especializada en negocios, sino que fue un sistema que abrió la puerta para que estallara el deseo mimético oculto[25].

Un enfoque centrado en los humanos para las empresas implica lidiar con el desorden propio de las interacciones, con la naturaleza humana. Introducir algo ajeno a la naturaleza humana y que no la complementa (como un «sistema de gestión operativo» que no tiene en cuenta el deseo mimético) es abrir la caja de Pandora.

* * *

Zappos había eliminado la jerarquía en la gestión, pero no podía eliminar la red de deseos ni la necesidad de las personas de tener un vínculo con sus modelos. Siempre hay una jerarquía de deseo desde la perspectiva del individuo: hay modelos que vale más la pena seguir que otros y vale más la pena desear unas cosas que otras. Somos criaturas jerárquicas. Por este motivo, nos gustan tanto los artículos presentados como listas y las clasificaciones. Tenemos la necesidad de saber cómo organizar las cosas, cómo encajan entre sí. Apartar toda sensación de jerarquía es perjudicial para esta necesidad fundamental.

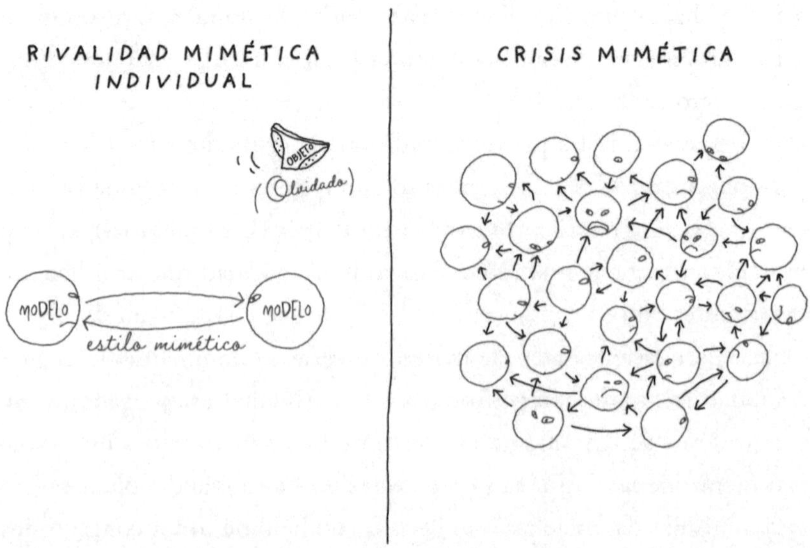

Cuando Zappos adoptó la holacracia, lo que desapareció en la superficie (los roles visibles y los puestos) reapareció de maneras diferentes en las profundidades[26]. «El ambiente se volvió más político», me dijo la periodista Aimee Groth, quien escribió sobre la holacracia para *Quartz*. «Todos estaban más inseguros en su trabajo... Era menos claro cómo podían conservar sus funciones y sus empleos. Sin embargo, también había personas con un poder infinito porque tenían una relación sólida con Tony». Había una red de deseos oculta que nadie podía descifrar.

Sin saberlo, las puertas de la rivalidad mimética se habían abierto de par en par. En 2010, cuando Tony publicó su libro *Entregando felicidad*, el efecto volante de la empresa parecía tener un nuevo punto de inicio. En la versión original, «entregar felicidad» era el último paso del proceso. En la nueva versión, la búsqueda de la felicidad se convirtió en el *primer paso* y en lo *esencial* del proceso.

Es impertinente que cualquiera piense que puede «entregar felicidad» a cualquiera, incluso a su propia pareja. No es nuestro trabajo hacerlo. Y sin duda, no es el trabajo de una empresa.

* * *

La misión de «entregar felicidad» es radicalmente diferente de la misión de «hacer que comprar calzado sea fácil» como punto de inicio del efecto volante. Es más ambiciosa y significativa, pero también es más peligrosa.

La mayoría de las personas mide su felicidad en relación con otras personas. Cuando el punto inicial de un ciclo es la entrega de la felicidad (tanto para los clientes como para la cultura empresarial), el sistema gira en torno a una noción vaga de la felicidad que está llena de mímesis.

Cuando la felicidad se convierte en el deseo dominante de una comunidad en la que nadie sabe qué es la felicidad o cómo alcanzarla, todos miran de lado a lado en busca de modelos de deseo que parezcan dignos de seguir. Y dado que todos en Novatolandia están cerca y en las mismas condiciones, eso lleva al conflicto de todos contra todos.

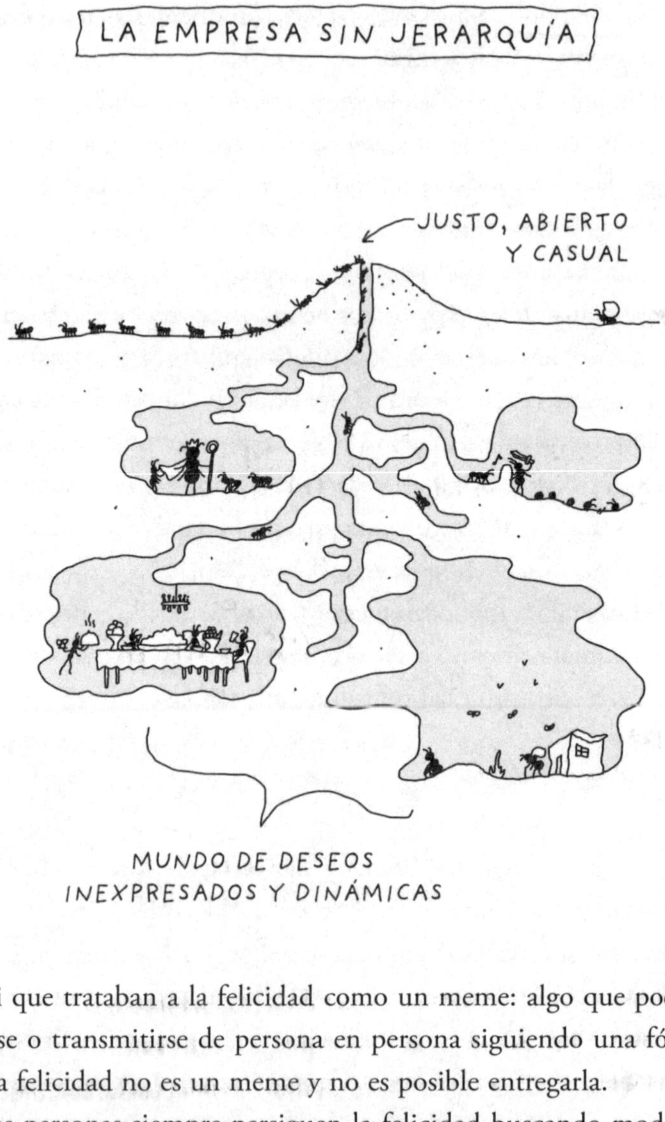

Vi que trataban a la felicidad como un meme: algo que podía entregarse o transmitirse de persona en persona siguiendo una fórmula. Pero la felicidad no es un meme y no es posible entregarla.

Las personas siempre persiguen la felicidad buscando modelos de felicidad: ya sea alguien que ha vivido el sueño americano, un CEO de Silicon Valley o tu vecino. Pero las jerarquías externas son solo la superficie visible de un sistema más personal: la estructura de deseo invisible que vive dentro de cada uno de nosotros y que está conectada con otras personas a través del deseo mimético.

C. S. Lewis llamó a este sistema invisible *el círculo interno.* Significa que, sin importar dónde está una persona en la vida, sin importar cuán rica o popular sea, siempre existe el deseo de estar dentro de cierto círculo y el terror de quedar excluido de él. «Este deseo (de estar dentro del círculo íntimo) es uno de los impulsos primarios permanentes de la acción humana», dijo Lewis. «Es uno de los factores que construyen el mundo tal y como lo conocemos: un desorden lleno de luchas, competencias, confusión, corrupción, decepciones y publicidad… Mientras el deseo te gobierne, nunca obtendrás lo que quieres. Intentas pelar una cebolla; si logras quitar todas las capas, no quedará nada» [27].

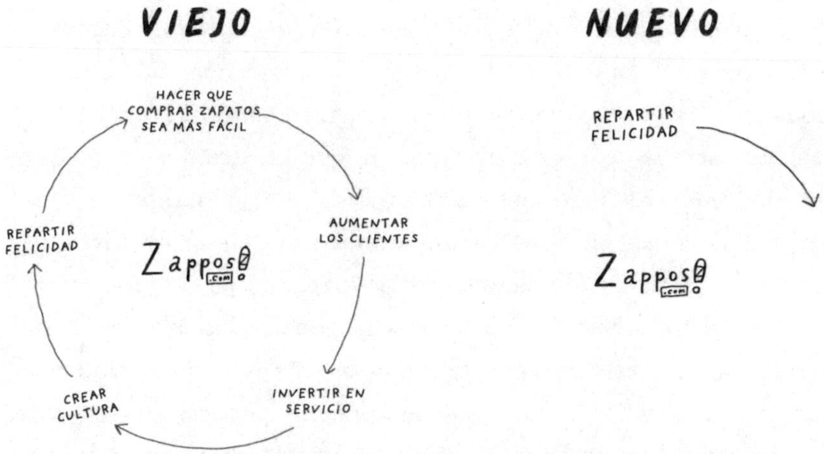

Zappos desmanteló cualquier rastro visible de un círculo externo. Pero se olvidó de hacer lo propio con la presencia del interno.

VALORES JERÁRQUICOS

El proyecto de Tony de convertir Las Vegas en un centro empresarial y crear una comunidad feliz era noble en principios. Su debacle fue una visión empobrecida de la naturaleza humana.

Los CEO, los maestros, los legisladores y otros responsables de darle forma a un ambiente deberían comprender cómo afectan las decisiones a los deseos de las personas. Así como un diseñador urbano necesita considerar el efecto que tienen los parques, los murales y las ciclovías en todo, desde el tránsito hasta el crimen, un buen líder necesita considerar el impacto de sus decisiones en la *ecología humana*: la red de relaciones que afectan la vida humana y su desarrollo. Ningún aspecto de la ecología humana es más ignorado que el deseo mimético.

Poco después de haber fundado una de mis empresas, cometí el error de formar un equipo de *flag football* (una variante del fútbol americano) demasiado serio que competía en una liga de la ciudad, sin darme cuenta de que dividía a nuestra joven compañía en facciones. El problema no era divertirse y socializar con libertad fuera del trabajo. El problema era que yo, el CEO, era quien organizaba y lideraba el proyecto. En ese momento de nuestra empresa (éramos solo diez personas), la idea y el planeamiento necesitaban surgir de otra persona que no fuera yo, para que no pareciera que un superior estaba queriendo imponer sus expectativas culturales. Mi fanatismo por el fútbol encendió algunas rivalidades y orientó los deseos hacia objetivos más pequeños en lugar de hacia objetivos grandes.

Los líderes también deberían considerar que los incentivos económicos siempre son más que económicos. Si las señales son lo bastante fuertes, pueden distorsionar los deseos y darles a las personas una sensación de «falso norte» en su brújula profesional. Imagina una universidad que les entrega a los graduados de Historia diez mil dólares en efectivo, pero no le da nada a los graduados de otras disciplinas. El efectivo generaría una anomalía en el mercado para escoger disciplina. Nadie se sorprendería si de pronto algunos alumnos descubrieran que «quieren» estudiar Historia. Incluso hasta podrían estar realmente convencidos de que su nueva área de estudio es una expresión de su autenticidad.

Ya sabes a esta altura cuán endeble es el deseo. Sin embargo, hacemos cosas así todo el tiempo. Los padres invertirán mucho dinero en equipamiento y entrenamiento para su hijo en un deporte pero no en otro, u ofrecerán pagar una carrera (o un área de estudio específica), pero no otra. Los niños no siempre tienen la libertad psicológica o la madurez para separar lo que quieren de lo que es oportuno.

Algunas personas despiertan un día después de veinte años y se preguntan cómo llegaron a seguir su carrera y por qué aún trabajan de eso. Es posible influenciar el comportamiento con incentivos financieros, sin duda, pero los incentivos económicos por sí solos no explican por qué las personas se sienten cautivadas por ciertos modelos. No puedes comprar el deseo. Cuando subvencionamos el riesgo, nos queda una visión distorsionada de quién quiere qué. A veces, esa persona somos nosotros.

* * *

El marketing, el dinero y los modelos distorsionan el deseo de las personas si no hay una jerarquía clara de valores. Este fenómeno se ve claro en mis estudiantes de primer año de la escuela de negocios. Están en una etapa de sus vidas formativa e hipermimética. Dado que sé que soy un modelo para muchos de ellos, tengo cuidado de no indicar que ciertas especialidades, becas o empleos son más valiosos que otros... al menos hasta conocerlos mejor. Me frustro cuando los estudiantes acuden a mí a la tercera semana de iniciado el semestre diciendo que una tía, un tío, un amigo o un consejero vocacional les dio un sermón sobre la estabilidad laboral que les espera si estudian contabilidad. (Escogí contabilidad como ejemplo, podría haber sido cualquier otra área). Incluso estudiantes que no tienen ni una fibra de contable en su cuerpo comienzan a dudar del camino que escogieron. Y no es su culpa: la persona que sugiere la carrera de contable es un modelo excelente. Exuda tranquilidad, estabilidad financiera y parece feliz.

—¿De verdad quieres ser contable? —pregunto.

—No... No lo sé —responde el alumno—. ¿Tal vez?

Es como si los jóvenes estuvieran en una cafetería en un país desconocido llena de comidas que nunca han probado y que quizá no sabían ni que existían. Lo primero que harán será ponerse en fila detrás de alguien que parezca saber lo que hace. Todos hacemos lo mismo.

Hablo con ellos sobre cómo es su jerarquía de valores. ¿Qué les parece importante? ¿Cuáles son las cinco, diez o doce reglas con las que quieren vivir?

No es suficiente para ellos hablarme sobre todas las cosas que les importan. Deben ponerlas en cierto orden. Los desafío a tomar decisiones y a priorizar. Agustín de Hipona llamaba a esto *ordo amoris*, u «orden del amor» [28].

Los valores y los deseos no son lo mismo. Los valores actúan para ordenar a los deseos del modo en que funcionan en una dieta. Si una persona que ama la carne se da cuenta de que ahora sus valores ya no están alineados con su deseo de comer carne, llega un momento (después de haber vivido con sus valores un tiempo suficiente) en el que ya ni siquiera *quiere* comer carne. Podrías colocar la hamburguesa más jugosa del mundo frente a ella y no sentiría tentación de comerla.

Para muchas personas, el orden de los deseos comienza de modo inconsciente. A lo mejor es así de simple: me ocupo primero de mi familia inmediata, luego de otros; respondo primero los correos electrónicos de quienes conozco y luego las preguntas no solicitadas sobre ventas; o si solo tengo tiempo para limpiar una habitación de la casa hoy, me ocupo de la cocina.

Lo reconozcamos o no, nuestras mentes piensan en jerarquías todo el tiempo: ya sea relacionadas con nuestra lista de tareas diarias, con la necesidad de priorizar problemáticas ante una elección, o con dar una mirada al menú de un restaurante (entradas, plato principal y postre). Sin jerarquía de valores, que ayuda a formar y direccionar los deseos, ni siquiera podemos comenzar a pensar en a qué tenemos que prestarle atención y en qué grado.

* * *

La mayoría de las empresas cuentan con una declaración de objetivos. Muchas tienen valores esenciales o algún equivalente. Pocas explicitan (ante sí mismas o ante el mundo exterior) su jerarquía de valores. Esto les dificulta determinar qué hacer cuando dos de sus valores entran en conflicto aparente, como el valor de proteger la salud y la seguridad de los empleados frente a mantener el negocio en funcionamiento durante la pandemia de COVID-19.

Una jerarquía de valores entra particularmente en estado crítico cuando es necesario escoger entre dos *opciones buenas*. Si los valores revisten la misma importancia o si no hay una comprensión clara de cómo se vinculan entre sí, la mímesis se convierte en el conductor principal de la toma de decisiones.

«Mis amigos y mi fe son muy importantes para mí», dice uno de mis compañeros de la universidad. Pero ¿qué hará si uno de sus mejores amigos organiza su despedida de soltero en South Beach en Miami un día sagrado importante? Decir que dos cosas son «muy importantes» no ayudará. Sin una jerarquía clara, es más probable que escoja según las influencias de los que lo rodean. Su decisión dependerá de la mímesis y no de los valores.

Las empresas se enfrentan a situaciones en las que aparecen intereses opuestos que afectan a sus valores todos los días. Dos de los valores centrales de la empresa podrían ser «la inclusividad y la diversidad» y «los vínculos construidos en base a la confianza». Si la empresa pertenece a una industria en la que las ventas ocurren dentro de un grupo de hombres de la vieja escuela, en la cual la confianza entre sus miembros ya ha sido consolidada, ¿cómo podrían contratar a una mujer joven para un empleo en ventas y darle la oportunidad de construir confianza de otro modo, si no se priorizan con claridad la inclusividad y la diversidad en el proceso de contratación? En la ausencia de la jerarquía de valores, los gerentes a cargo de las contrataciones no sabrían qué hacer cuando el 95 % de las postulaciones que reciban sean de hombres con mucha experiencia. La fuerza mimética continuará dominando el sector de ventas.

En la estructura financiera de la empresa, siempre hay una jerarquía de valores respecto del dinero de la compañía. La tabla de capitalización de una empresa emergente (una lista jerárquica de quién es dueño de qué, a quién le pagan tanto y cuándo) quizás incluirá los siguientes grupos de personas con sus demandas en orden de prioridad: acreedor garantizado, acreedor no garantizado, accionistas preferentes, accionistas comunes serie A, accionistas comunes serie B y acciones del fundador[29]. Si exigimos una jerarquía así de clara con respecto a quién pagarle primero, crear una jerarquía similar para nuestros valores (indicando lo que deberíamos desear primero) es lo menos que podemos hacer.

Estrategia 6: IMPLEMENTA Y COMUNICA UNA JERARQUÍA CLARA DE VALORES

Una jerarquía de valores es el antídoto para la conformidad mimética. Si tratamos a todos los valores por igual, el que gana (en especial en un momento de crisis) es el más mimético de todos. (Durante la etapa inicial de la pandemia de COVID-19, hubo compras masivas de papel higiénico guiadas por el pánico. No era un problema de provisiones, era un problema de mímesis. Los valores culturales suelen depender de la misma irracionalidad: las personas tienden a comprar guiadas por el pánico lo que es más conveniente en el momento, en lugar de lo que es mejor para el bien común).

No es suficiente con nombrar los valores. Es necesario clasificarlos. Cuando todos los valores son iguales, nada tiene valor. Es como resaltar todas las palabras de un libro.

Es mejor construir un modelo mental de tu jerarquía de valores (o de tus valores compartidos, si estás en una relación). Escríbela en papel. Anima a que tu empresa haga lo mismo. Esa jerarquía puede cambiar con el transcurso del tiempo. Pero al jerarquizar tus valores, serás capaz de sopesar y de considerar opciones cuando tengas que tomar decisiones en una situación compleja.

Recuerda que la causa del conflicto es la semejanza, no la diferencia. Si todo es igualmente bueno o importante, la tendencia al conflicto es mayor. No contribuyas a la tiranía del relativismo. Ya tiene suficientes tiranos.

La falta de valores claros y priorizados en muchas empresas permite que la mímesis sabotee el concepto de responsabilidad social corporativa (RSC) y lo convierta en un truco flácido de marketing. No es que los valores apoyados por la RSC no sean importantes. Pero uno tiene la sensación de que incluso «la responsabilidad social» se ha vuelto un juego mimético de señalar valores: más «social» que responsable [30]. Evita esto implementando y transmitiendo tus valores y su importancia relativa.

Algunos valores son absolutos. Conócelos. Nómbralos. Defiéndelos. Constituyen la base de la pirámide o el centro de tus círculos concéntricos (dependiendo de cómo escojas representar la jerarquía [31]).

EL COLAPSO DEL DESEO

Los sistemas de valores con una jerarquía clara son más efectivos que los sistemas de valores que carecen de ella.

Ferruccio Lamborghini tenía una jerarquía clara. Para él era más importante proteger a su hijo de una vida de rivalidad en las pistas y la probabilidad de sufrir heridas o morir que eso conllevaba que ganar la competencia a cualquier precio. Cuando la mímesis creciente llegó a su estado más álgido, Lamborghini hizo algo que rara vez ocurre en el momento en el que un deseo llega a la cúspide: renunció. Lo hizo porque comparó sus deseos con su jerarquía clara de valores, lo cual evitó que se salieran de control.

Las personas no piensan en las consecuencias de un accidente automovilístico hasta haber sufrido uno. Prácticamente, nadie piensa en las colisiones de deseos antes de que ocurran. Para Lamborghini, eran la misma cosa: un choque automovilístico era igual que un choque de deseos.

Tony Hsieh quiso maximizar las colisiones positivas, pero no tuvo en cuenta las colisiones de deseos secretas que suceden en el espacio mimético entre las personas, en los recovecos ocultos del corazón humano.

El 24 de agosto de 2020, el periódico *Las Vegas Review-Journal* confirmó que Tony Hsieh abandonaría Zappos tras más de veinte años al mando de la empresa[32]. El 27 de noviembre de 2020, poco después de que este libro fuera a imprenta, me enteré de que Tony había muerto el día después de Acción de Gracias: hace casi exactamente doce años Tony y yo compartimos una cena de Acción de Gracias memorable en su casa. Me maravilla todo lo que logró en sus cuarenta y seis años. El Downtown Project continúa. Hay muchos proyectos admirables que han nacido de él, como la librería independiente Writer's Block y los restaurantes de la chef Natalie Young[33]. Sin embargo, entre 2015 y 2019, la cobertura mediática del Dowtown Project fue en su mayoría negativa. Algunas críticas eran justas, pero los relatos que permanecen en la superficie («las teorías sobre la gestión del proyecto») nunca cuentan toda la verdad.

En Las Vegas, donde había confusión sobre quién era el modelo para quién, un modelo se destacó del resto: el propio Tony. Era extraordinariamente rico; sin embargo, era común verlo en un restaurante o en un bar pequeño y desconocido en el radio del Downtown Project, tan accesible como los jugadores bebiendo cerveza Bud Light en las máquinas tragaperras a unas manzanas de la calle Fremont.

Era una figura paradójica. Tony de verdad quería que otras personas fueran felices, pero no parecía desear nada para sí mismo. Mientras el contagio del deseo se propagaba por Las Vegas, Tony destacaba del resto. Como veremos en el próximo capítulo, ese es un riesgo enorme.

* * *

¿Quieres saber qué hacían los egipcios con sus gatos?

En 2018, descubrieron un sarcófago del antiguo Egipto con decenas de gatitos momificados dentro. Un descubrimiento así, que se remonta al menos a 1799, ha desterrado el mito de que los egipcios eran los mayores amantes de los gatos. La verdad es más oscura.

Los egipcios usaban a sus gatos para ofrendas rituales y sacrificios. *Por esa razón* los consideraban sagrados. En la teoría mimética, hay un vínculo prácticamente indisoluble entre el caos y el orden, la violencia y lo sagrado. Los sacrificios rituales (ya sea sacrificar gatos en el antiguo Egipto o el ritual de hoy de despedir a los instructores y los CEO) son un mecanismo por el cual el contagio mimético se contiene y se controla.

La cuarta y última etapa del ciclo mimético, que analizaremos ahora, es el proceso por el cual los deseos caóticos se convierten en deseos organizados en las sociedades humanas: el mecanismo del chivo expiatorio.

4

LA INVENCIÓN DE LA CULPA

Un descubrimiento social subestimado

El peligro de la pureza.... La seguridad a juicio...
Chivos expiatorios rituales... Autoconciencia, autoodio.

> Me pregunto si algún aspecto de la naturaleza humana ha evolucionado en el contexto de las manadas que compiten entre sí. Quizá llevemos en los genes la cualidad de ser vulnerables ante el atractivo de la multitud... ¿Qué evita que una multitud en línea de personas anónimas pero conectadas de pronto se conviertan en una muchedumbre enfurecida, como lo han hecho las masas una y otra vez en la historia de cada cultura humana?
>
> —Jaron Lanier, informático y filósofo.

Entre 1977 y 1982, Jenny Holzer merodeaba por las calles de Nueva York bajo el manto de la noche, mientras iba pegando su arte subversivo en las paredes. Llamaba a sus obras «ensayos incendiarios»: litografías hechas en papeles de colores, cada una de ellas con exactamente cien palabras impresas en itálica, en mayúsculas, alineadas a la izquierda, en veinte líneas.

Eran palabras sacadas de la literatura y la filosofía, de anarquistas, activistas y extremistas. Las primeras cinco líneas de una de ellas decían:

EL DESASTRE ATRAE A LAS PERSONAS COMO SI FUERAN MOSCAS.
LOS ESPECTADORES SIENTEN ESCALOFRÍOS AL IDENTIFICARSE CON LAS VÍCTIMAS,
¡MIENTRAS A LA VEZ SE SIENTEN INMUNES!
ESTA ES UNA FORMA PARTICULARMENTE
DESAGRADABLE DE VOYERISMO [1].

A mediados de los ochenta, Holzer llevó su arte a un cartel luminoso de setenta y cuatro metros de la empresa Spectacolor, en Times Square, como parte del programa «Mensajes para el Público», del Fondo de Arte Público. En 1982, Times Square ya era un espectáculo luminoso de campañas publicitarias, el centro sórdido del turismo de Nueva York… y de la cultura consumista estadounidense. Holzer encendió su cartel gigante con doscientas cincuenta obras de su serie «Obviedades» (*Truisms,* en inglés). Las palabras estaban formadas con luces LED blancas sobre un fondo negro. Una de las frases decía:

PROTÉGEME
DE LO
QUE QUIERO

El mensaje sobresalía por el gran contraste con el color frenético, el movimiento y el ruido de su entorno. La advertencia de Holzer hacía que las almas apresuradas se detuvieran y reflexionaran sobre su significado.

Esa súplica, que alguien nos proteja de lo que queremos, es algo con lo que todos podemos identificarnos. Cada uno de nosotros posee deseos que, si los cumplimos hasta el final, pueden ser peligrosos para nosotros y para otros. Lo mismo ocurre a nivel social: la mímesis descontrolada hace que los deseos se propaguen y colisionen con violencia.

René Girard vio que durante miles de años los humanos han tenido un modo específico de protegerse a sí mismos en la crisis mimética: convergen, miméticamente, en una persona o en un grupo al que expulsan o eliminan. Esto tiene el efecto de unirlos mientras que, a su vez, proporciona un canalizador seguro para su violencia. Se protegen de lo que quieren: de sus propios deseos miméticos que los han llevado al conflicto con otro, al dirigir su deseo de derrotar a sus rivales hacia un único punto fijo: alguien que se ha vuelto un representante de todos sus enemigos. Alguien que es incapaz de defenderse. Un chivo expiatorio.

VIOLENCIA SAGRADA

Girard vio una conexión cercana entre el deseo mimético y la violencia. «Hoy en día, las personas están expuestas por todas partes al contagio de una violencia que perpetúa ciclos de venganza», dijo en su libro *The One by Whom Scandal Comes.* «Estos episodios entrelazados se parecen entre sí de un modo bastante obvio, porque la imitación es mutua» [2].

¿Cómo comienzan estos ciclos de venganza? Con el deseo mimético. «Me parece cada vez más que el individualismo moderno cobra la forma de una negación desesperada del hecho de que, a través del deseo mimético, cada uno de nosotros busca imponer su voluntad sobre un igual a quien dice amar, pero a quien en general detesta» [3], escribió Girard en el mismo libro. Estos pequeños conflictos interpersonales son el microcosmos de la inestabilidad que amenaza al mundo entero. Y antes que al mundo: a nuestras familias, ciudades e instituciones.

Carl von Clausewitz, general prusiano y teórico, escribió en el siglo XIX *De la guerra*, una lectura obligatoria en muchas escuelas militares. Girard le da el mérito a Von Clausewitz de haber reconocido la escalada mimética en la mayoría de los conflictos. Al inicio del libro, Von Clausewitz se pregunta: «¿Qué es la guerra?». Y su respuesta, que explica en el resto del libro es: «La guerra no es nada más que un duelo a gran escala» [4].

La guerra es la escalada de la rivalidad mimética. ¿Dónde termina? A lo largo de la historia humana ha habido ganadores y perdedores claros en la guerra, reconocidos como tales a través de procesos formales. Los conflictos llegaron a un fin cuando uno de los bandos admitió la derrota ateniéndose a rituales apropiados, como la firma de un tratado de paz. Hoy eso no ocurre cuando las células terroristas pueden surgir en el interior de una comunidad y luego crecer como una hidra en el momento en el que cualquiera de sus miembros recibe un golpe. ¿Cómo es posible que haya una conclusión definitiva para una guerra en la que los combatientes se disfrazan de ciudadanos comunes? Girard creía que habíamos entrado en una nueva fase peligrosa de la historia, perfecta para lo que Von Clausewitz llamaba «la escalada a los extremos»: el deseo de cada bando del conflicto de destruir al otro, que refuerza y aumenta el deseo del otro por la violencia.

Parece que incluso en la época de Von Clausewitz (y sin duda, en la Primera Guerra Mundial) la guerra ya se había vuelto una escalada a los extremos. Algo había cambiado. No había más amortiguadores o frenos que delimitaran cuán lejos podía llegar ni cuán grande podía ser la destrucción causada por una guerra. Hoy vemos la escalada a los extremos en las posturas y en las retóricas políticas. Y, por primera vez en la historia humana, tenemos los medios tecnológicos para destruirnos a nosotros mismos. No está claro qué mecanismos serán efectivos para detener la escalada.

Esto es muy distinto a lo que ocurría en las sociedades más antiguas, que utilizaban una innovación social aterradora para contener la expansión del conflicto.

* * *

En su estudio de la historia, Girard descubrió que los humanos recurrían una y otra vez al sacrificio para detener la expansión del conflicto mimético [5]. Cuando el desorden amenazaba a las sociedades, utilizaban *la violencia para combatir la violencia.* Expulsaban o destruían a una persona o un grupo seleccionado y esta acción tenía el efecto de evitar que se propagara la violencia. Girard llamó a este proceso «el mecanismo del chivo expiatorio».

Descubrió que dicho mecanismo convierte una guerra de todos contra todos en una guerra de todos contra uno. Otorga una paz temporal dado que las personas olvidan sus conflictos miméticos por un tiempo porque acaban de descargar toda su furia contra un chivo expiatorio.

Girard creía que este proceso era la base de toda cultura. Las instituciones y las normas culturales que encontramos a nuestro alrededor, en especial rituales sagrados como las elecciones y la pena de muerte, al igual que muchos tabús, son mecanismos desarrollados para contener la violencia.

En este capítulo veremos cómo el mecanismo del chivo expiatorio aún funciona en nuestro mundo, incluso después de haber cambiado de forma y haberse vuelto más engañoso. Comenzaremos con sus orígenes sagrados.

EL PELIGRO DE LA PUREZA

La Torá contiene la narración de un ritual extraño que tenía lugar en el antiguo Israel. Una vez al año, en la festividad de Yom Kippur, también llamada Día del Perdón, llevaban dos cabras macho al templo en Jerusalén. Había un sorteo para decidir qué cabra sería sacrificada para Dios y cuál sería destinada a Azazel, un espíritu malvado o demonio que creían que residía en regiones remotas del desierto.

El sumo sacerdote colocaba las manos sobre la cabeza de la cabra destinada a Azazel. Al hacerlo, confesaba todos los pecados de los israelíes y los transfería simbólicamente al animal [6]. Después de que el sumo sacerdote hubiera dicho las plegarias adecuadas, los presentes llevaban a la cabra al desierto, a Azazel, y con ello desaparecían sus pecados. Con el tiempo, a esta cabra se la llamó en español *chivo expiatorio* [7].

Pero la idea del chivo expiatorio no era exclusiva de los judíos. Los antiguos griegos tenían su propia versión de este ritual, pero sacrificaban humanos, no animales. Durante las plagas y otras calamidades, los griegos seleccionaban a un *pharmakós,* una persona al margen de la sociedad, en general un marginado, un criminal o alguien a quien consideraban excesivamente feo o deforme.

La palabra *pharmakós* está relacionada con «farmacia». En la antigua Grecia, el *pharmakós* era alguien visto inicialmente como un veneno para la comunidad, por lo que las personas creían que debían destruirlo o expulsarlo para protegerse a sí mismas. La erradicación del *pharmakós* era el remedio para el problema. En este sentido, el *pharmakós* era tanto el veneno como la cura.

En general, las personas torturaban y humillaban al *pharmakós* en un lugar público [8]. A través del ritual, experimentaban lo que Aristóteles llamó *catarsis*: el proceso de liberar fuertes emociones o impulsos a través de la participación en un evento externo. Aristóteles pensaba que la catarsis era el propósito de las tragedias teatrales. A través de ella, los miembros de la audiencia podían liberar parte de la angustia y del dolor canalizando esas emociones de un modo seguro.

Un ejecutivo del banco inversionista en el que trabajé organizó una excursión a un *paintball* en las colinas que rodeaban a nuestra sede principal en Hong Kong. «Ah, ha sido catártico», dijo Steve, sonriendo, cuando volvimos a la oficina. El *paintball* no se trataba del *paintball.* Steve sabía que si podíamos correr por allí disparándonos balas de pintura durante un par de horas, sería menos probable que nos lanzáramos dardos e insultos en la oficina. Toda empresa necesita su propia versión de los rituales catárticos: algo más efectivo que las fiestas en las que todos se emborrachan. Pero hoy pocas empresas admiten la necesidad de la catarsis como lo hacían los griegos.

* * *

Para los antiguos griegos, el *pharmakós* actuaba como sustituto de lo que ellos querían hacerles a los demás. A veces, el espectáculo de humillación del *pharmakós* duraba días. Las personas necesitaban tiempo para liberar tensiones.

Después de haber completado el ritual, participaban de manera unánime en alguna clase de expulsión o matanza. En la ciudad griega de Massalia (hoy, Marsella), las multitudes obligaban al *pharmakós* a correr hasta el borde de un alto acantilado reuniéndose a su alrededor y bloqueando toda ruta de escape posible. Después, lo obligaban a saltar hacia una muerte segura[9].

Dado que eliminar al *pharmakós* era un proceso colectivo y anónimo, los beneficios eran para todos. ¿Quién era el responsable del asesinato? Todos y nadie. Ni una sola persona sentía la responsabilidad porque se absolvían mutuamente de la culpa; al mismo tiempo, el grupo entero cosechaba los beneficios de ejercer violencia contra otro sin la amenaza de sufrir represalias.

La violencia unánime siempre es anónima. En los pelotones de fusilamiento, generalmente algunas de las armas tienen cartuchos de fogueo para que nadie sepa quién realizó el disparo letal… y para que nadie cargue exclusivamente con la culpa[10].

Hay seguridad psicológica en las multitudes, al igual que en los pelotones de fusilamiento. «No estoy seguro de ser el responsable» siempre es una buena defensa… al menos para uno mismo.

* * *

Girard encontró versiones del ritual del chivo expiatorio en casi todas las culturas antiguas. En general, lo escogían de manera aleatoria. Pero siempre era alguien *percibido* como diferente, y que tenía alguna característica distintiva que hacía que se destacara y que fuera considerado un marginado.

En general, los chivos expiatorios son marginados que violan la ortodoxia o los tabús del grupo. Se colocan a sí mismos al margen de la sociedad. Son considerados cancerígenos o marginados monstruosos que han violado o destruido los vínculos sociales que unen al grupo. Eliminar al chivo expiatorio es el acto que hace que el grupo se unifique de nuevo.

Nadie está a salvo de convertirse en un chivo expiatorio. Durante la crisis mimética, la percepción está distorsionada. En Novatolandia, donde las diferencias son menores, incluso las divergencias más diminutas se amplifican. Las personas proyectan sus peores miedos en el chivo expiatorio en lugar de enfrentar la crisis directamente. Nadie quiere pagar el precio.

SALVANDO A LAS PERSONAS DE SÍ MISMAS

Si estás en el océano cuando cae un rayo, no tienes mucho que temer. Pero si estás en una piscina, sí que corres un gran riesgo. Celebrilandia es como el océano. Novatolandia es la piscina.

Imaginemos que lanzamos un aparato inmenso conectado a la corriente eléctrica desde un yate atracado cerca de una playa llena de personas en Japón. La corriente envía miles de voltios de electricidad directos al agua. La electricidad sería completamente inofensiva para las personas que estuvieran nadando en las playas de California a miles de kilómetros de distancia. Y la mayoría de las personas de la playa de Japón tampoco sentirían nada [11]. El agua es una excelente conductora de la electricidad, pero la electricidad se difumina rápido en un cuerpo de agua tan grande como el Océano Pacífico. En Celebrilandia, recuerda que el grado de distancia social entre las personas es alto, y el riesgo del contagio mimético es bajo.

Ahora, imaginemos que el mismo aparato cae en una piscina de seis por doce metros con veinte personas sumergidas en ella. ¿Qué pasaría? Seguro que las consecuencias no serían las mismas que ocurrirían en el océano.

La siguiente historia demostrará por qué el contagio mimético es tan peligroso en Novatolandia. La escena es imaginaria y la ciencia no es completamente precisa. Utilizo una alegoría porque es posible adaptarla de varias maneras a la realidad. La piscina es Novatolandia, las personas sumergidas en la piscina están atrapadas en una crisis mimética, la electricidad representa el grave peligro que el grupo ha causado para sí mismo: el contagio mimético que viaja rápidamente de persona a persona las paraliza y hace que sean incapaces de resolver la crisis por sí solas [12].

La lógica de cómo se desarrollan estos eventos es la clave: no la lógica de la razón, sino la lógica de la mímesis.

Esta es la escena. Veinte estudiantes universitarios, muchos borrachos o en proceso de estarlo, participan en un animado partido de waterpolo. Una persona rompe las reglas de modo casi imperceptible, otra se venga empujándola con más violencia de la necesaria. Comienza una pelea entre las dos. Le siguen gritos, insultos y golpes. Pronto, los demás escogen un bando.

Durante la pelea, uno de los chicos que lucha cerca del borde de la piscina enreda el brazo por accidente con el cable de un aparato eléctrico inexplicablemente puesto a pocos metros del agua. Sin saberlo, hace que el aparato caiga dentro.

Al igual que tú, estoy observando la escena desde una distancia segura, lo bastante sobrio como para ver lo que está a punto de ocurrir.

A diferencia de las personas de la playa de Japón, los jóvenes de la piscina están en grave peligro. En cuestión de segundos, la corriente eléctrica viajará por el agua y los alcanzará a todos. Cada uno funcionará como conductor de electricidad para el resto. Lo mismo ocurre en una multitud mimética.

* * *

La palabra «contagio» proviene del latín *contagio*, que significa «en contacto». En una multitud, el contagio ocurre de modo imperceptible. Al igual que en la propagación de una enfermedad infecciosa en una comunidad, nadie de la multitud sabe quién es el supercontagiador. Es imposible identificar el momento exacto en el que el enemigo invisible se infiltra entre las defensas de una persona. En el caso de la mímesis, nadie sospecha que sus deseos son producto de la infección.

No podemos predecir cuándo la sabiduría de la multitud se convertirá en una muchedumbre violenta. No vemos las interacciones violentas que ocurren en el lado opuesto del parque o de la habitación. Solo somos una pequeña parte de un sistema grande y nadie que esté dentro puede comprender las dinámicas del sistema entero. Lo que ocurre en una multitud sucede en medio de la niebla.

Ta-Nehisi Coates describe esa niebla en un artículo de opinión escrito en noviembre de 2019 para *The New York Times:*

> La nueva cultura de la cancelación es el producto de una generación nacida en un mundo sin un mito incierto, donde los grandes abusos que antes solo eran insinuados, sospechados o comentados en rincones de la calle, ahora aparecen tuiteados a todo color. Ya nada es sagrado y, aún más importante, nada es legítimo... mucho menos todas esas instituciones encargadas de impartir justicia. Y así, la multitud se toma la justicia por su

mano. Esto es ineficiente. Ahora la elección parece ser entre construir instituciones igualitarias capaces de sobrevivir al escrutinio público o retroceder más y esconderse en la niebla para disimular[13].

Nuestros juerguistas borrachos de la piscina, primero unidos por un juego alegre y luego por una pelea, ahora están unidos por el terror. La corriente eléctrica avanza a través de los cuerpos cálidos que están de pie en la parte poco profunda del agua. Tienen entre cinco y diez segundos para salir antes de que sea demasiado tarde.

Afortunadamente para ellos, entra un salvador inesperado en escena. Uno de los chicos que estaba en la piscina antes del estallido de la pelea ha vuelto de buscar una cerveza. No tiene idea de lo que acaba de ocurrir.

Con una cerveza fría en cada mano, sonríe parado cerca del lugar donde el aparato flota en el agua. El aparato chisporrotea mientras la electricidad fluye de él. El chico ni siquiera se ha dado cuenta.

Los que están dentro ven a su amigo de pie en el borde de la piscina. Está tranquilo. Sonriendo. Ellos están en peligro de muerte.

Uno de los jóvenes que está dentro señala con un dedo acusador al recién llegado. «¡Ha sido él!».

El chico que sostiene la cerveza no tiene idea de qué ocurre ni de qué lo acusan. Pero los ojos de todos los que están sumergidos en el agua ahora están puestos en él.

Un segundo dedo acusador lo apunta y otra voz grita: «¡Lo ha hecho él!». Luego, un tercero añade: «¡Intenta matarnos!».

Pronto, llegan la cuarta y la quinta acusaciones.

* * *

Las acusaciones son peligrosamente miméticas.

La primera acusación es la más difícil. ¿Por qué? Porque no hay modelo para ella. Solo a la luz de una evidencia abrumadora la mayoría de nosotros acusaríamos a alguien de haber hecho algo realmente terrible. Pero en una situación de miedo o de confusión extremos, los estándares cambian. Una persona puede cobrar la apariencia de un criminal malvado con más facilidad en una zona de guerra que en un salón de clase bien organizado.

La primera acusación, aunque sea completamente falsa, cambia la percepción de la realidad. Afecta la memoria y la percepción de los nuevos sucesos. Y con cada nueva acusación, *hay más modelos.* La cantidad de modelos es la razón por la cual la segunda acusación es más fácil de hacer que la primera, la tercera es más fácil que la segunda y la cuarta más fácil que la tercera.

Los modelos pueden distorsionar la realidad, como vimos en el caso de Steve Jobs. Una ola mimética de acusaciones en la que suficientes personas modelan la creencia en la culpa de otra puede transformar al acusado ante nuestros ojos. No los vemos como son porque son un espejo de nuestra propia violencia. En nuestra historia, en un instante, el chico de pie fuera de la piscina cobra la apariencia de un monstruo, de un asesino, para quienes están en el agua. Todo porque estaba en el lugar equivocado en el momento equivocado.

René Girard narra la historia del «horrible milagro» de Apolonio de Tiana para demostrar el efecto transformador de la mímesis [14]. Apolonio era un médico famoso en el siglo II en Éfeso, cuya historia fue inmortalizada por el escritor griego Filóstrato. Cuando los efesios no lograban detener una epidemia que arrasaba con su comunidad, acudieron al gran Apolonio. Él les aseguró: «Tranquilos, hoy le pondré fin al curso de la enfermedad». Los llevó hasta un teatro donde había un mendigo ciego y viejo que vivía en condiciones miserables. «Recojan la mayor cantidad de piedras posibles y láncenselas a ese enemigo de los dioses» [15], dijo. Apolonio recetaba el mecanismo del chivo expiatorio. Podría parecer extraño que él hiciera esto para terminar con lo que consideramos algo biológico, pero será más claro de entender si reconocemos que fue una crisis mimética.

En mucha literatura antigua, la línea entre las epidemias biológicas y las epidemias psicológicas es difusa. Girard creía que las historias sobre catástrofes físicas como las plagas eran probablemente versiones mitificadas de lo que en verdad sucedió: una crisis social, vínculos fracturados, contagio mimético.

Descubrió este fenómeno en la obra *Crimen y castigo* de Fiódor Dostoievski, en la que el protagonista, Raskolnikov, «sueña con una plaga mundial que afecta los vínculos que las personas tienen entre sí», según describe Girard. «No menciona ningún síntoma médico específico. Lo afectado es la interacción humana y como consecuencia toda la sociedad colapsa gradualmente» [16]. La historia de Apolonio y los efesios, al igual que muchas historias antiguas, esconde violencia mimética (violencia originada en su propia comunidad) detrás de relatos fantásticos sobre dioses vengativos y demonios.

Así que Apolonio, un hombre de la medicina, recetó su remedio: les dijo a los efesios que apedrearan a un mendigo ciego para librarse de su enfermedad. Al principio, todos estaban atónitos ante tamaña indicación. ¿Por qué ese gran curandero les pediría que asesinaran a un inocente? Pero Apolonio continuó persuadiéndolos. Nadie actuó. Hasta que, finalmente, alguien tomó la primera piedra y la lanzó.

«En cuanto algunos de ellos comenzaron a lanzar rocas y a golpearlo», escribe Filóstrato, «el mendigo, que aparentemente parpadeaba y era ciego, de pronto los miró a todos y mostró que tenía los ojos llenos de fuego». Desde ese momento, los efesios lo consideraron un demonio.

Tras haber apedreado al hombre hasta la muerte, encontraron a una bestia salvaje en lugar de su cuerpo bajo la pila de rocas. Esto simboliza la transformación que el mendigo había sufrido en la mente de la multitud.

La paz regresó a la ciudad. Los efesios construyeron un altar para un dios en el sitio en el que había ocurrido el evento. El veneno se había convertido en la cura. Apolonio había llevado a los efesios a la farmacia. Les había dado un *pharmakós.*

* * *

Volviendo a la piscina, el chico que vio y acusó primero al sospechoso ahora está lleno de furia. Reúne toda su fuerza y supera la parálisis de sus músculos mientras avanza hasta el borde de la piscina y sale del agua.

La electricidad representa el contagio mimético peligroso que une a las personas en la piscina y las mantiene estancadas donde están, a menos que llegue algo o alguien capaz de activar una fuerza aún más fuerte. El mecanismo del chivo expiatorio es la fuerza que genera el quiebre.

La primera persona en salir de la piscina es un modelo para el resto. Cuando actúa, los demás adquieren el ímpetu y la motivación para actuar. No solo han sido activados para huir del agua letal, sino que ahora además tienen amigos que los ayudan a salir de ella.

(Los modelos instan a los demás a actuar. A veces, ayudan a liderar a través de acciones innovadoras. En las olimpiadas de verano de Londres 2012, se batieron más de treinta récords mundiales en una época en la que muchos científicos creían que el cuerpo humano había alcanzado el límite de su desarrollo. En 2019, Eliud Kipchoge corrió un maratón en menos de dos horas, algo que muchos habían predicho que no sucedería durante al menos veinte años. Ahora, gracias al deseo mimético, podemos esperar a ver cómo se rompe esa barrera una y otra vez).

Mientras sus cuerpos se recuperan del *shock*, quienes han salido del agua están más enfurecidos. Atacan al chico que ahora creen que intentó electrocutarlos.

Cuanto más protesta y reacciona a la furia de los otros, más alimenta esa rabia.

—¿Qué he hecho? —grita el acusado—. Solo…

—¡No nos mientas! —gritan los otros.

Todos concuerdan: el chico de la cerveza fue el que lanzó el aparato dentro de la piscina. ¿Quién más podría haberlo hecho? No había nadie más fuera del agua.

Y esa es su ceguera fundamental. Buscan respuestas *fuera* de la piscina, aunque fue su propia pelea *dentro* del agua la que causó la caída del aparato.

El chivo expiatorio continúa intentando dar explicaciones, pero la muchedumbre escucha todo lo que dice como prueba de que han encontrado al culpable. Cuanto más fuerte protesta, más crece la furia de los demás.

* * *

Una multitud es un organismo hipermimético en el cual los miembros individuales pueden perder con facilidad la voluntad personal. El contagio mimético destruye las distinciones entre personas, en especial las diferencias entre sus deseos. Puedes llegar a un acto público queriendo una cosa y regresar a casa anhelando algo completamente distinto.

La psicología grupal es diferente de la psicología individual [17]. Piensa en personas bailando en una *rave*, moviéndose de manera hipnótica al ritmo de un DJ o de una banda. El autor Elias Canetti, que huyó de la Alemania nazi a fines de los años treinta, escribió sobre este fenómeno en su obra maestra *Masa y poder*, publicada por primera vez en 1960. «En cuanto el hombre se rinde ante la multitud, deja de temer entrar en contacto con ella. Idealmente, todos son iguales allí, ninguna distinción cuenta… De pronto, es como si todo ocurriera en un único cuerpo» [18].

Ninguno de los chicos que peleaban en la piscina se habría considerado a sí mismo violento. Pero ahora, entre la borrachera y la furia, están listos para ejercer violencia grave contra el joven de la cerveza.

Mientras el acusador empieza a entender el dilema que enfrenta, nuestro desafortunado chivo expiatorio comienza a buscar una ruta de escape. Pero la multitud se cierne sobre él.

* * *

Hay tres finales posibles para esta historia.

En el primer final, el chico de la cerveza es expulsado de la comunidad. Ya no puede aparecer en público sin que lo humillen. Lo obligan a mudarse adonde nadie conozca su historia.

El segundo final es la idea de la Ilustración romántica; no es un final realista en absoluto, pero algunos aún disfrutan de imaginarlo. Al límite de su furia, todos los fiesteros borrachos recuperan la capacidad de razonar, se sientan juntos y redactan un contrato social. Se dan cuenta de que es posible que el chico de la cerveza haya empujado por accidente el aparato dentro del agua. Le prohíben beber en futuras reuniones y le exigen que pague las cuentas médicas de todos. Pero el contrato social es producto de opiniones derivadas de la mímesis, no de la racionalidad. Redirige la culpa hacia el miembro del grupo que está en la posición menos poderosa para afectar la naturaleza del contrato.

En el tercer final, uno de los chicos se enfurece más y golpea al chivo expiatorio en el rostro, lo que lo derriba al suelo. Un segundo joven se une a la paliza. Y luego un tercero, un cuarto y un quinto. Su violencia, al igual que toda violencia, parece justa. No la iniciaron ellos, sino que ejercieron justicia. En el clímax, hacen lo que parece inevitable: levantan el cuerpo maltrecho de la víctima y lo lanzan dentro de la piscina electrificada.

En los tres escenarios, es el marginado (en este caso literalmente el único que estaba fuera de la piscina) quien se vuelve un medio para un fin.

En nuestra historia, la multitud escoge la tercera opción: imparten lo que creen que es justicia.

* * *

El mecanismo del chivo expiatorio funciona más en épocas de inestabilidad. Antes del surgimiento del partido nazi, Alemania estaba sumida en el caos económico y social tras haber perdido la Primera Guerra Mundial. Otros genocidios (incluyendo por ejemplo el genocidio armenio, el de Ruanda y el sirio) también ocurrieron en momentos de gran inestabilidad social.

Ejemplos menos notorios incluyen incidentes de creación de chivos expiatorios únicos y localizados en los que una persona, en general alguien visto universalmente como malvado, genera un alivio catártico a través de su muerte o expulsión. El antropólogo Mark Anspach, en su libro *Vengeance in Reverse: The Tangled Loops of Violence, Myth, and Madness*, cuenta la historia de un hombre que estaba rodeado de soldados que le quitaron la ropa, se burlaron de él y lo atormentaron. Arrastraron su cuerpo ensangrentado por las calles mientras lo escupían. ¿Quién crees que era ese hombre?

Después de su muerte, que fue grabada en teléfonos móviles y celebrada, el nuevo líder provisional de Libia afirmó: «Todos los males han desaparecido de nuestro amado país. Es hora de iniciar una nueva Libia, una Libia unida, un pueblo, un futuro».

El líder linchado era Muamar el Gadafi.

Prácticamente, todos compartían la creencia de que Gadafi era un hombre malo que hacía cosas malas. Lo era. Pero era imposible que fuera el único criminal del país. Que el líder provisional afirmara que todos los males habían desaparecido implicaba convertir a Gadafi en un chivo expiatorio. Anspach señala: «Cuanto más culpable sea, más convincente será su papel de representante de todos los otros culpables y será sacrificado en su lugar».

El mecanismo del chivo expiatorio no funciona sobre la base de la culpabilidad o la inocencia del chivo expiatorio, sino a partir de la habilidad de una comunidad de usarlo para alcanzar el desenlace que desean: la unificación, la sanación, la purga, la expiación. El chivo expiatorio cumple una función religiosa.

EL CAMINO DE LA MENOR RESISTENCIA

A lo largo de la historia, los chivos expiatorios han compartido algunas características en común. Son personas que, por algún motivo, sobresalen de la multitud y son fáciles de señalar. En nuestra alegoría de la piscina, el chico que fue a buscar cerveza sin saberlo se puso a sí mismo en la situación de riesgo de ser visto como un chivo expiatorio porque era el único que estaba fuera del agua.

En la vida real, generalmente los chivos expiatorios destacan por alguna de estas combinaciones: tienen personalidades extremas o neurodivergentes (como los autistas) o anormalidades físicas que los hacen descollar; están al margen de la sociedad en términos de estatus o de mercados (están fuera del sistema, como los amish o quienes han escogido vivir una vida fuera del sistema); se los considera divergentes de algún modo (su comportamiento no encaja con las normas sociales, ya sea por su estilo de vida, su sexualidad o su modo de comunicación); son incapaces de defenderse (esto se aplica incluso a gobernantes y a reyes; cuando van todos contra uno, incluso la persona más poderosa es impotente); o aparecen como por arte de magia sin que la sociedad sepa de dónde han salido o cómo han llegado allí, lo cual hace que sea fácil culparlos por causar revuelo social (la llegada de la activista contra el cambio climático Greta Thunberg a Nueva York en un yate que no usaba combustible, para hablar ante las Naciones Unidas, la marcó como un potencial chivo expiatorio).

Todos los chivos expiatorios tienen el poder de unir a las personas y de desactivar el conflicto mimético. Un chivo expiatorio no posee un poder tradicional, sino que está dotado de un poder unificador. Un prisionero con pena de muerte tiene un poder que ni siquiera el gobernador del estado puede exhibir. Para una familia o una comunidad en crisis, puede parecer que solo la muerte del prisionero les dará la clase de sanación que buscan. Entonces el prisionero posee una cualidad casi sobrenatural que nadie más tiene. Solo él puede sanar a los demás.

Otra característica distintiva de los chivos expiatorios, mencionada por Girard en su libro de 1972 *La violencia y lo sagrado*, es que son desproporcionadamente reyes o mendigos… y en general son ambos a la vez. Si un mendigo es elegido como chivo expiatorio, este adquiere una característica propia de un semidiós antes y después de su muerte porque lo consideran un instrumento de paz. Él tiene el poder de generar un cambio que las personas no pueden lograr por cuenta propia. Es por esta razón que los efesios construyeron un altar en el sitio donde Apolonio les había hecho apedrear al ciego. Algo sagrado ocurrió allí.

En *La violencia y lo sagrado* Girard explica que la vida de Edipo es la historia de un rey que fue convertido en un chivo expiatorio [19]. Edipo era el rey de Tebas cuando la ciudad sufrió una plaga terrible. Pero ¿qué clase de plaga? ¿Qué sucedió realmente en Tebas? ¿De verdad se propagó una enfermedad?

Según Girard, no deberíamos depositar tanta confianza en los detalles superficiales de estas historias. Debemos analizarlas con mayor profundidad. En su opinión, es más probable que la ciudad haya sufrido una crisis mimética; «miles de conflictos individuales» [20], escribió. «Quizá hubo una plaga física. O quizá la crisis social pudo haber *sido* la plaga».

Edipo busca al asesino de Layo, el rey que fue su predecesor (y su padre), pensando en que puede terminar con la plaga si resuelve el crimen.

Para su horror, descubre que él mismo mató a su padre y contrajo matrimonio con su propia madre. Eso fue lo que causó la calamidad para los tebanos. Pero ¿no es extraño? El crimen de Edipo fue social, no biológico. Cometió parricidio y un tabú importante al casarse con su madre. ¿Cómo es posible que eso originara una plaga? Esto sugiere que tenemos que mirar con más profundidad, más allá de la explicación material.

La historia termina con Edipo arrancándose los ojos y yendo al exilio junto con su hija.

Tenemos derecho a preguntarnos si Edipo era culpable de los crímenes por los que se lo acusaba. Pero ¿fue el causante de la enfermedad microbiana? Claro que no. Sin embargo, según la opinión de Girard, esta es la clase de historia revisionista que acompaña a un chivo expiatorio.

* * *

Sería un error asumir que solo las personas que vivieron en la Antigüedad inventaban esta clase de historias de sustitución. ¿Has notado alguna vez con qué frecuencia las personas describen actualmente las consecuencias de una crisis utilizando el lenguaje de los desastres naturales? En 2008, los estadounidenses sufrieron una *avalancha* de deudas relacionadas con la vivienda [21]. Bill Ackman, un importante gestor de fondos de inversión que habló sobre el COVID-19 en la CNBC, dijo que sentía que se avecinaba un *tsunami* meses antes de que el público comenzara a tomarse en serio la pandemia [22]. Una ficha técnica de la Casa Blanca emitida el 4 de febrero de 2020 insinuaba que los inmigrantes habían *inundado* el país debido a las acciones del presidente («El presidente Trump ha tomado acciones para dejar de capturar y liberar inmigrantes, a fin de detener la ola migratoria en nuestra frontera», decía). Y desde la crisis financiera de 2008, hablamos de empresas que salen *a flote* cuando nos referimos a la ayuda económica que el gobierno de Estados Unidos les proporciona a los bancos y a otras compañías en crisis. *Salir a flote* es una expresión marítima que implica retirar agua con un cubo de una embarcación que se hunde, en general después de una tormenta inesperada o de otro evento similar.

Las crisis siempre parecen surgir de improviso y sorprender a las personas. A pesar de toda nuestra tecnología moderna y de nuestra inteligencia, no podemos predecirlas o evitarlas. Continuamos enfrentándonos a crisis creadas por nosotros mismos.

Esto ocurre porque pocos notan cuándo están dentro de un proceso mimético. La mayoría mantiene la ilusión de deseo independiente: la mentira romántica. Pero mientras los sistemas financieros y tecnológicos del mundo se vuelven más complejos, también lo hacen nuestros sistemas de deseo.

Cada uno de nosotros ocupa múltiples sistemas de deseo que con frecuencia se superponen o se entrecruzan. Desarrollar la habilidad de saber en cuáles estamos y qué hacer con ellos es un objetivo esencial que trataremos en la segunda parte de este libro.

Los sistemas miméticos son al menos tan importantes como los sistemas físicos. Algunas personas se preguntan si una única mariposa que bate las alas en Japón es capaz de causar un huracán en la costa de Florida (el efecto mariposa de la teoría del caos); otras se cuestionan si alguien en Rusia puede crear una anarquía en Estados Unidos solo con una publicación de Facebook. El primero es un sistema físico; el segundo, un sistema de deseo.

A continuación, veremos una historia muy breve sobre un sistema de deseo al que nadie comprendió y, por lo tanto, todos identificaron erróneamente. Las personas usan lenguaje mitológico para describir algo cuando no tienen idea de cómo funciona. Para eso sirven los mitos. Necesitamos historias para explicar lo inexplicable. Cuando las personas están en medio del desorden sin tener ni idea de cómo empezó o de cuál es su papel en él, culpan de ello a cualquier cosa, incluso a las arañas.

LA EPIDEMIA DE BAILE DE 1518

En julio de 1518, en la pequeña ciudad francesa de Estrasburgo, una joven comenzó a bailar descontroladamente en la calle. John Waller narra la escena en su libro *The Dancing Plague: The Strange, True Story of an Extraordinary Illness*, en el cual baso esta historia. La mujer continuó bailando durante días. Los ciudadanos se reunían a su alrededor. «Observaron cómo la danza de frau Troffea continuó hasta el tercer día, ya con el calzado empapado de sangre y el sudor cayendo por su rostro agobiado», escribe Waller[23]. En cuestión de días, más de treinta personas habían salido a la calle con la misma necesidad incontrolable de bailar. El primer magistrado, el obispo y los médicos obligaron a algunas de ellas a ir al hospital. Pero la causa y la cura de aquel baile errático siguieron siendo un misterio.

Las teorías sobre qué causó la plaga danzante de 1518 circularon durante décadas. Dos de las más populares eran el desequilibrio mental y la posesión demoníaca. Pero ninguna explicaba por qué el comportamiento pareció propagarse de la bailarina original a quienes la rodeaban. ¿Qué podía explicar ese contagio social?

Los bailarines espontáneos aparecieron en varias ciudades de Europa. En algunos lugares, las personas empezaban a danzar solo en momentos específicos del año. En la región de la Puglia, al sur de Italia, cada verano se veían brotes de bailarines histéricos a los que los italianos llamaban *tarantati.* La mayoría creía que el baile era el síntoma de una enfermedad transmitida por la picadura de una tarántula, o *tarantola*, que causaba que la persona imitara los movimientos de la araña.

Aparecieron rituales extraños, incluida la creencia de que bailar al ritmo de una canción específica siguiendo un ritual específico, como una liturgia, era el único modo de curar la enfermedad. Las personas se reunían alrededor del infectado en una habitación o en la plaza, tocaban música y animaban al bailarín a que continuara mientras intentaban moverse al ritmo de la araña. Creían que si bailaban de un modo que saciara a la criatura, su influencia sobre el enfermo terminaría.

Una persona infectada, una *tarantata*, obtenía una cualidad cuasi sagrada. Los hombres y las mujeres afectados por el tarantismo eran parias (eran causa de la calamidad y del miedo que reinaba en la comunidad), pero también eran los únicos con el poder de restaurar el orden.

Pero ¿algo de todo aquello fue real?

Durante siglos, nadie pudo precisar la causa verdadera del baile. Pero cuando el antropólogo y etnopsiquiatra Ernesto de Martino viajó a Puglia en la década del cincuenta, una imagen mucho más real comenzó a cobrar forma[24]. Él descubrió a través de entrevistas con cientos de locales que las personas que bailaban compartían algo en común: la mayoría había experimentado alguna clase de trauma. El detonador que daba lugar al baile parecía ser una crisis: un amor imposible, una boda por la fuerza, la pérdida de un empleo, la transición hacia la adolescencia, o cualquier otra cosa que modificara la dinámica de sus vidas y, a través de la mímesis, la de la comunidad.

La aflicción parecía *racional.* El trabajo de De Martino expuso las relaciones de poder, las tensiones sociales ocultas y las crisis de deseo no reconocidas.

El tarantismo era un ritual religioso que tenía el efecto de restaurar el orden en medio del caos social. Las arañas eran el chivo expiatorio. Los rituales que libraban a los bailarines afectados de la influencia de la araña unían a todos en una experiencia catártica que supuestamente purgaba la enfermedad. Por extraño que fuera el ritual, funcionaba para proteger a la comunidad de una crisis social aún más grande: la continuación de la disolución de los vínculos. La locura por bailar era como una campanada de alarma (quizás incluso como las campanadas de una iglesia) que indicaba que era hora de que todos se unieran y expulsaran sus demonios.

Si bien el tarantismo desapareció con el tiempo, sus vestigios culturales permanecen. La danza folclórica popular conocida como tarantella, una de las formas musicales más famosas hoy en el sur de Italia, proviene directamente del baile utilizado en los rituales hace quinientos años.

¿Por qué las personas del sur de Italia se mentían a sí mismas sobre la causa real de sus crisis? Afirmar que alguien tenía la necesidad «espontánea» de bailar después de la picadura de una araña es una versión antigua de la mentira romántica. La causa del baile era el deseo mimético. Era el síntoma de un contagio social. Necesitaban un chivo expiatorio para restaurar el orden. En este caso, fue una tarántula.

Por cierto, las tarántulas, como la mayoría de las arañas lobo, solo pican a un humano si este la provoca continuamente. Su veneno causa una inflamación media, dolor suave y comezón.

LA SEGURIDAD DE EMITIR UN JUICIO

Los chivos expiatorios son escogidos a través de un proceso mimético de juicios, no a través de un proceso racional.

Piensa en la antigua práctica de lapidación: un grupo de personas le lanza piedras a alguien hasta que muere por un traumatismo grave. Era la forma oficial de pena de muerte en el antiguo Israel (la Torá y el Talmud lo incluyen como castigo para ciertas ofensas), pero sus orígenes son aún más lejanos.

La lapidación, en su forma más primitiva, ocurría de manera espontánea. Sucedía en lo que ahora conocemos como «juicio justo». (Nuestro concepto moderno de juicio justo, que indica que nadie debe ser privado de sus libertades o castigado antes de llevar a cabo el proceso indicado por la ley, se originó de forma escrita en la Carta Magna de 1215 en Inglaterra).

La frase «lanzar la primera piedra» es conocida prácticamente por todo el mundo occidental. ¿Por qué la primera piedra importa tanto?

La frase proviene de un rabino de la Palestina del siglo I, Jesús de Nazareth, quien presenció la lapidación más extraña de la historia mundial: extraña porque la lapidación *jamás ocurrió,* sin embargo, sabemos más sobre esta que sobre otras lapidaciones. Que siquiera sepamos sobre esta lapidación inexistente ocurrida hace dos mil años es impresionante. ¿Por qué es tan importante? Es una historia sobre la mímesis y el mecanismo del chivo expiatorio.

Jesús se topó con una mujer que había sido atrapada cometiendo adulterio y que estaba a punto de ser lapidada por una multitud enfurecida. Él intervino diciendo: «El que esté libre de pecado que lance la primera piedra».

Esas palabras cambiaron todo. El ciclo de violencia destructiva perdió su curso. Uno a uno, los hombres que rodeaban a la mujer comenzaron a soltar sus piedras y a alejarse. Primero uno, después otro, y los demás cada vez más rápido.

¿Qué sucedió? ¿Por qué lanzar la primera piedra es tan difícil? Porque la primera *es la única piedra que carece de un modelo mimético.* El que lanza la primera piedra, que generalmente actúa guiado por la furia violenta, le da a la multitud un modelo peligroso a seguir. Como hemos visto en la historia de Apolonio y los efesios, una vez que se lanza la primera piedra, la segunda es más fácil de arrojar. Siempre es más fácil desear algo (incluso, y es probable que especialmente, la violencia) cuando alguien más lo ha deseado antes que nosotros.

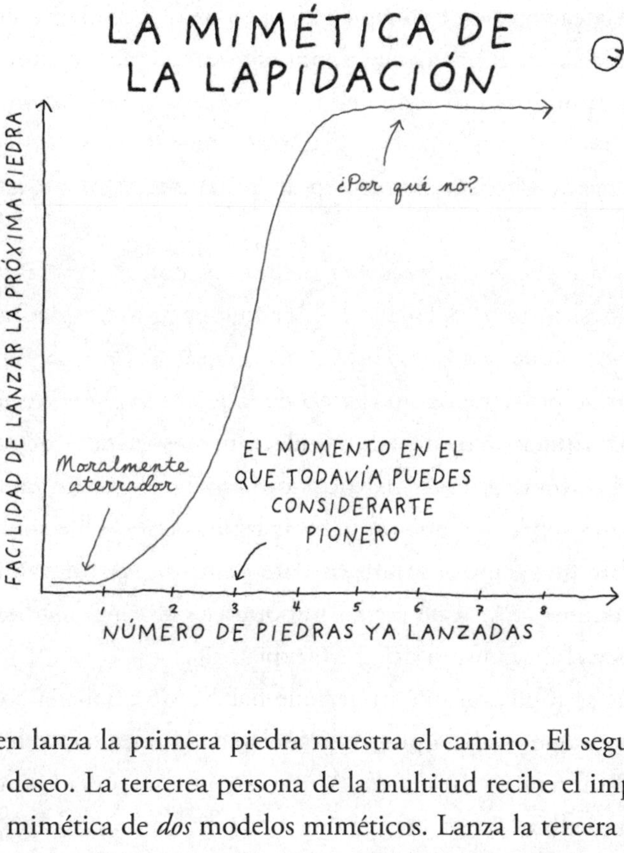

Quien lanza la primera piedra muestra el camino. El segundo refuerza el deseo. La tercerea persona de la multitud recibe el impacto de la fuerza mimética de *dos* modelos miméticos. Lanza la tercera piedra y se convierte en el tercer modelo. La cuarta, quinta y sexta piedras son lanzadas con relativa facilidad en comparación con las tres primeras. La séptima carece de esfuerzo. El contagio mimético se ha apoderado de la situación. Los lanzadores de piedras se distancian de cualquier forma de juicio objetivo porque su deseo de contar con un chivo expiatorio ha superado al deseo de la verdad.

* * *

La furia hace metástasis y se expande con facilidad. En un estudio llevado a cabo en 2013 y publicado en 2014, los investigadores de la Universidad de Pekín analizaron la influencia y el contagio en Weibo, una aplicación de redes sociales popular en China. Descubrieron que la furia se expande más rápido que otras emociones como la alegría, porque se propaga con más facilidad cuando hay vínculos débiles entre las personas, lo cual suele suceder con frecuencia en internet[25].

Estrategia 7: EMITE JUICIOS DE MANERAS ANTIMIMÉTICAS

Si estás realizando una encuesta o una votación en un espacio público, es esencial que las personas no puedan ver qué voto emiten otras *si* quieres obtener un reflejo real y premimético acerca de lo que opinan, claro. Las influencias miméticas son demasiado fuertes. Es importante hallar modos de permitir que cada miembro de un grupo llegue a un veredicto (ya sea en una decisión relacionada con las inversiones o en el tribunal de un juzgado) a través del proceso más independiente que sea posible.

Mucha gente ha muerto como resultado de la ira en la carretera. Nadie, que yo sepa, ha muerto por alegría en la carretera.

La estrategia que Jesús utilizó para evitar la lapidación fue privar a la multitud de un modelo violento y reemplazarlo por un modelo pacífico. En lugar de hacer que el contagio violento tomara el control, se produjo un contagio pacífico. La primera persona soltó la piedra. Luego, una a una, el resto la imitó. El ciclo 1, la violencia mimética, se transformó en el ciclo 2, un proceso mimético positivo.

Ambos dependían de un modelo.

LA SATISFACCIÓN DE OBSERVAR EL ODIO

Durante más de doce años, miles de millones de estadounidenses vieron el mismo programa de televisión. Al inicio de cada capítulo, se definen los bandos de batalla. Todos los que participan en el programa quieren lo mismo: el prestigio de ser coronado como ganador, lo que le otorgará halagos de una figura de autoridad y, con ello, la adulación de las masas. Y cada uno de los participantes está dispuesto a hacer prácticamente cualquier cosa por lograrlo.

Fracasan. Participan en acusaciones, sabotajes y traiciones. Luego, cuando el juego termina, entran en una sala de reuniones gigante. Donald Trump está sentado en medio de una mesa larga, frunciendo el ceño. Todos quieren ser su próximo aprendiz, pero solo uno puede ganar.

Trump permite que la crisis mimética escale hasta llegar al punto de ebullición. Finalmente, señala a uno con el dedo y dice: «¡Estás despedido!». Evita la crisis. El chivo expiatorio regresa a casa. El equipo puede volver al trabajo.

Mientras tanto, la percepción de Trump como modelo mimético (*una persona que sabe lo que quiere*) es más fuerte cada vez que señala con el dedo y pronuncia las palabras «estás despedido».

Tras doce años en los que Trump cultivó y fortaleció su condición de «experto» y la de todos los demás como «aprendices», no sorprende que haya llegado a convertirse en una figura de culto. Él resolvió por su cuenta una crisis mimética poniendo orden durante cada uno de los ciento noventa y dos episodios de *El aprendiz* (incluyendo *El aprendiz: Celebridades* que logró incluso cifras más altas). Como veremos en breve, es probable que no haya nada más efectivo que un político (o un político en potencia) pueda hacer para ganarse el apoyo popular que resolver una crisis mimética. Una persona así imita el papel de un sumo sacerdote en el antiguo Israel.

Según Girard, el mecanismo del chivo expiatorio ocurría espontáneamente en las sociedades antiguas. Con el tiempo, esas sociedades comenzaron a recrear a modo de ritual el proceso que llevaba al mecanismo del chivo expiatorio: creaban desorden, permitían que la tensión mimética llegara a su punto más alto y luego expulsaban o sacrificaban algo simbólico. (Esta es la fórmula de los programas de televisión tipo *reality* de hoy en día). Descubrieron que la catarsis afectaba a todos.

Estos rituales funcionan debido a la *sustitución* sacrificial. Los humanos descubrieron que podían suplantar al animal por un ser humano. El sacrificio de animales se ha ido reemplazando de modo gradual por la desvinculación de ejecutivos, el encarcelamiento masivo y la cancelación en las redes sociales. Parece que no existen límites para la ingenuidad humana cuando se trata de saciar nuestra hambre de sacrificios.

Los sacrificios de sustitución impregnan nuestra cultura. Se han colado en los deportes, en la vida empresarial, en las universidades y en la literatura.

* * *

Carrie, la primera novela de Stephen King, es el relato escalofriante de lo que ocurre cuando el mecanismo del chivo expiatorio sale mal. Al final de la novela, una estudiante de bachillerato que sufre acoso escolar llamada Carrie se venga de sus compañeros y causa muertes y una masacre con sus poderes telequinéticos después de que la humillaran en el baile de graduación.

Al planear la novela, King reflexionó acerca de qué tipo de chica tenía en mente para la protagonista. «Hay un chivo expiatorio en cada clase, el estudiante que siempre se queda sin silla al jugar a las sillas musicales, el que termina con un cartel adherido a la espalda que dice PÉGAME, el que está al final de la jerarquía», recuerda King. Él utilizó a «dos de las chicas más solitarias y denigradas» de su propia clase de bachillerato como modelos para Carrie: « ... qué aspecto tenían, cómo actuaban, cómo las trataban». Una de ellas murió más tarde por una convulsión. La otra se disparó en el abdomen después de haber parido, según King[26].

El genio del autor convirtió a un posible chivo expiatorio en una figura aterradora que tenía el poder de cobrar venganza. Los chivos expiatorios de la vida real no pueden hacerlo.

«La lotería», un cuento escrito por Shirley Jackson en 1948, trata de una comunidad que se reúne anualmente para sortear quién será apedreado en el ritual de lapidación. El ritual del chivo expiatorio está diseñado para garantizar la continuación de la abundancia de la cosecha; en otras palabras, para mantener la paz. Los sacrificios rituales no otorgan literalmente una bendición divina para las cosechas; sin embargo, pueden resolver la tensión mimética que se forma entre los humanos que compiten por recursos escasos. Una dinámica similar funciona en *Midsommar*, película de terror de 2019.

La novela *El señor de las moscas*, escrita en 1954 por William Golding, relata una crisis mimética entre adolescentes que quedan atrapados en una isla remota. Uno de los chicos, Piggy, siempre es obligado a soportar el castigo por los pecados y sufrimientos de todo el grupo.

El argumento de *Los juegos del hambre* gira en torno a un espectáculo deportivo en el que chicos y chicas de entre doce y dieciocho años son elegidos por los líderes de la capital de un país distópico, Panem, para competir hasta la muerte. Los juegos concentran todos los conflictos internos de la sociedad en unos pocos seleccionados obligados a ejercer la violencia en nombre del resto[27].

No sé si estos escritores habrán pensado explícitamente en el mecanismo del chivo expiatorio al escribir sus historias, pero la omnipresencia del tema es impactante y vale la pena preguntarse si señala una verdad subyacente. Girard creía que la verdad eran los chivos expiatorios.

Los deportes profesionales prosperan gracias a la participación de los aficionados. Los partidos de fútbol americano son un rito sagrado en el que dos equipos y sus respectivos fanáticos representan una crisis de indiferenciación. La liga está estructurada para promover la igualdad; cualquier domingo, cualquier equipo puede ganar. Las horas de análisis previas al partido, al chute inicial, llevan la tensión a la cúspide. La temporada entera funciona así, en medio de una serie de altibajos dramáticos. Después del último partido, despiden a algunos entrenadores y no les renuevan el contrato a ciertos jugadores. ESPN cubre el drama y la disfuncionalidad dentro de las organizaciones. Después de que hayan purgado a alguien y hayan librado al equipo de su plaga, la organización puede seguir adelante con una nueva oportunidad de alcanzar la gloria.

Terrell Owens, un receptor estrella de la NFL, se convirtió en chivo expiatorio para cada equipo en el que jugó a fines de su carrera. En baloncesto, David Fizdale, despedido por los Knicks de Nueva York en 2019, fue uno de varios en una larga lista de entrenadores de los Knicks expulsados en las últimas dos décadas (convertirse en el entrenador principal de cualquier equipo profesional de Nueva York es el equivalente a firmar para ser un chivo expiatorio en algún momento). Incluso el legendario Phil Jackson, que entrenó a Michael Jordan y a Kobe Bryant, se marchó como un chivo expiatorio. ¿Y quién puede olvidar a Steve Bartman? Durante la Serie Mundial de 2003, el aficionado de los Cubs interfirió con un jugador de su propio equipo que intentaba atrapar la pelota cerca de las gradas, lo cual hizo que fallara en un momento crítico del partido. Bartman tuvo que esconderse y la pelota involucrada en el accidente fue destruida en público por un experto en efectos especiales en el año 2004; luego hirvieron los restos y los usaron para elaborar una salsa para pasta en 2005.

* * *

¿Los chivos expiatorios son el problema? ¿O los chivos expiatorios son la solución?

El poema *Esperando a los bárbaros* de C. P. Cavafy trata acerca de una comunidad en crisis. Se reúnen en la plaza principal debido a la noticia de un ataque inminente de los bárbaros vecinos. Los bárbaros nunca llegan. «¿Y ahora qué va a ser de nosotros sin los bárbaros?», dice la penúltima línea del poema. Termina con: «De algún modo, esa gente era una solución».

LA VICTORIA DEL CHIVO EXPIATORIO

Caifás, un sumo sacerdote judío del siglo I, fue el mejor político de la historia según René Girard. No necesariamente en un sentido noble, sino en el sentido de que sabía exactamente lo que era necesario hacer para satisfacer a todos los participantes de cualquier disputa y apaciguar los disturbios sociales. Según Girard, Caifás simplemente ponía en práctica en la política lo que el mecanismo del chivo expiatorio siempre ha hecho: recurría a él como «último recurso para evitar una violencia aun mayor» [28].

Cuando arrestaron a Jesús en Jerusalén, Caifás tuvo una reunión secreta con los sumos sacerdotes y los consejos religiosos y políticos. Tenían que determinar qué harían con el nazareno, pues creaba tensión en Jerusalén en un momento que ya era tenso. Aparecían grietas en todas partes de la sociedad. Había cientos de grupos fracturados y sectas en formación. Jesús había salido de la nada, era originario de un pueblo proveniente de un páramo, vivía a los márgenes de la sociedad, rompía las normas culturales y desafiaba el poder de las autoridades. Así que Caifás no se estaba enfrentando solo a Jesús; el verdadero reto era cómo preservar Israel.

Mientras la reunión tenía lugar, Caifás tomó asiento y observó a los demás debatiendo, haciendo preguntas hipotéticas e intercambiando ideas abstractas que carecían de sustancia y practicidad, indecisos. Finalmente, se hartó.

—¡No saben nada! —gritó Caifás—. No entienden que es mejor para ustedes que un hombre muera por el pueblo en lugar de causar la destrucción de una nación entera[29].

Es imposible que Caifás supiera el impacto total que tendría lo que dijo. «Un chivo expiatorio mantiene la efectividad siempre y cuando creamos en su culpabilidad», escribió Girard en su último libro, *Battling to the End: Conversations with Benoît Chantre.* «Tener un chivo expiatorio significa no saber que lo tenemos»[30].

Es imposible que Caifás haya concebido su plan como la prescripción de un chivo expiatorio. Sin embargo, debía haber sabido que la violencia concentrada contra un símbolo potente es efectiva para apaciguar a una multitud turbulenta. Matar a Jesús complacería al pueblo, uniría a todos y evitaría que la crisis escalara.

Caifás obtuvo apoyo para su idea. Y en cuestión de días, Jesús fue crucificado.

* * *

Al hacer su sugerencia, Caifás fue completamente práctico. Recomendó un sacrificio ritual (la crucifixión) para lograr un resultado específico (más unidad y paz). No es una actitud soprendente por parte de un líder religioso. «El objetivo del pensamiento religioso es exactamente el mismo que el de la investigación tecnológica: es decir, la practicidad», escribió René Girard en *La violencia y lo sagrado*[31]. Consideraba al mecanismo del chivo expiatorio como el epítome de un acto religioso o sagrado.

Cuando Girard escribe que «el pensamiento religioso» tiene el objetivo de la practicidad, no está menospreciando de ningún modo las creencias religiosas: se refiere a la *mentalidad sacrificial* que tienen las personas para resolver problemas. Casi todas son religiosas en el sentido en que creen de manera inconsciente en que el sacrificio traerá paz.

Piensa en cuán arraigado está el pensamiento sacrificial en nuestra psique. Si tan solo pudiéramos destruir al otro partido político, a la otra empresa, a esos terroristas, a ese alborotador, a la cadena de comida rápida que me hizo subir cinco kilos, todo sería mejor[32]. El sacrificio siempre parece correcto y adecuado. Nuestra violencia es buena; la violencia del otro bando siempre es mala.

Durante muchos años, según Girard, los rituales sacrificiales fueron tan efectivos que generaron el progreso científico. «No dejamos de quemar brujas porque hubiéramos inventado la ciencia; inventamos la ciencia porque dejamos de quemar brujas», dijo Girard en una entrevista con David Cayley en la CBC en 2011. «Solíamos culpar a las brujas de las sequías: cuando dejamos de culpar a las brujas, buscamos una explicación científica para la sequía» [33].

La humanidad aún tiende a retroceder a la mentalidad primitiva sacrificial que caracterizaba a nuestros ancestros y los mantenía estancados en ciclos de violencia. Desde la perspectiva de la multitud, el mecanismo del chivo expiatorio es completamente racional. Así que, cuando los chivos expiatorios se vuelven el centro sagrado alrededor del cual gira una cultura, cuando resurgen los mitos y las supersticiones como fuerzas dominantes en una cultura, la actual racionalidad queda relegada.

* * *

En opinión de Girard, la comprensión del mecanismo del chivo expiatorio llegó con el desarrollo histórico del judaísmo y del cristianismo, tanto en la claridad que las historias bíblicas ofrecen respecto de la inocencia de los chivos expiatorios como en el modo en el que en los últimos dos mil años, el mecanismo del chivo expiatorio parece haberse vuelto menos efectivo para crear una paz ilusoria. Las escrituras judías y cristianas contienen narraciones muy peculiares sobre chivos expiatorios. La diferencia entre ellas y otras es impactante: en las escrituras, el deseo mimético parece abordado de manera específica y las historias sobre los chivos expiatorios siempre parecen narradas desde el punto de vista del acusado. Es un cambio tan grande de las narrativas tradicionales que incluso quienes están muy familiarizados con esas escrituras no notan lo diferentes que son[34].

Pero antes de analizar la revelación del mecanismo del chivo expiatorio cabe mencionar que la alusión al deseo mimético puede remontarse hasta el Decálogo (los diez mandamientos). En el libro del *Éxodo*, el décimo mandamiento es impactante. Parece prohibir directamente cualquier tipo de deseo mimético:

> No codiciarás la casa de tu prójimo; no codiciarás la esposa de tu prójimo, ni su siervo, ni su criada, ni su buey, ni su asno, ni cosa alguna de tu prójimo. (Éxodo, 20:12).

Mientras que el resto de los mandamientos prohibitivos condenan actos, el décimo mandamiento prohíbe cierta clase de deseo. Girard resalta que la palabra en hebreo que suele traducirse como «codiciar» significa algo más sencillo: «deseo». Leídas bajo la lupa del deseo, estas historias bíblicas cobran un significado antropológico enriquecedor[35].

Pero si el deseo mimético es universal, una parte constituyente de quiénes somos como humanos, ¿cómo es posible que uno de los diez mandamientos lo prohíba? El décimo mandamiento prohíbe el deseo *competitivo.* Lo prohíbe porque conduce, como ya hemos visto, a la violencia.

El resto de las escrituras puede interpretarse como un recuento de esa violencia, con advertencias por todas partes. En la Torá, el ejemplo más prominente del mecanismo del chivo expiatorio está en la historia de José, hijo de Jacob. Los once hermanos mayores de José lo venden como esclavo en Egipto porque siento envidia de que sea el hijo favorito de Jacob. Es el caso de todos contra uno. En otra versión de la historia, como en nuestra fiesta en la piscina, José sería acusado de algo que garantizara su expulsión y su sacrificio. Sin embargo, en la narrativa bíblica, todos ven que él es completamente inocente.

Cuando llega a Egipto como esclavo logra que lo liberen, y con el tiempo se gana el respeto de los líderes del país y obtiene una posición de poder. Luego ocurre de nuevo. José, el extranjero, es acusado falsamente de haber cometido un crimen. Pero, una vez más, el lector lo defiende por completo. Una y otra vez, José es representado como la víctima inocente de las acusaciones injustas y la violencia.

Finalmente, al terminar la historia, José se convierte en el visir, el segundo al mando después del faraón. Sus hermanos llegan a Egipto suplicando ayuda en medio de una larga hambruna e interactúan directamente con José sin reconocerlo.

José no quiere pagar la violencia que sufrió con más violencia. Él no es como el conde de Montecristo de Alejandro Dumas, quien planea con detenimiento la venganza de todos los que le causaron daño. En lugar de eso, José perdona a sus hermanos. Pero no sin ponerlos a prueba.

José hace creer que su hermano Benjamín es un ladrón y lo arrestan. José les hace creer a sus hermanos que él se llevará al inocente Benjamín y que hará lo que desee con él como castigo por su crimen. Pero uno de los hermanos, Judá, se ofrece como voluntario para ocupar el lugar de Benjamín. Esto permite que José vea que han cambiado. El ciclo destructivo se ha roto. Conmovido por su acto, José revela su verdadera identidad ante ellos. Tanto José como Judá se niegan a participan del mecanismo del chivo expiatorio.

Ya en el libro del *Génesis*, Girard ve expuesto el mecanismo del chivo expiatorio. Advierte la exposición completa del mecanismo en un evento que aparece mucho más adelante en las Escrituras.

* * *

Girard instaba a todos, sin importar sus creencias religiosas (o la falta de ellas), a prestar atención a lo que ocurrió en la crucifixión de Jesús.

Girard interpretó esta historia más que nada como antropólogo. Descubrió que el comportamiento humano funciona de modo diferente al que había visto en todas sus otras interpretaciones de la historia de la humanidad.

La multitud intentó convertir a Jesús en su chivo expiatorio, pero el mecanismo fue alterado de un modo radical, y esa es una de las razones por las que ha tenido una importancia cultural tan duradera, incluso desde el punto de vista histórico.

La crucifixión de Jesús fracasó en unir a la comunidad de manera unánime contra un chivo expiatorio. Hizo lo contrario: causó una enorme división. Durante un período breve, la crucifixión *pareció* haber obtenido el efecto deseado. La multitud se tranquilizó y el orden fue reinstaurado temporalmente. Pero muy poco después de la muerte de Jesús, un grupo reducido de personas (aquellas que conocían a Jesús de manera íntima) proclamaron su inocencia y aseguraron que estaba vivo.

Apareció entonces una división entre quienes querían preservar el antiguo orden sacrificial y aquellos que veían el mecanismo del chivo expiatorio como lo que era: un mecanismo sacrificial injusto.

Los Evangelios son radicalmente diferentes de los relatos griegos y romanos y de otros mitos comunes. En las narrativas paganas sobre violencia unánime, el lector o el oyente tiene la impresión de que la violencia fue ejercida contra alguien culpable, merecedor del castigo. Eso es porque las únicas personas que quedan para contar la historia son las que crearon al chivo expiatorio [36]. Las historias están narradas desde el punto de vista de los perseguidores, que creían sinceramente en la culpa del chivo expiatorio. En la crucifixión de Jesús, la idea era que el lector se identificase con la multitud, pero también que viese *la estupidez de la multitud* y mirase más allá, para finalmente, por primera vez, acercarse a la verdad sobre la violencia humana.

He contado la historia de la fiesta en la piscina desde el punto de vista de un narrador omnisciente que sabía que el chico que había ido en busca de cerveza era inocente. Si uno de los asesinos hubiera sido el narrador en mi lugar, nunca habrías sabido que el chivo expiatorio no había hecho nada para merecer la furia del grupo. Habrías escuchado solo una interpretación del hecho y ni siquiera habrías buscado otra. En síntesis, habría sido la misma versión para todos los que estaban dentro de la piscina: la víctima era culpable.

He contado la historia como *alguien consciente del mecanismo del chivo expiatorio.* Así era como funcionaban los Evangelios. Por primera vez en la historia, la narración se hacía desde el punto de vista de la víctima. Girard considera esto un punto de inflexión decisivo: el momento en el que el mecanismo del chivo expiatorio empezó a perder su poder absoluto. La narración obligaba a que las personas lidiaran con su propia violencia. Había desaparecido el velo que cubría el ciclo recurrente de violencia en la historia de la humanidad[37].

Quitar el velo, como todos sabemos, no erradicó la violencia. La revelación ha funcionado en el tiempo lentamente. Pero no es una revelación reversible. Si el mundo moderno parece estar enloqueciendo, en parte es porque somos extremadamente conscientes de las diversas maneras de explotación y de violencia ejercidas contra víctimas inocentes, pero simplemente no sabemos qué hacer al respecto. Es como si nos hubieran contado algo terrible que no queríamos saber y que no tenemos poder para reparar por completo por nosotros mismos. Y esa es la receta para la locura colectiva.

Aquellos de nosotros que crecimos en culturas que han sido afectadas por esta historia tenemos tan inculcada la preocupación por las víctimas inocentes que es fácil olvidar cómo se han formado en primer lugar algunas de nuestras convicciones más férreas.

Hay cosas a las que, una vez que se las ha visto, es imposible dejar de verlas.

AUTOPERCEPCIÓN, AUTOODIO

«Estudia las fuentes antiguas, pregunta por todas partes, excava en los rincones del planeta, y nunca hallarás nada en ningún sitio que sea siquiera remotamente parecido a nuestra preocupación moderna por las víctimas», escribió René Girard[38]. Piensa en cuán peculiar es esto.

En el presente, tenemos una sensibilidad tan exacerbada ante las víctimas inocentes que encontramos nuevas injusticias de las que acusarnos diariamente. Nos incomoda mucho pensar en que un inocente reciba un mal trato. ¿De dónde vino este espíritu apasionado por defender a las víctimas?

¿Provino del la Ilustración? ¿De la concepción de que ahora somos personas más inteligentes y racionales que pueden juzgar el pasado desde una postura mejorada e ilustrada? ¿O vino de otro lugar completamente distinto?

* * *

Según Girard, nuestra conciencia cultural viene de las historias bíblicas. La conciencia no puede haber surgido por pensar demasiado en ella. Teníamos un punto ciego porque éramos parte del crimen. Los eventos narrados en la Biblia nos muestran algo que ninguna cantidad de raciocinio notó o podría haber notado: la inocencia de las víctimas.

Éramos como una persona con un clavo en la cabeza, devanándonos los sesos para saber qué causaba nuestro dolor… hasta que alguien simplemente sostuvo un espejo delante de nuestro rostro. El efecto es el mismo para cualquiera que haya crecido en una cultura marcada por estas historias de alguna manera, incluso si no estás familiarizado con ellas, porque han tenido miles de años para impregnar la tela de nuestras vidas.

La cultura occidental se ha desarrollado firmemente alrededor de la defensa de las víctimas. Durante los últimos doscientos años, ha habido avances enormes en leyes públicas y privadas, políticas económicas y legislación penal para proteger a los más vulnerables. Los hospitales civiles (no militares) surgieron en el siglo cuarto[39]. Los monasterios de la Edad Media protegían a ancianos y a moribundos, a viajeros y a huérfanos. Funcionaban, como diríamos hoy en día, como una red de seguridad social. Protegían a las víctimas. En la actualidad, los movimientos provida y proelección hablan el lenguaje de las víctimas a su manera. No hay lenguaje más poderoso.

Una de las grandes ironías del mundo moderno es que las democracias occidentales como Estados Unidos, donde hay separación entre Iglesia y Estado, han convertido la defensa de las víctimas en una obligación moral absoluta incluso a pesar de haber suprimido en gran parte la religión de la vida pública. Es como si dijeran: «Nosotros nos ocuparemos por vosotros de defender a las víctimas inocentes, judíos y cristianos, y os enseñaremos: seremos incluso mejores que vosotros defendiéndolas». Y, en muchos casos, es así.

Como respuesta, muchas personas religiosas han convertido a la cultura secular en un rival mimético. Las guerras culturales son una rivalidad mimética gigante con muchas caras, una hidra con mil cabezas: un rival del que cada bando debería tener la sabiduría de alejarse.

* * *

El avance de los derechos humanos como los conocemos nació en parte por el reconocimiento indirecto de que cualquiera puede convertirse en un chivo expiatorio en las circunstancias correctas. Después de que aproximadamente setenta y cinco millones de personas fueran asesinadas en la Segunda Guerra Mundial, Naciones Unidas emitió la Declaración Universal de los Derechos Humanos, que protege los derechos humanos fundamentales aplicados a todas las personas. Se tradujo a más de quinientos idiomas y dialectos. La creación de la Declaración surgió, en gran parte, de la impactante cantidad de víctimas inocentes durante el transcurso de la guerra.

Estos avances han cambiado drásticamente el balance de poder. Antes, la mayoría de las víctimas carecían por completo de poder para defenderse. Actualmente, nadie posee más influencia cultural que alguien que ha sido reconocido como víctima. Es como si los polos de los campos magnéticos de la Tierra cambiaran de sitio como sucede cada cien mil años. El mecanismo del chivo expiatorio ha variado tanto que hay un aparente *mecanismo del chivo expiatorio revertido*, en el que se reconoce que una víctima inocente ha sido maltratada con brutalidad y luego aparece una ola de apoyo alrededor de esa persona.

El mecanismo del chivo expiatorio original llevaba el orden al caos, pero el orden dependía de la violencia. El proceso inverso crea caos en medio del orden. El caos tiene la intención de sacudir un sistema «ordenado» basado en la violencia, hasta que ocurra algo serio para cambiarlo. La muerte de George Floyd en Estados Unidos en mayo del 2020 es un ejemplo destacado.

Obviamente, la defensa de las víctimas es algo bueno. Pero, al mismo tiempo, origina nuevos peligros. Del mismo modo en que los rituales de crear chivos expiatorios en las religiones arcaicas eran ciento por ciento prácticos (es decir, se utilizaban para alcanzar un fin práctico), también la defensa de las víctimas puede utilizarse para estos fines. James G. Williams, en el prólogo de una de las obras más famosas de Girard, *Veo a Satán caer como el relámpago*, intentó resumir el pensamiento de Girard al respecto: «La victimización utiliza la ideología de la preocupación por las víctimas para ganar poder político, económico o espiritual», escribió. «Uno se declara como víctima como modo de obtener una ventaja o justificar el comportamiento propio» [40]. Ahora, las víctimas detentan el poder de crear nuevos chivos expiatorios escogidos por ellas mismas.

Es necesaria la memoria honesta y abierta para evitar que el poder se vuelva tiránico.

* * *

Los profetas del antiguo Israel fueron sistemáticamente ridiculizados y convertidos en chivos expiatorios. Muchos fueron asesinados. Los fariseos, una secta religiosa de la Palestina del siglo I, alababan a aquellos profetas antiguos y construían monumentos en su honor. Los fariseos condenaban la violencia y respetaban la ley meticulosamente. Afirmaban que, si hubieran vivido en la época de sus ancestros, no habrían matado a los profetas [41].

Y luego colaboraron en la muerte de Jesús.

Esta es la mentalidad precaria de aquellos que viven actualmente y reflexionan sobre quienes vivieron en la Alemania nazi, en la Rusia soviética, en Estados Unidos en los años cincuenta o en la época de Cristo, y juran que ellos jamás hubieran formado parte de semejante ideología, racismo o demagogia. Eso es precisamente lo que hace que el mecanismo del chivo expiatorio sea posible: la idea de que no eres capaz de implementarlo. La falta de humildad para ver que todos estamos involucrados en procesos miméticos.

Aleksandr Solzhenitsyn, que pasó ocho años en campos de trabajo forzado (el Gulag) de la ex Unión Soviética y vio a su país caer en la incoherencia y la maldad, más adelante en su vida reflexionó lo siguiente: «¡Si fuera tan simple!», escribió. «¡Si por un lado existieran hombres malos que tramasen malignamente actos oscuros y bastase con distinguirlos de los demás y destruirlos! Pero la línea que divide el bien del mal atraviesa el corazón de cada ser humano. ¿Y quién está dispuesto a destruir un fragmento de su propio corazón?»[42].

SEÑALES DE CONTRADICCIÓN

Como hemos mencionado, uno de los carteles de Jenny Holzer en Times Square suplicaba: PROTÉGEME DE LO QUE QUIERO. Llamó la atención porque era una señal contradictoria. A través del intenso contraste con su entorno, el mensaje del arte de Holzer capturó una atención descomunal. Y a través de él, las personas comenzaron a reflexionar con mayor honestidad sobre sí mismas. El mensaje no fomentaba la rivalidad, la culpa ni la violencia, sino que invitaba a la autorreflexión y quizás incluso a la transformación. No era necesario que la cultura consumista tuviera la última palabra.

Del mismo modo, la crucifixión de Jesús está en el centro de la historia de la humanidad generando un contraste intenso con todo lo que la rodea: las políticas del Imperio Romano, la ejecución violenta de los criminales y la narrativa dominante. Nos lleva a realizar una reflexión honesta sobre nuestro propio papel en el continuo ciclo de violencia. Lo mismo hacen los nuevos chivos expiatorios del mundo, que aparecen diariamente... si es que tenemos los ojos para verlos.

* * *

La autora estadounidense Úrsula K. Le Guin escribió en 1973 una novela corta titulada *Los que abandonan Omelas*. La historia transcurre en una útopica ciudad ficticia plena de «felicidad» llamada Omelas. No conocemos dónde está ubicada o en qué período temporal nos encontramos. Solo sabemos que todos sus ciudadanos han hallado un modo de estructurar la sociedad para maximizar la felicidad de la comunidad entera.

Todos excepto uno, claro.

En medio de la descripción de uno de los festivales de verano en los que participan los ciudadanos, el narrador revela un secreto oscuro: el funcionamiento de la ciudad y toda su felicidad depende de la expulsión, el encierro, el aislamiento y la miseria eterna de un único niño al que mantienen prisionero debajo de la ciudad.

Cuando los ciudadanos de Omelas tienen edad suficiente para conocer la verdad, se quedan atónitos y asqueados. Pero, con el tiempo, la mayoría acepta esta injusticia por el bienestar y la felicidad de la ciudad.

Sin embargo, algunos ciudadanos abandonan la urbe. La historia termina con el narrador describiendo el destino hacia el que se dirige ese grupo reducido de personas: «El lugar adonde van es aún menos imaginable para nosotros que la ciudad de la felicidad. No puedo describirlo, en absoluto. Es posible que no exista. Pero parece que saben muy bien a dónde se dirigen los que se alejan de Omelas» [43].

La ciudad entera sabe que hay un niño debajo de la urbe, pero solo unos pocos la abandonan. El resto acepta el acuerdo. La mayoría lo hace.

«Cada persona debe preguntarse cuál es su relación con el chivo expiatorio», escribió Girard. «No conozco mi propia relación con él y creo que lo mismo se aplica a mis lectores. Solo tenemos enemistades válidas. Y, sin embargo, el universo entero está plagado de chivos expiatorios» [44].

SEGUNDA PARTE

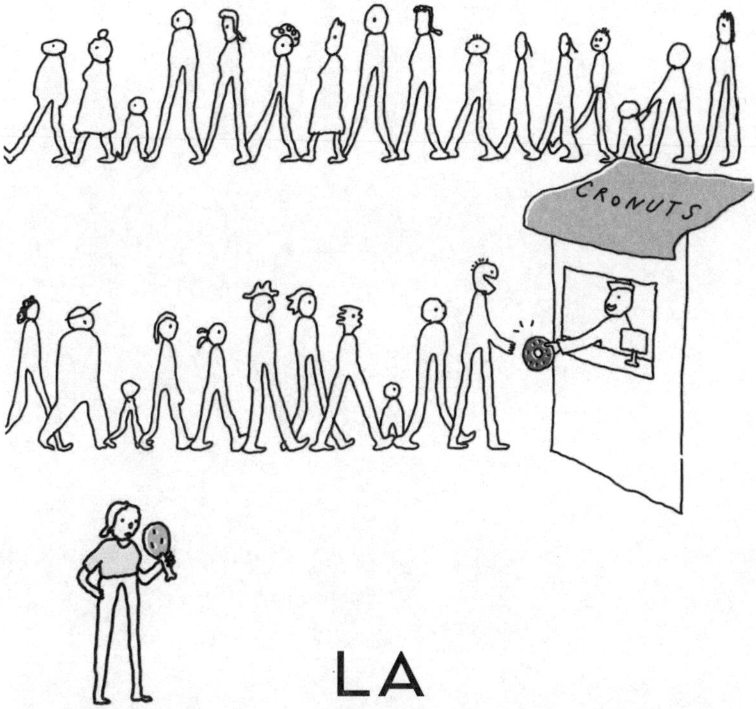

LA TRANSFORMACIÓN DEL DESEO

Ahora podemos salir al mundo y encontrar a todos los chivos expiatorios, señalar cada rivalidad y quizás incluso reírnos a costa de aquellos que aún están atrapados en la agonía quijotesca del deseo mimético. Pero ten cuidado. El mecanismo del chivo expiatorio funciona sobre la base de la distracción: cuanto más lo vemos en otros, menos lo vemos en nosotros mismos.

Por supuesto, podemos «usar» el deseo mimético, al igual que podemos usar la confianza, el corazón o el cuerpo de otros. Quizás eso nos ayude a reconocer el próximo Facebook. O a ser un mejor artista. O a ganar mucho dinero en un mercado de valores inestable.

Pero será un pacto fáustico. Nos atrapará en rivalidades y evitará que hagamos el arduo trabajo de encontrar y perseguir esos deseos que al final llevan a la realización personal.

David Foster Wallace dijo una vez que para vivir en un mundo en el que internet abarca cada vez más aspectos de nuestras vidas y ofrece porno cada vez más sofisticado (como una versión de realidad virtual), «tendremos que desarrollar alguna clase de mecanismo real en nuestras entrañas que nos ayude a lidiar con eso»[1].

Y necesitaremos un mecanismo que también nos ayude a responder de mejor manera ante las imágenes que vemos en el ciclo de noticias de veinticuatro horas, ante el ambiente político polarizado y ante otros aceleradores miméticos como la tecnología sin fricción que elimina cada barrera de control.

Tendremos que desarrollar un mecanismo en nuestras entrañas que nos ayude a resistir ante la mímesis peligrosa. Eso requerirá ser en cierto modo antimimético, lo cual exploraremos en esta segunda parte.

¿Qué significa esto? No es que debamos (o podamos) estar libres del deseo mimético. Ser antimimético no es como el concepto de «antifrágil» de Nassim Nicholas Taleb: no es simplemente lo contrario a lo mimético. Ser antimimético es tener la capacidad, la libertad, de contrarrestar fuerzas de deseo destructivas. Algo mimético es un acelerador; algo antimimético es un desacelerador. Una acción antimimética (o una persona) es una señal de contradicción en una cultura que disfruta dejándose llevar por la corriente.

La segunda mitad de este libro trata sobre desarrollar aquello dentro de nuestras entrañas, sobre desarrollar la habilidad de resistir a los reflejos sociales instintivos, de separarnos de la multitud ensordecedora, de renunciar al atractivo de los deseos fáciles para desear de manera diferente y desear más.

5

ANTIMIMÉTICO

Alimentando al pueblo, no al sistema

Cuestionar el deseo... Descubrir los orígenes... Abandonar.

—¿A qué le teme, mi señora? —preguntó él.

—A una jaula —respondió ella—. A empuñar sus barrotes hasta que la edad y la costumbre los acepten, y toda opción al valor ceda al recuerdo y al deseo.

—J. R. R. Tolkien

«Hay momentos clave en la vida en los que nos hacemos preguntas», dice Sébastien Bras. Bras es un chef famoso cuyo restaurante insignia, Le Suquet, atrae a multitudes a pesar de estar ubicado en medio de la nada. «Preguntas como: ¿qué hemos hecho en el pasado, dónde estamos hoy, y qué queremos para el futuro?».

Las ventanas de su oficina brindan una vista de ciento ochenta grados a su cocina, que está llena de personal preparando la cena para el servicio de esa noche. Pero yo apenas noto su presencia. Bras es asertivo y habla con firmeza. En respuesta a varias de mis preguntas, él comienza a enumerar cuántas cosas dirá al respecto; piensa en listas, como recetas.

Dice que quiere contarme más sobre tres momentos que definieron de su carrera: el primero, cuando su padre, Michel Bras, abrió el restaurante en 1992 en la meseta de Aubrac, al sur de Francia; el segundo, cuando Michel obtuvo por primera vez tres estrellas Michelin en 1999; y el tercero, el día de 2009 en que Sébastien se sentó por primera vez en la silla en la que está ahora, detrás de lo que solía ser el escritorio de su padre, lo que marcó la transición del restaurante de una generación a la otra.

Pero ahora había un cuarto momento importante. En junio de 2017, Sébastien le había dicho a la guía Michelin (la institución sagrada de ciento veinte años de existencia que le había otorgado a Le Suquet su distinción máxima, tres estrellas, durante diecinueve años consecutivos) que él ya no estaba interesado en sus estrellas o en su opinión. Les pidió que quitaran el restaurante de la guía.

¿Cómo es posible que alguien deje de querer algo que ha deseado toda la vida?

MOVIENDO POSTES

El autor James Clear escribe en su libro *Hábitos atómicos: cambios pequeños, resultados extraordinarios:* «No te elevas al nivel de tus metas. Desciendes al nivel de tus sistemas»[1]. Desde el punto de vista del deseo, nuestros objetivos son producto de nuestros sistemas. No podemos desear algo que está fuera del sistema de deseo que ocupamos.

La obsesión por determinar objetivos es engañosa, incluso contraproducente. Determinar un objetivo no es malo. Pero cuando la atención está puesta en cómo ponerse objetivos en lugar de en cómo escogerlos en primer lugar, es fácil que las metas se conviertan en instrumentos de autoflagelación.

La mayoría de las personas no son completamente responsables de la elección de sus propios objetivos. Las personas persiguen metas que se les ofrecen en sus sistemas de deseo. En general, los modelos escogen objetivos *por* nosotros. Y eso significa que los postes están siempre en movimiento.

* * *

Algunas modas sobre definir objetivos: que las metas no sean vagas, grandiosas o triviales; asegúrate de que sean SMART (del inglés, específicas, mesurables, asignables, relevantes y basadas en el tiempo)[2]; que sean FAST (otro acrónimo del inglés: frecuentes, ambiciosas, específicas y transparentes)[3]; que tengan buenos OKR (del inglés, objetivos y resultados clave)[4]; escríbelas; compártelas con otros para rendirle cuentas a alguien. Determinar objetivos se ha vuelto muy complicado. Si alguien intentara poner en práctica todas estas estrategias de moda, sería un milagro que lograra siquiera definir un objetivo[5].

No me malinterpretes: quizás algunas de estas estrategias sean útiles. Si quiero perder peso, ayudaría definir objetivos específicos, medibles, asignables, relevantes y basados en el tiempo. Pero, para empezar, no es inmediatamente obvio que perder peso sea un buen objetivo para mí. ¿Por qué quiero perder unos kilos? ¿Y si tengo un peso saludable y quiero perder kilos solo para parecerme más a alguien que he visto en Instagram?

* * *

Las personas determinan objetivos y hacen planes para llegar a un punto en el futuro llamado «avance». Pero ¿será un avance? ¿Cómo podemos saberlo con certeza? Sébastien Bras definió el objetivo de mantener su restaurante en el rango de las tres estrellas Michelin y persiguió la meta con determinación. Luego, un día se dio cuenta de que esa persecución estaba matándolo. Algunos objetivos, incluso los buenos, perduran demasiado.

¿Has notado que los objetivos poseen un estatus irreprochable e intocable? ¿Quieres correr un maratón? Las personas aplaudirán tu determinación. ¿Te presentas para el puesto de concejal? Cuentas con su apoyo.

¿Quieres vender tu casa y mudarte a la parte trasera de una furgoneta? Genial, el esencialismo está de moda. Nadie cuestionará tus objetivos.

Pero vale la pena preguntarse de dónde provienen los objetivos en primer lugar. Cada meta está incrustada dentro de un sistema.

El deseo mimético es el sistema no escrito y no reconocido detrás de ciertos objetivos visibles[6]. Cuanto más saquemos a la luz ese sistema, menos probable es que seleccionemos y persigamos los objetivos erróneos.

SISTEMAS MIMÉTICOS

El sistema educativo de Estados Unidos, la industria de capital de riesgo, el fraude de publicar o morir para los académicos y las redes sociales son ejemplos de *sistemas* miméticos: los sostiene el deseo mimético.

En los institutos de secundaria de Estados Unidos, la mayoría de los estudiantes organiza su energía alrededor de las solicitudes a las universidades, como la nota media final, las evaluaciones estandarizadas y las actividades extracurriculares. Muchos institutos tienen el objetivo de obtener el 100 % de «aceptación universitaria», a pesar de que muchos alumnos universitarios sienten que ya no vale la pena efectuar esa inversión y terminan ahogados en deudas.

Los estudiantes han perdido de vista la teleología, o el objetivo final, del sistema educativo[7]. Cuando estás en quinto de primaria, sabes con claridad que tu objetivo es pasar a sexto curso, y continúa así hasta llegar al duodécimo curso; a estas alturas has pasado los últimos cuatro años de tu vida preparándote para algo llamado «universidad» siguiendo guías definidas con atención (es probable que incluso tuvieras un consejero universitario que te asesoraba sobre a qué universidades deberías presentarse según tu información personal).

La universidad es donde la teleología se vuelve aún menos clara. ¿El objetivo es tener un buen empleo? ¿Cursar estudios de posgrado? ¿Ser una persona equilibrada capaz de tener pensamiento crítico? ¿Ser un buen ciudadano? Cuando empecé mis estudios universitarios en la escuela de negocios de Stern, no tenía idea. Así que ¿qué hice? Busqué a mi alrededor para ver qué hacían todos los demás; qué parecían *querer* todos los demás. Había un objeto de deseo claro: Wall Street. Así que luché por ello y obtuve lo que creía que quería. Y así fue como empecé mi miserable carrera de quince meses en Excel avanzado y PowerPoint.

Los fondos tradicionales de capital de riesgo funcionan en un sistema mimético. Necesitan obtener ganancias extraordinarias de sus inversiones para justificar los riesgos que asumen. Muchos solo invierten en empresas que tienen el potencial de ganar diez veces más de lo que invirtieron en cuestión de cinco a siete años. Debido a la línea temporal de sus inversiones, los inversores prefieren empresas tecnológicas que puedan crecer rápido en lugar de empresas gastronómicas que quizá crezcan de modo constante, pero que aumentan la ganancia en veinte o treinta años. Buscan ramen instantáneo, no risotto.

La demanda de los inversores respecto de operaciones que garanticen un éxito veloz aumenta el atractivo de empresas emergentes de tecnología o emprendedores tecnológicos. Un sistema mimético cobra forma. Funciona no solo por incentivos económicos y ganancias financieras (que sin duda influyen), sino también por el prestigio y la validación que conlleva recibir la financiación del inversor correcto. Otorgan estrellas Michelin en forma de cheques de inversión. Y los inversores reciben los beneficios de haber apostado por empresas jugosas y CEO reconocidos.

Las redes sociales prosperan a partir de la mímesis. Twitter alienta y mide la imitación demostrando cuántas veces se ha retuiteado cada publicación. Es más probable que las personas usen Facebook cuanto más involucradas estén con modelos miméticos, rivales cuyas publicaciones pueden rastrear y comentar.

Cuanto mayores sean las fuerzas miméticas de una plataforma de redes sociales, más personas querrán utilizarla. Si las empresas de redes sociales construyeran más mecanismos de fricción o de quiebre para el comportamiento mimético, reducirían la participación de los usuarios y, a largo plazo, sus ganancias; tienen incentivos financieros fuertes para *acelerar* el comportamiento mimético. Si dos personas discuten en una plataforma de redes sociales y atraen a otros a participar en la disputa, no es difícil ver quién gana: la plataforma.

Los sistemas de deseos, tanto los positivos como los negativos, están por todas partes. Prisiones, monasterios, familias, escuelas y grupos de amigos funcionan como sistemas de deseo. Y cuando hay un sistema mimético fuerte en funcionamiento, permanece en su sitio hasta que lo interrumpe otro sistema más fuerte[8].

Pocas personas han experimentado el sistema mimético de la *haute cuisine* francesa, pero puede servir para entender mejor los sistemas propios. Veamos cómo el chef Sébastien Bras entró al sistema, y cómo salió de él.

SER EL OBJETO DE OBSERVACIÓN Y EVALUACIÓN

El restaurante de Sébastien Bras, Le Suquet, está en la ladera de una colina a las afueras de Laguiole, Francia, a unas dos horas y media en coche desde cada una de las tres ciudades importantes más cercanas a él (Clermont-Ferrand, Toulouse y Montpellier). Aun así, el restaurante nunca tiene una mesa vacía a la hora de la comida o de la cena, algo que no pueden decir muchos restaurantes de tres estrellas Michelin que están en pleno París.

La pequeña ciudad de Laguiole está en la región de Aubrac, que es una meseta de granito que se extiende a lo largo de más de mil novecientos noventa y cinco kilómetros cuadrados, en la zona central del sur de Francia. La región es el hogar con la mayor riqueza en diversidad de flora y fauna del país. Gozan de la misma admiración los artesanos de la ciudad que fabrican cuchillos, las vacas robustas y elegantes de Aubrac que pastan por las colinas y el queso elaborado con la leche de esas vacas.

Conduje desde mi hotel en medio de Laguiole, ascendiendo gradualmente por una calle silenciosa que se extendía hacia las afueras de la ciudad. Al final de la ruta, se puede leer BRAS. Las finas letras están ornamentadas en un cartel hecho de vidrio esmerilado blanco plantado en el suelo y cubierto con flores silvestres, césped, hierbas y muchas cosas a las que tú y yo podríamos llamar «maleza», pero que son todas parte del menú.

Michel Bras, el padre de Sébastien, construyó este restaurante en una de las mesetas más altas de la zona. En la cima de la ruta escarpada, flota Le Suquet. La estructura moderna del restaurante, con un extremo asimétrico, está ubicada en la ladera de una colina. Con sus ventanales de techo a suelo en todos los lados, parece el observatorio de una nave espacial bien diseñada que lleva a exploradores sobrenaturales que vinieron en busca de *foie gras* y *aligot.*

En 1980, mucho antes de que se levantara este edificio más moderno en la meseta, Bras padre le presentó al mundo su *gargouillou,* un plato que contiene entre cincuenta y ochenta vegetales frescos seleccionados, hierbas y flores comestibles de Aubrac, preparadas en forma individual y acompañadas con un jamón curado cocido en *bouillon.* Hoy, está de moda enfocarse en ingredientes seleccionados locales, pero en esa época era como meter maleza en la comida[9].

Michel Bras era innovador, pero jugaba dentro de las reglas del sistema de estrellas de la guía Michelin. Su hijo, Sébastien, rompería las reglas. Muy pocos lo han hecho.

* * *

Cuando la mayoría de los chefs franceses inauguran un restaurante, esperan con pavor que un inspector Michelin (a quien pueden o no reconocer) atraviese la puerta principal.

Cualquier día, cualquiera de los cientos de platos que su cocina envía al comedor puede terminar frente a un inspector. Tras terminarse la comida, el inspector puede hacer alarde de sus credenciales y pedir ver la cocina. O tal vez se marche en medio del anonimato.

El veredicto del inspector tiene consecuencias que pueden cambiar la vida de alguien. Tener una estrella Michelin puede consagrar la carrera de un chef y ayudar a que un restaurante se vuelva financieramente sostenible. Que te quiten una puede iniciar una espiral de la muerte.

Los inspectores son como los «observadores», esos personajes misteriosos del cuento «Sonata sin acompañamiento» de Orson Scott Card. Un joven que vive en una sociedad distópica y autoritaria es declarado un prodigio musical. Le dan unas reglas estrictas que seguir respecto de cómo desarrollar su talento. Cuando rompe las reglas, una banda de hombres anónimos (los «observadores») aparece sin previo aviso, con cuchillos afilados en mano, para cortarle los dedos. O sigues las reglas, o pierdes la capacidad de tocar[10].

En 2013, los «observadores» Michelin abordaron a Bernard Loiseau, un chef de tres estrellas en Francia. Le dijeron que estaban preocupados por la falta de creatividad y de dirección artística de su restaurante e insinuaron que podría perder una estrella. (Gault Millau, otro crítico gastronómico de Francia, recientemente había bajado la puntuación del restaurante La Côte d'Or, de Loiseau, de 19/20 a 17/20). En esa misma época, después de un día lleno de trabajo en su cocina, Loiseau se suicidó.

En 1994, a los treinta y dos años, el chef británico Marco Pierre White era el chef más joven en haber recibido tres estrellas. En 1999, solo cinco años después, se retiró. «Respetaba demasiado a los inspectores Michelin y me subestimaba a mí mismo», explicó. «Tenía tres opciones: podía ser un prisionero de mi mundo y continuar trabajando seis días a la semana, podía vivir una mentira y cobrar precios altos sin estar detrás de la cocina o podía devolver mis estrellas, pasar tiempo con mis hijos y reinventarme»[11]. Fue el primer chef de tres estrellas en la historia en cerrar su restaurante y dar un paso al costado.

El chef parisino Alain Senderens, cansado de intentar seguir el ritmo, cerró su restaurante de tres estrellas y lo remodeló, lo cual lo mantuvo temporalmente lejos de Michelin. «Tengo ganas de divertirme», le dijo a *The New York Times* en 2005. «Ya no quiero alimentar mi ego. Soy demasiado mayor para eso. Puedo hacer una magnífica *cuisine* sin todas esas tonterías e invertir el dinero en lo que sirvo en el plato».

* * *

Cada uno de nosotros tiene su propia versión del sistema de estrellas Michelin. Es fácil encontrarnos queriendo conseguir «estrellas» como un chef francés: marcas de estatus y prestigio, medallas de honor. Nombrar las fuerzas miméticas que funcionan en los sistemas en los que operamos es un primer paso importante para tomar elecciones más intencionales.

Estrategia 8: IDENTIFICA LOS SISTEMAS DE DESEO DE TU MUNDO

Cada industria, cada escuela, cada familia, tiene un sistema de deseo particular que hace que ciertas cosas sean más o menos deseables. Conoce en qué sistemas de deseo vives. Es probable que lo hagas en más de uno.

El emprendedor e inversor de riesgo Marc Andreessen, en una publicación que realizó en abril de 2020 en la página web de su empresa a la que tituló «Es hora de construir», se preguntaba cómo era posible que tantos países occidentales estuvieran tan poco preparados (desde el punto de vista productivo) para el brote de COVID-19 en 2020. En un momento hubo escasez grave de respiradores, kits de detección, hisopos de algodón e incluso batas de hospital. La autocomplacencia y el malestar parecían abarcar otras áreas, incluso antes de la pandemia: la educación, la manufactura, el transporte. ¿Por qué los estadounidenses ya no estaban *construyendo* las cosas del futuro?, se preguntó[12].

El problema no es el dinero, el conocimiento o siquiera la falta de conciencia acerca de lo que es necesario. «El problema es el deseo», escribió Andreessen. «Necesitamos "querer" estas cosas». Pero reconocía que hay fuerzas funcionando que evitan que queramos construir lo que necesitamos: la captura regulatoria, los líderes de la industria, el estancamiento político. «El problema es la inercia», continuó. «Necesitamos querer esas cosas más de lo que queremos evitarlas».

Los sistemas de deseo fallidos, incapaces de adaptarse, han logrado que gravitemos hacia el camino de menor resistencia (monetizar vídeos de YouTube de personas que reaccionan a otros vídeos de YouTube, por ejemplo) y que carezcamos de la voluntad de construir las herramientas esenciales para la supervivencia y la prosperidad de la humanidad.

Si entiendes los sistemas de deseo que tiñen las elecciones de las personas a tu alrededor, es más probable que veas posibilidades emergentes si te atreves a mirar en direcciones distintas.

Haz visible lo invisible. Circunscribe tu mundo de deseos y obtendrás la habilidad (o al menos la posibilidad) de trascenderlo.

La guía Michelin es un intermediario, un mediador de deseo en el que miles de chefs buscan aprobación. Desde sus comienzos en 1900, cuando publicaron la primera guía, los hermanos Michelin comenzaron a poner en movimiento un ciclo de deseo.

Michelin utilizó marketing mimético. Si la empresa podía posicionarse como un modelo de deseo que indicara a qué restaurantes debería querer ir uno, Michelin pasaría de ser una compañía que vendía neumáticos a una empresa vendedora de deseo. Pasarían de ser Compaq a ser Apple.

A comienzos del siglo, había muy pocos coches en la calle. El plan de Michelin estaba basado en el *deseo futuro* de conducir que podrían tener las personas. Los creadores de la guía, que tal vez comprendían la naturaleza reflexiva del deseo, entendieron que podían desempeñar un papel importante al generar el mismo deseo por el que apostaban.

Para 1920, la guía había crecido y se había vuelto una de las publicaciones que más circulaba en el país. Actualmente, es una de las impresiones más veneradas.

No hay duda de que la guía Michelin aporta valor para millones de personas que la usan para encontrar una experiencia culinaria inolvidable o simplemente una comida deliciosa. François Michelin, su CEO desde 1955 a 1999, fue un líder ejemplar que personificaba un abordaje de los negocios centrado en el factor humano. Pero la guía se convirtió en algo que nadie en Michelin (y mucho menos al inicio de la empresa) pudo imaginar jamás: un sistema de deseo restrictivo y agobiante[13].

«Quedas atrapado en un sistema horroroso», dice Bras. «Si no respetas los códigos oficiales o no oficiales y las prácticas de la guía, corres el riesgo de bajar de categoría. Eso es terrible para la reputación del restaurante, para el ánimo de los chefs y para todo el equipo. Bajar de categoría significa fracasar».

Para poder escapar, Bras volvió al inicio.

EL CAMINO MENOS TRANSITADO

La verdad tiene una historia. No podemos conocernos a nosotros mismos sin saber la historia de nuestros deseos.

Mientras conversamos sentados en su oficina, Sébastien Bras, espontáneamente, recuerda su propia historia. «Mi habitación de pequeño estaba ubicada justo sobre la cocina del restaurante de mis padres. Me despertaba, me iba a dormir, y pasaba las tardes rodeado por los sonidos de la cocina: el servicio, el transporte de los productos desde el mercado, los momentos estresantes de la jornada laboral, los cocineros riendo mientras cerraban el día». Sus queridos recuerdos sobre la cocina fueron formativos.

«También pasé mucho tiempo haciendo caminatas por el Aubrac con mis padres», dice. «Cuando llegó el momento de escoger una profesión, pensé: ser cocinero implicaría quedarme aquí y continuar divirtiéndome. Todo fue porque no quería abandonar mi patio de juegos».

Bras puso a prueba su deseo. Viajó para estudiar bachillerato y seguir un programa de educación general. «Aprobé mis exámenes del bachillerato en economía para garantizar que ser chef era la profesión que quería. Quería asegurarme de que no estaba haciéndolo solo por tomar el camino fácil».

Recibió la confirmación que necesitaba: el deseo de convertirse en chef perduró y creció a lo largo del bachillerato. Continuaría poniéndolo a prueba una y otra vez mientras aceptaba su papel, pero podía dormir tranquilo sabiendo que primero había explorado todas las opciones.

Bras se comprometió con el restaurante de su familia. Amaba cocinar y sabía dónde se metía. «Mi objetivo por aquel entonces era ayudar a mi padre a obtener tres estrellas Michelin y conservarlas», dice.

Cuando Sébastien se unió a su padre, Le Suquet solo tenía dos estrellas Michelin. Conseguir la tercera fue esencial. Michelin otorga tres estrellas solo a los mejores restaurantes del mundo, lugares por los que vale la pena «viajar especialmente hasta allí», según la guía.

Dado que Le Suquet está ubicado en un sitio remoto, el restaurante dependía más que otros de esa distinción. Las estrellas de la guía permitirían que la familia Bras estableciera una base para su negocio y que el restaurante fuera conocido más allá de la región.

Le Suquet obtuvo la tercera estrella en 1999. Durante los diez años siguientes, el restaurante consiguió más prestigio y más adeptos.

Pero poco después de que Sébastien ocupara oficialmente el lugar de su padre en 2009, él y su esposa comenzaron a considerar el sistema Michelin no como un indicador de excelencia, sino como una fuente de presión y conformidad.

Estrategia 9: PON LOS DESEOS A PRUEBA

No te tomes los deseos al pie de la letra. Descubre a dónde llevan.

Siéntate con los deseos que compiten entre sí y proyéctalos hacia el futuro. Supongamos que tienes dos ofertas de empleo: la empresa A y la empresa B. Si tienes dos días para tomar la decisión final, pasa un día con cada empresa en tu imaginación. El primer día, imagínate con el mayor detalle posible que estás trabajando en la empresa A y cumpliendo los deseos que conlleva ese puesto: tal vez, vivir en una nueva ciudad, interactuar con gente inteligente y estar más cerca de tu familia. Presta mucha atención a tus emociones y a lo que sucede en tus entrañas. El día siguiente, haz lo mismo, solo que en la empresa B. Compáralas.

El mejor modo de poner a prueba los deseos, sobre todo las decisiones más importantes de la vida —como casarte con alguien, dejar el trabajo o crear una nueva empresa— es practicar este mismo ejercicio pero haciéndolo mientras te imaginas en tu lecho de muerte. ¿Qué decisión te dejaría más consuelo? ¿Qué decisión te provoca más agitación? Steve Jobs, en su discurso de graduación de Stanford en 2005, señaló: «Es muy probable que la muerte sea el mejor invento de la vida. Es el agente de cambio de la vida. Limpia lo viejo para dar paso a lo nuevo». En el lecho de muerte es donde quedan expuestos los deseos insatisfechos. Transpórtate allí ahora en lugar de esperar a más adelante, cuando tal vez sea demasiado tarde.

Muchos chefs de élite sienten que su ambición creativa se reduce después de haber logrado entrar en el panteón de los restaurantes de tres estrellas. Todo queda subordinado a conservarlas. Los chefs sienten más aprensión a correr riesgos. Los inspectores Michelin tienen expectativas. ¿Por qué arriesgarse a hacer algo que probablemente no será del agrado de los inspectores?

Los chefs saben que ciertos artículos tienen que estar en el menú: comidas hechas con ingredientes locales, elaboradas tablas de queso, múltiples opciones de postres, una carta extensa de vinos. También se espera que haya *sommeliers* de primera clase y un ejército de camareros y personal bien entrenado (lo cual tiene su coste).

Y la comida es solo el principio. Si el restaurante no está ubicado en una ciudad grande, es difícil que lo consideren para darle la mejor estrella Michelin si no tienen habitaciones para huéspedes en la propiedad. Los chefs también deben administrar hoteles para competir.

Maison Bras, parte de la red hotelera Relais & Châteaux, tiene once habitaciones para huéspedes y dos apartamentos en un complejo adjunto al restaurante.

Mientras conversamos en su oficina, finalmente llegamos al punto en el que le pregunto a Bras por qué tomó la decisión de devolver las estrellas. Me dice que Michelin intentó actuar como «juez y jurado»

«Hace seis o siete años», dice Bras, «vinieron a mi oficina para explicarme su nueva estrategia de marketing. Querían que comprara varios servicios comerciales y herramientas». Cada restaurante aparentemente tenía la libertad de usar o no las nuevas herramientas Michelin, pero a Bras eso no le gustó. «Michelin tenía la habilidad de juzgar y de destruir la reputación de cualquiera y, al mismo tiempo, podía venderle herramientas de marketing. Para mí no era aceptable».

Jugaba a un juego sin final y estaba exhausto. «En algún momento tienes que parar. Dejas de trabajar para ti o para tus clientes y solo lo haces de acuerdo con las supuestas expectativas de la guía».

Comenzó a preguntarse: «¿Escogí esta carrera para que la reputación de mi empresa dependiera de otra institución? ¿Queremos vivir otros quince años de estrés y de presión?».

MODELANDO UNA NUEVA MENTALIDAD

El Día del Padre de 2017, mientras hacía ciclismo de montaña en Aubrac, Bras se dio cuenta de que había algo que deseaba más que tener una buena posición en la guía Michelin. Quería crear platos nuevos que compartieran el *terroir* de su región con los demás, sin importarle lo que opinaran los inspectores Michelin.

Bras me contó que hacía mucho tiempo que no se había sentido completamente libre de probar experimentos culinarios. Ser capaz de expresar de manera creativa su amor por el Aubrac a través de la comida había sido su deseo primario y duradero desde que tenía memoria. Había olvidado cuánto significaba todo eso para él. Ahora quería retomarlo.

Cuando volvió de su paseo en bicicleta, ya había tomado una decisión. Aunque no había conversado con ningún otro chef sobre abandonar la guía Michelin y no había hablado al respecto con nadie más que con su esposa, sabía que era el momento de dar el siguiente paso. Bras llamó al director internacional de la guía, Gwendal Poullennec, y le pidió que quitaran a Le Suquet.

En los ciento veinte años de historia de la guía, la decisión de Bras no tenía precedentes. Los chefs habían intentado escapar del sistema cerrando, reubicando o reformando sus conceptos. Pero Bras no cambiaría nada de su restaurante. Mismo menú, mismos precios. Simplemente no quería que Michelin regresara.

* * *

La respuesta fue cortés, pero confusa. Bras no recibió ninguna indicación de que su solicitud hubiera sido aceptada.

En septiembre de 2017, Bras publicó un vídeo en Facebook pidiendo públicamente que lo retiraran de la guía. «Hoy, con cuarenta y seis años, quiero darle un nuevo significado a mi vida... y redefinir lo que considero esencial», dice en el vídeo, vestido con su uniforme de chef y con las colinas de Laguiole tras él[14].

«No les di opción», me dice Bras. Quería usar el poder de las redes sociales para movilizar la opinión del público a su favor. Funcionó. En una semana, el vídeo tenía más de un millón de reproducciones.

Bras no tuvo noticias de Michelin durante meses. Pero no es difícil imaginar las preguntas que se les pasarían por la mente. ¿Y si más chefs pedían la exclusión? ¿Qué significaría a largo plazo para el valor de la marca? ¿Y si Bras sentaba un precedente? ¿Un modelo?

En febrero de 2018, cuando publicaron la nueva guía, Bras descubrió que Le Suquet no estaba en ella. Era libre.

—¿Cómo te fue ese año? —pregunto.

—*Parfait.*

* * *

Ese año, Bras pasó más tiempo con su mujer y sus dos hijos. Llevaba menos peso sobre los hombros. Sentía la libertad de crear y de jugar. Había puesto un límite en lo que significaba «más» para él.

¿La decisión de Bras fue más fácil porque ya había obtenido las tres estrellas? Es probable. Sin duda, no pueden acusarlo de uvas agrias.

El término «uvas agrias» se popularizó en una de las fábulas de Esopo. Una zorra ve un racimo hermoso de uvas maduras colgando de una rama muy alta. Las uvas parecen listas para estallar, llenas de jugo. A la zorra se le hace agua la boca. Intenta saltar para agarrarlas, pero no llega. Lo intenta una y otra vez, pero las uvas siempre están fuera de su alcance. Finalmente, se sienta y concluye que las uvas deben estar agrias y que no vale la pena hacer el esfuerzo. Se aleja malhumorada. Al llamar así a las uvas, la zorra se inventó una narrativa en su mente para aliviar el dolor de la pérdida.

Si aceptaras esta noción sin sentido crítico, podrías creer que uno no puede odiar a los ricos legítimamente sin ser rico primero, o despreciar a las escuelas de élite sin haber sido admitido en una, o rechazar el deseo de tener tres estrellas Michelin sin primero haberlas ganado. Hacerlo sería autoengaño, resentimiento, debilidad.

No te creas esa mentira: que una persona tiene que entrar de lleno, jugar al juego mimético y ganarlo antes de poder salir de él con la conciencia clara.

Si rechazas una invitación para aparecer en el programa de televisión *The Bachelor* porque crees que es una farsa tonta, ¿eso implica que es como tus uvas agrias? ¿Solo puedes criticar el programa después de haberlo ganado? Por supuesto que no. «No lo descartes hasta no haberlo probado» es un argumento inmaduro.

Girard reconocía que el resentimiento es real... y que ocurre sobre todo en el mundo de la mediación interna (Novatolandia), cuando estamos dentro de un sistema de deseo sin distancia o crítica social respecto de él[15]. Pero solo la peor clase de cínico cree que cada renuncia está relacionada necesariamente con el resentimiento.

¿Habría sido más difícil para Bras renunciar a las estrellas si solo hubiera ganado dos y hubiera estado a punto de ganar la tercera por primera vez? Casi seguro que sí. Es el desafío al que nos enfrentamos todos los que hemos sido parte alguna vez de un sistema mimético (y, por lo tanto, todo el mundo).

En la adultez, somos libres de escoger los sistemas de deseo de los que formamos parte y de alterar la naturaleza de nuestra relación con otros. Cuanto antes ejerzamos nuestra voluntad en el proceso, más fácil será.

Rara vez se menciona un detalle de la fábula de Esopo: la zorra estaba sola. No tenía fuerzas miméticas que la influenciaran. Si hubiera habido solo un zorro más salivando por las uvas, no le habría sido tan fácil descartarlas por ser «agrias». Si hubiera habido un grupo de zorros que las quisieran, habría sido prácticamente imposible dejarlas. Pero sola, la zorra era una mentirosa romántica.

Si has llegado hasta esta parte del libro, tú ya no tienes ese lujo.

Podemos fingir que algo bueno es malo y quizás incluso que algo malo es bueno, pero es mucho más difícil para nosotros de lo que lo fue para la zorra porque tenemos que lidiar con otras personas que asignan valor, tanto bueno como malo.

Sébastien Bras probó las uvas y le parecieron agrias. ¿Tú necesitas probar para creer?

* * *

Bras fue capaz de apartarse porque cambió su vínculo con el juego.

«Vivimos en una sociedad en la que siempre nos piden más», me cuenta Bras. «Ser más fuerte, subir más alto, lograr cifras más grandes, ser siempre más grandioso y más exitoso. Pero creo que las personas tienen el deseo profundo de reconectar con los verdaderos valores de la vida. Valores que a menudo solemos olvidar». Para Bras, esos valores están centrados en su familia y en su deseo de crear y compartir la comida de la región de Aubrac sin miedo a represalias.

Si Sébastien es un modelo de deseo por haber ganado tres estrellas, entonces quizá también pueda ser un modelo por haber renunciado a ellas. «Creo que mi decisión reveló los deseos profundos de aquellos chefs que pensaban: "vaya, ¿alguien se ha atrevido a decirle que no al sistema? Tal vez yo también pueda hacerlo. Tal vez yo también pueda vivir mi vida"».

Durante casi una semana después de haber anunciado su decisión en Facebook, su teléfono sonó sin parar desde las siete de la mañana hasta las diez de la noche. Bras notó que las personas respondían de dos maneras ante su decisión. «Hablé con varios chefs de tres estrellas que comprendían a la perfección el motivo por el que lo hice», cuenta. «Pero hay chefs con una o dos estrellas cuyo único objetivo es obtener esa estrella adicional. No comprendían mi decisión».

* * *

En febrero de 2019, exactamente un año después de haber logrado su victoria inicial, Sébastien recibió una llamada. «Era domingo por la tarde, sobre las ocho, el día antes de que la guía de 2019 fuera publicada», me dijo. Del otro lado del teléfono estaba Poullennec. «Me comunicó que me volverían a incluir en la guía de 2019… con dos estrellas[16]».

—¿Y cuál fue tu reacción? —le pregunté.

—Me reí —respondió—. Me reí mucho.

6

EMPATÍA DISRUPTIVA

Derrumbando los deseos frágiles

Conversación hogareña con un sicario... Más sexo, menos envidia... Escucha empática.

VIVIAN WARD: Mira, me has hecho una oferta muy buena. Y hace unos meses, no hubiera habido problema. Pero ahora todo es diferente y tú has cambiado eso. Y no puedes volver atrás. Quiero más.

EDWARD LEWIS: Sé lo que es querer más.

Pretty Woman.

El único viaje de descubrimiento verdadero no consiste en visitar nuevos paisajes extraños, sino en mirar con nuevos ojos, contemplar el universo a través de los ojos de otro, de cien otros, observar los cientos de universos que cada uno de ellos contiene, que cada uno de ellos es.

—MARCEL PROUST

Dave Romero (un pseudónimo) tenía una tarjeta de visita que decía «especialista en relaciones con los clientes». Llegó a mi casa un viernes por la mañana después de no haber podido encontrarme en mi oficina cerca del centro de Las Vegas. Dave provenía de lo que llamaban «la antigua» Vegas, antes de los casinos con volcanes falsos y Michelob Ultra, cuando era el Salvaje Oeste con mala fama.

Trabajé con más de mil proveedores en mi empresa. Tenía un vínculo personal con cien de ellos. Cuando creé la compañía, mantenía conversaciones largas y divertidas con todos los representantes de ventas. Pero a medida que crecimos, invertí el tiempo en otras cosas. En ese momento, la mayoría de mis proveedores eran desconocidos para mí: enviaban productos, nosotros los vendíamos en nuestra página web y treinta días después pagábamos la factura.

Hasta que un día no pude pagar.

Era finales de 2008, después de que fracasara mi trato con Zappos. Ya había agotado mi crédito para mantener la empresa a flote mientras pensaba en cuáles serían los siguientes pasos. Había sentido alivio cuando el trato con Zappos había fracasado porque me había quitado el peso de mis deseos prestados... pero el alivio duró poco porque ahora me enfrentaba a la desagradable realidad de administrar una empresa en problemas.

En un intento por ganar tiempo, hice una lista de los proveedores a quienes les pagaría primero. Empresas que eran estrictas respecto de los plazos de pago (las que probablemente vendrían por mí si no les daba el dinero) eran las primeras de la lista; las empresas que sabía que tenían personas más relajadas a cargo de las deudas eran las últimas. Pero había un gran problema. La lista contenía solo empresas con las que yo tenía un vínculo personal. Las compañías desconocidas no estaban incluidas en la lista porque no sabía nada sobre ellas, así que no tenía información para evaluarlas.

Una empresa, la farmacéutica Fyre (no es un nombre real), para la que Dave Romero trabajaba como especialista en relaciones con los clientes, había estado en la caja negra. Mi decisión de excluirla de la lista de pagos prioritarios hubiera sido diferente de haber sabido que se rumoreaba que los fundadores estaban relacionados con el crimen organizado, que estaban involucrados con el tráfico de armas y que uno de mis competidores había desaparecido misteriosamente después de haberlos hecho enfadar.

Me enteré de esto preguntando en la industria después de que Dave Romero llegara a mi vida. Pero, en ese momento, ya era demasiado tarde.

* * *

Dave Romero tenía una coleta de cabello delgada y el rostro cetrino. Sus ojos angostos y sus patas de gallo marcadas daban la impresión de que podía leerte el alma. Caminaba con orgullo, con confianza. Imaginaba que era capaz de romper meticulosamente él solo los dedos de cinco simpatizantes del Vietcong con una botella de cerveza en un bar de Saigón y, a pesar de eso, despertar cada mañana, mirarse al espejo y pensar: *Soy el puto Dave Romero.*

Apareció en la puerta de entrada de mi casa a las siete de la mañana mientras yo me preparaba para pasear a mi perro. Cuando oí el timbre, creí que serían de nuevo los misioneros mormones. Pero ellos no visitan a las siete de la mañana. En lugar de eso, encontré a Dave en la entrada.

Había interactuado antes con Dave tres veces. La primera fue una desagradable llamada en la cual me informó que mi pago estaba atrasado; ofendido, respondí a gritos para defenderme y le enrostré mi excelente historial de pagos. La segunda fue una visita sin previo aviso a mi despacho, en la que me confrontó y me dijo que él no era un hombre paciente; lanzó unos dados en mi escritorio y se marchó. La tercera fue cuando apareció en un bar local durante el partido de fútbol del domingo (no tengo idea de cómo supo que yo estaría allí) y me dijo que «hablaba en serio» mientras se golpeaba un puño contra la palma de la mano como si estuviese ablandando carne. Los de seguridad expulsaron a Dave del bar. Mientras se iba, formó una pistola con la mano usando el pulgar y el índice y me apuntó con ella.

Esta era la cuarta visita de Dave y yo no sabía qué significaba eso.

Parecía diferente esta vez. Comenzó hablando de trivialidades. Me preguntó cómo estaba. Comentó sobre el tiempo. ¿Así era como funcionaba? ¿Era la farsa de la cortesía antes de que un tipo terminara muerto como en *Los Soprano*? Su tono amistoso me hizo sospechar.

Balbuceé respuestas nerviosas. Estaba de pie intentando ocupar todo el espacio posible de la puerta para evitar que mi perro, Axel, que estaba detrás de mí con el pelaje erizado, escapara. Dave estaba demasiado cerca de mí y parecía querer entrar a la casa.

Se aproximó aún más y bajó la voz.

—Por favor, ejem, ¿podrías saldar rápido esta deuda para el lunes en la mañana para que no tenga que… volver? —Hablaba despacio, con calma y de un modo cortés mientras giraba uno de los anillos ordinarios que tenía en la mano izquierda.

Era imposible que pudiera pagarle tan pronto.

Antes de que tuviera oportunidad de responder, continuó:

—Y, eh, oye, me he enterado de que mañana celebrarás aquí una barbacoa grande para la empresa.

Era verdad. Cada mes organizaba una barbacoa en mi casa e invitaba a algunos trabajadores. Pero esta vez, los había invitado a todos. Me preocupaba que fuera a ser nuestra última reunión si las cosas no cambiaban.

Pero ¿cómo se había enterado Dave Romero del evento?

—Yo… sí, pero… cómo…

—¿Puedo venir? —preguntó él.

No parecía una pregunta. Yo estaba cada vez más confundido y nervioso. Solo quería que Dave se marchara de mi porche.

—No, es decir, claro, sí, todos vendrán a partir de las siete, puedes pasarte. —Las palabras salieron de mi boca. Nunca había rechazado una petición de alguien que quisiera venir a una de mis fiestas… por supuesto, no a la cara de nadie. No sabía cómo hacerlo.

Y ahora había invitado a un sicario a mi casa.

* * *

Dave llegó con una botella de *whisky* Four Roses Single Barrel e insistió en que lo disfrutara con no más de un cubito de hielo. La fiesta fue todo un éxito. Después de que bebieran hasta la última gota y de que la última brasa de la parrilla se hubiera extinguido, nadie quería irse a casa. Incluyendo a Dave Romero.

Dave estaba sentado con algunos de nosotros alrededor del fuego. Yo ya había sudado dos camisetas y pensé que necesitaría cambiarme de nuevo al finalizar la noche.

Dave se había mostrado tímido respecto de la verdadera razón de su asistencia. Yo no le había contado a nadie sobre mi interacción con él el día anterior. Solo unas pocas personas de la empresa además de mí habían interactuado con la farmacéutica Fyre al cumplir con su trabajo. La mayoría no sabía quién era Dave. Cuando le preguntaban, él decía: «Trabajo con Luke». Y eso era todo. Nadie hablaba sobre el trabajo y a nadie le importaba. A veces yo invitaba a algún desconocido a estas barbacoas, así que todos asumieron que Dave era otro de mis amigos raros.

Dave, que había pasado la mayor parte del tiempo en silencio sentado con nosotros alrededor del fuego, habló cuando hubo un receso en la narrativa.

—¿Qué es lo menos saludable que habéis hecho? —preguntó.

Yo admití que me había comido una hamburguesa con queso doble dentro de dos rosquillas Krispy Kreme glaseadas, en medio de una borrachera en la universidad. Paul dijo que había tenido bastante sexo sin protección mientras vivía en Tailandia. Jessica dijo que antes consumía drogas. Su marido, Tom, compartió que había revertido la hipoteca de su hogar en secreto para hacer una apuesta arriesgada en el mercado de valores mientras esperaban a su primer hijo.

—Yo maté a un hombre —dijo Dave.

Miré el fuego, contemplando cómo las llamas lamían los troncos, preguntándome si lo habría oído bien. Sentí los ojos de Dave en mí y los de todos en él. El fuego se apagaba. Lancé un malvavisco que había sobrado y lo observé arder.

Dave se levantó de su asiento y se inclinó sobre sus pies gordos.

—¿Qué os gustaría hacer si dejarais de preocuparos tanto por el maldito dinero?

—No lo sé —dije—. Primero tendría que dejar de preocuparme tanto por el dinero.

Durante la próxima hora, Dave les hizo preguntas cada vez más personales a todos alrededor del fuego, preguntas que en general se responden en un funeral y no en una reunión casual de trabajo. «¿Qué es lo más satisfactorio que habéis hecho? ¿A quién habéis amado profundamente? ¿A dónde vais cuando queréis acallar el dolor?».

Dave se mostraba vulnerable, así que los demás también lo hacían. Dave nos contó que quería usar la última década de su vida (y estaba convencido de que era la que estaba viviendo) para cumplir con algunas promesas que les había hecho a varias personas, como llevar a su sobrino a tirarse en paracaídas, visitar una vez al mes a los presos y abandonar su línea de trabajo actual.

Era pasada la medianoche cuando las personas comenzaron a partir. Dave fue uno de los últimos en marcharse. Le estreché la mano y le dije que me pondría en contacto para que pudiéramos solucionar todo. Él se rio y me puso las manos sobre los hombros.

—Me caes bien, Luke, ¿sabes? —Me dio una palmada en la espalda y salió por la puerta para tomar un taxi.

Más tarde, esa misma semana, me enteré de que Dave había tenido un paro cardíaco y había muerto. Alguien en la farmacéutica Fyre me dijo que Dave no era un empleado, sino que era un socio, y que él había dicho que estábamos «en buenos términos». Nunca más volví a hablar con ellos.

* * *

Lo que ocurrió esa noche es algo que ahora reconozco como empatía disruptiva [1]. El ciclo de conflicto que surge de la mímesis desenfrenada (como la de un recaudador y un deudor que responden miméticamente a la agresión del otro) se arruinó. Hubo una intromisión inesperada de empatía, algo que trascendió el momento.

El miedo, la ansiedad y la furia se amplifican fácilmente por la mímesis. Un compañero me envía un correo que parece cortante o irrespetuoso, yo respondo del mismo modo; mi amigo alza la voz en una discusión, yo también lo hago; y, así, la agresividad pasiva se propaga como un incendio forestal, más allá de dos personas y a través de toda una cultura institucional.

René Girard utiliza un ejemplo en apariencia trivial sobre un apretón de manos que sale mal para ilustrar lo arraigada que está la mímesis... y cómo explica cosas que en general atribuimos simplemente al hecho de ser «reactivos». No hay nada trivial en un apretón de manos. Imagina que tú me tiendes la mano y yo no la estrecho. No imito tu gesto ritual. ¿Qué sucede? Te sientes inhibido y tímido... probablemente igual, y probablemente más, de lo que sentiste que te hice. «Suponemos que no hay nada más normal, más natural que esa reacción y, sin embargo, una reflexión momentánea revelará su carácter paradójico», escribe Girard. «Si me niego a estrecharte la mano, básicamente me niego a imitarte, y luego tú eres quien me imita reproduciendo mi rechazo y copiándome. La imitación, que en general expresa acuerdo en este ejemplo, ahora sirve para confirmar y fortalecer el desacuerdo. En otras palabras, la imitación triunfa una vez más. Aquí vemos cómo la imitación mutua estructura de un modo riguroso e implacable incluso los vínculos humanos más simples» [2].

Así comienzan los ciclos miméticos negativos. Pero no estamos condenados a ellos.

En este capítulo, aprenderemos un enfoque específico para conocer a las personas en profundidad, lo cual reduce la posibilidad de que ocurran interacciones miméticas baratas. El enfoque consiste en compartir y escuchar una clase particular de experiencia: historias de acción profundamente satisfactorias. Conocer y vincularse con estas historias produce empatía y una mayor comprensión del comportamiento humano.

Un ciclo mimético negativo se rompe cuando dos personas, a través de la empatía, dejan de verse como rivales. Dave cambió mi modo de pensar y mis impulsos reactivos modelando algo diferente, un deseo central que es común a cada persona, pero que suele no satisfacerse: conocer a otros y que otros nos conozcan.

Podemos imitar una estrategia administrativa o podemos imitar la empatía. La primera es una estructura, la segunda es un proceso. El proceso que explicaré aquí está relacionado con volverse más atento a la humanidad (de otros y de nosotros mismos), la cual va más allá de cualquier estructura.

EL PROBLEMA CON LA SIMPATÍA

«Simpatizo con la causa». Es probable que hayas oído estas palabras. Son comunes, y en parte se debe a que la simpatía es mucho más fácil de ejercer que la empatía.

La palabra «simpatía» comparte la misma raíz que «empatía», y ambas provienen de la palabra griega *pathos*, que a grandes rasgos significa «sentimiento» o algo que apela a las emociones (según el uso que le dio Aristóteles al término). La diferencia entre las dos palabras está en el prefijo. «Simpatía» comienza con sim-, del griego *sym-* que significa «juntos». «Simpatía» significa «sentir juntos». Nuestras emociones se fusionan con las de la persona con la que simpatizamos. Vemos las cosas desde su perspectiva. Implica cierto grado de acuerdo.

La simpatía puede manipularse con facilidad a través de la mímesis. ¿Alguna vez has sido parte de un grupo que comienza una conversación sobre algo y rápidamente llega a cierto acuerdo, tal vez sobre política, una decisión empresarial o qué opción escoger en un menú? Notas que estás asintiendo, sonriendo, quizás incluso manifestando tu acuerdo en voz alta. Pero pocos minutos después, o cuando llegas a casa más tarde esa noche, piensas: *Un momento, ¿de verdad estoy de acuerdo con eso?*

La empatía es diferente. La partícula *em-* de «empatía» significa «entrar». Es la habilidad de *entrar en* las experiencias o los sentimientos de otra persona, pero sin perder la compostura, o la capacidad de mantener el control sobre nuestras respuestas y actuar con libertad, fuera de nuestro centro.

La verdadera empatía es emprender un viaje intencional, como los buceadores que se adentraron en la cueva Tham Luang en Tailandia en 2018 para rescatar a un equipo de fútbol que había quedado atrapado allí. Ingresaron a la cueva por voluntad propia. Tenían el control de sí mismos mientras se movían hacia los niños, y eran muy conscientes de su entorno y de sus respuestas para no perderse o morir.

La empatía es la habilidad de compartir la experiencia de otra persona, pero *sin imitar* (su forma de hablar, sus creencias, sus acciones, sus sentimientos) y *sin identificarse con la persona* hasta el punto de perder la individualidad propia y la compostura. En este sentido, la empatía es antimimética.

La empatía puede significar sonreír y darle una botella de agua fría a alguien que está recolectando firmas para una petición que nunca firmarías… porque es un día agobiante y sabes lo que es sentir tanto calor, y también sabes cómo es apasionarse por algo que te importa. No implica clichés vacíos o mentiras corteses que solemos decirles a personas con las que no concordamos; en lugar de eso, significa encontrar un punto de humanidad compartida a través del cual conectar sin sacrificar nuestra integridad en el proceso.

La empatía rompe los ciclos negativos de mímesis. Una persona capaz de empatizar entra en la experiencia de la otra y comparte sus pensamientos y sentimientos *sin la necesidad de compartir los deseos de la otra persona.* Alguien empático tiene la habilidad de comprender por qué otro puede desear algo que él no quiere para sí mismo. En resumen, la empatía nos permite conectar en mayor profundidad con los demás sin *convertirnos* en esas otras personas.

Recuerda que, en una crisis mimética, todos empiezan a parecerse. Pierden la compostura y la libertad. El prolífico escritor epistolar y monje trapense Thomas Merton notó que esto le sucedía durante los años en los que estudió en la universidad de Columbia. Más tarde en su vida, escribió: «El verdadero yo interior debe ser como una joya en el fondo del mar, rescatado de la confusión, de la indistinción, de la inmersión en lo común, lo indescriptible, lo trivial, lo sórdido, lo evanescente»[3].

La empatía nos permite interactuar con otros sin sacrificar las joyas de nuestro yo interior, sin que seamos tragados por las aguas. Nos ayuda a encontrar y a cultivar los deseos *sólidos:* deseos que no son hipermiméticos, deseos que pueden constituir la base de una buena vida.

DESEOS SÓLIDOS

Descubrir y desarrollar deseos fuertes nos protege de los deseos miméticos baratos y, a largo plazo, nos lleva a una vida más plena.

Los deseos sólidos son como diamantes que se han formado en las profundidades, lejos de la superficie, cerca del núcleo de la Tierra. Los deseos sólidos están protegidos de la volatilidad de las circunstancias cambiantes de nuestras vidas. Los deseos débiles, en cambio, son muy miméticos, contagiosos y generalmente superficiales.

Desearía poder decir que los deseos necesariamente se vuelven más sólidos cuando crecemos, pero no siempre es así. Al menos, no ocurre sin un esfuerzo intencional. Todos hemos conocido a personas mayores que descubren demasiado tarde que sus deseos eran débiles: por ejemplo, una persona que anheló jubilarse durante décadas solo para descubrir que lograrlo le había causado insatisfacción. Eso sucede porque el deseo de jubilarse (que, por cierto, no fue adoptado por la mayoría hasta después de la Segunda Guerra Mundial) es un deseo débil, lleno de ideas derivadas miméticamente sobre las cosas que uno puede o no hacer en esa situación ideal. El deseo de pasar más tiempo con la familia, en cambio, es un deseo sólido... y la evidencia es que una persona puede comenzar a satisfacer ese deseo hoy y continuar haciéndolo hasta llegar a su jubilación. El deseo crece con intereses a lo largo de muchos años. Tiene tiempo para solidificarse.

La distinción entre deseos sólidos y frágiles no es fácil de hacer basándose solo en los sentimientos. Los deseos parecen muy fuertes cuando somos jóvenes: ganar mucho dinero, salir con una persona con ciertos atributos físicos o ser famoso. Los sentimientos en general son más intensos cuanto más frágil es un deseo. Cuando crecemos, muchas de las sensaciones adolescentes de deseo intenso desaparecen. No es porque nos demos cuenta de que algunas de las cosas que queríamos ya no son factibles, sino porque tenemos más desarrollada la habilidad de reconocer patrones y, por lo tanto, podemos reconocer la clase de deseo que nos deja insatisfechos. Como resultado, más personas *aprenden* a cultivar deseos más sólidos al envejecer.

Pero la tensión entre los deseos sólidos y frágiles siempre permanece. Todos los artistas la han experimentado. Quizás han tenido toda la vida el deseo de decir la verdad, de crear arte que exprese algo importante. Sin embargo, sienten el deseo competitivo de vender su trabajo en el mercado, de ser aceptados, recibir halagos, obtener reseñas, seguirle el ritmo a una moda que cambia año a año, mes a mes, día a día. Los últimos son deseos superficiales que, si se permite su acumulación, pueden eclipsar por completo a los deseos sólidos.

A veces, es necesario un suceso en particular para sacarnos de encima esos deseos frágiles.

SACUDIENDO EL POLVO

Cuando la venta de mi empresa a Zappos fracasó en 2008, me vi obligado a preguntarme: ¿por qué había querido fundar esa empresa en primer lugar? Identifiqué al menos tres deseos sólidos que habían quedado eclipsados, cubiertos y abandonados por los deseos frágiles.

Primero: cuando empecé, no podía importarme menos que alguien supiera mi nombre siempre y cuando yo fuera capaz de crear una empresa que aportara valor al mundo. Entonces ¿cómo es posible que me empezara a preocupar por el *prestigio*? Anhelaba el reconocimiento de haber ganado un premio o haber obtenido cierta cantidad de seguidores: deseos que habían sido en extremo ajenos a mí unos años atrás. Pero dado que mis iguales ansiaban el reconocimiento, yo también empecé a quererlo. Comencé a competir por estar en la lista de «mejores lugares en los que trabajar» y por otros elogios falsos.

La palabra «prestigio» proviene del latín *praestigium*, que significa «ilusión» o «truco mágico». (La película de 2009 *El truco final*, en inglés titulada *The Prestige*, que explora la rivalidad mimética entre dos magos, tenía el título indicado). Las personas buscan el prestigio profesional (el respeto y la admiración de su talento) sin notar que la persecución del prestigio es la persecución de una *fata morgana*, de un espejismo.

En los primeros años de mi empresa, pasé más tiempo mirando al lado que al frente. Buscaba modos de medir el éxito y los encontraba en todas partes. El chico de la cafetería que tenía un portátil más moderno que el mío. El fundador con inversionistas más prestigiosos que los míos. Los emprendedores que no parecían tener que esforzarse, para quienes el éxito era aparentemente algo natural. En secreto, los resentía a todos.

La palabra antigua para esa experiencia es «envidia». «Creo que la razón por la que hablamos tanto sobre sexo es porque no nos atrevemos a hablar sobre la envidia», dijo Girard [4].

La envidia es un motor de deseo mimético destructivo y hay poco que hacer para detenerla porque funciona de manera encubierta. El prestigio se mide en función de lo que percibimos que otro tiene y nosotros no, así que es un caldo de cultivo para la envidia.

El espíritu emprendedor supone muchos peligros profesionales reconocidos, desde poner en riesgo la salud mental hasta el agotamiento extremo conocido como *burnout*, pasando por el abuso de sustancias y la inestabilidad financiera. Ninguno de ellos está tan notablemente ausente del discurso público como la envidia.

Segundo: pasé de querer crear mi propio estilo de vida (una de las grandes ventajas del espíritu emprendedor) a amoldar mi estilo de vida al diseño modelado por otros emprendedores.

Al principio, cuando renuncié a mi empleo en contabilidad para crear mi empresa, quería un estilo de vida equilibrado y con límites claros. Quería leer una hora cada noche, dar paseos largos con mi perro, pasar más tiempo con mis amigos, tener una relación amorosa. Pero como CEO de mi empresa emergente, trabajaba ochenta y cuatro horas por semana y no respetaba ningún límite o equilibrio. ¿Qué pasó?

El estilo de vida en Silicon Valley y en el mundo de las empresas emergentes en general es en gran parte una función de la mímesis. No todos se mudan a Menlo Park y deciden vestir sudaderas con capucha y logo, y unas zapatillas Vans al mismo tiempo. No todos deciden comenzar a enviar correos manidos, poco creativos y triviales escritos en minúscula, aparentando estar ocupados y ser importantes a la vez. (Una manera de ser antimimético: cuando recibes uno de esos correos, responde con algo respetuoso, detallista y hermoso).

En mi caso, me contagié de la locura de la cultura de Zappos. Tony Hsieh hablaba sobre la cultura de Zappos como si fuera un «culto cargo»: simplemente siguiendo la misma receta, podrás construir una cultura de éxito[5]. El éxito financiero es consecuencia de ella. Al poco tiempo, mi oficina en la empresa comenzó a parecerse a la de Zappos: había cosas raras colgadas en los muros, celebraciones curiosas y una biblioteca en la sala de visitas que contenía los libros canónicos de los negocios. Participaba en *happy hours* casi todas las noches. Sentía que no podía seguir el ritmo y que no sería considerado alguien «culturalmente adecuado» si no lo hacía.

Tercero: pasé de anhelar la sabiduría clásica a consumir memes, tuits y noticias sobre tecnología… lo cual me llevó a imitar ideas sin darme cuenta. Sabía más sobre lo que el bloguero Gary Vaynerchuk tenía que decir sobre la felicidad que sobre Aristóteles. El ecosistema en el que vivía y trabajaba parecía volverse más homogéneo día a día. Quizás hubiera tenido el valor de salir de aquel sistema de ideas, pero ¿cómo podía hacerlo? No conocía nada fuera del sistema.

Cuando reflexioné seriamente sobre las ideas que dominaban mi mundo, descubrí que eran superficiales. ¿Qué había ocurrido con el deseo que ardía en mí desde mis primeros años, en los que investigaba las ideas que habían soportado la prueba del tiempo?

* * *

Tenía que cambiar algo. Mi conversación con Dave Romero junto al fuego, en especial el arrepentimiento que oí en su voz, me convenció de que la mayoría de los deseos que yo tenía eran frágiles y débiles. Podían desvanecerse en cualquier momento como polvo en el viento. No eran una base sólida sobre la que construir una vida.

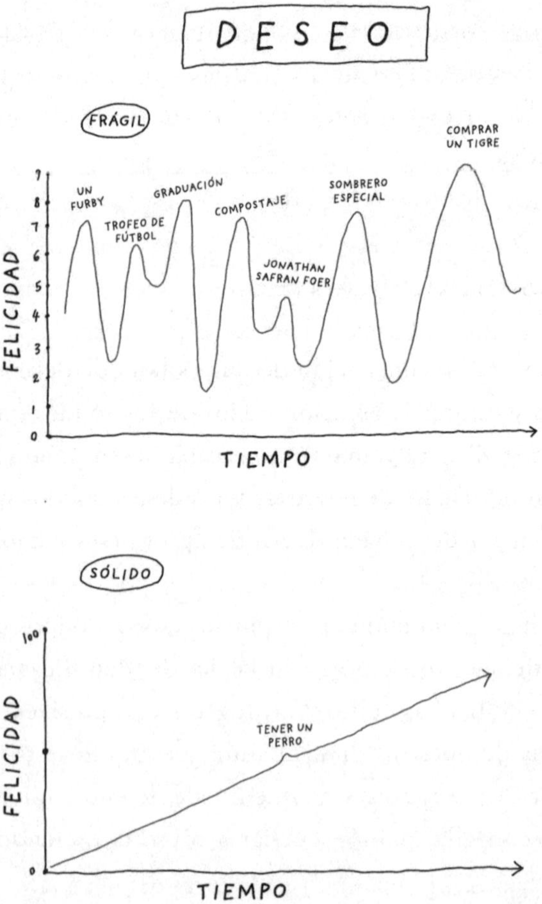

Poco después de haber recibido la noticia de la muerte de Dave, empecé a relajar las operaciones de mi empresa. No necesariamente por Dave, sino porque parecía algo que tenía que hacer para poder completar la transformación gradual que estaba experimentando en ese momento.

Me di cuenta de que uno de mis deseos más profundos era explorar las Grandes Preguntas de la vida: comprender a la humanidad en un nivel más profundo, empezando por mí mismo[6].

Quería hacer eso más de lo que deseaba trabajar noventa y cuatro horas a la semana para optimizar mis operaciones de almacenaje, encontrar modos de conservar dinero y acabar salvando una empresa a la que ya no quería liderar.

Decidí tomarme un descanso de tres meses del mundo empresarial para poder reorientarme (en primer lugar, para poder reorientar mis deseos) antes de decidir qué hacer a continuación. Esos fueron los primeros tres meses del resto de mi vida mucho menos mimética.

HISTORIAS GRATIFICANTES

Digamos que ya te he convencido de que es hora de dejar de lado los deseos frágiles y centrar la atención en los deseos sólidos, más antimiméticos y arraigados. El trabajo duro acaba de empezar. Los deseos frágiles no son tan fáciles de descartar y los deseos sólidos no son algo que puedas generar de la nada. Lleva tiempo (meses y años) desarrollarlos.

El mejor lugar para empezar es por los deseos sólidos que probablemente ya tienes. No siempre son fáciles de identificar. Los deseos sólidos están ocultos bajo los deseos fugaces e impulsivos que dominan la mayoría de nuestros días. El autor y educador estadounidense Parker Palmer escribe: «Antes de que pueda decirle a mi vida lo que quiero hacer con ella, debo escuchar a mi vida diciéndome quién soy»[7].

El enfoque que explicaré aquí es antropológico, filosófico, práctico e incluso espiritual. Me gusta la definición que aporta el rabino Jonathan Sacks, quien escribe que la espiritualidad es simplemente «lo que sucede cuando nos abrimos a algo más grande que nosotros mismos». Continúa diciendo: «Algunos la encuentran en la belleza de la naturaleza, el arte o la música. Otros la encuentran en los rezos o en celebrar un mitzvá o en aprenderse un texto sagrado. Sin embargo, otros la encuentran ayudando a otras personas o en la amistad o el amor»[8]. Se la podría describir como un sentido de conexión con uno mismo, los otros y el universo.

Como hemos visto hasta ahora, el deseo es social. El deseo *es* la conectividad. Así que mi esperanza es que, aunque no te consideres alguien espiritual, estos métodos te serán útiles porque están basados en una verdad fundamental sobre lo que significa ser humano: no somos seres aislados, sino que existimos en una red de vínculos conectados por el deseo.

El enfoque que recomiendo para sacar a la luz los deseos sólidos (el método en el que me centraré) conlleva tomarse tiempo para escuchar las experiencias de vida más gratificantes de tus compañeros (o de tu pareja o de tus amigos o compañeros de clase) y compartir las tuyas con ellos. Cuanto más comprendamos las historias de logros significativos de los demás, más efectivo será el entendimiento acerca de cómo trabajar uno con el otro: qué mueve y motiva a otros, qué les genera satisfacción en su trabajo.

Parece sencillo, pero nadie lo hace. Pregúntate: ¿cuántas de las personas con las que trabajas podrían nombrar siquiera uno de tus logros más significativos y explicar por qué fue tan importante para ti?

Un objetivo clave de este ejercicio es identificar impulsos motivacionales interiores. Un impulso motivacional es una energía conductual específica y duradera que te ha orientado a lo largo de la vida para alcanzar un patrón de resultados distinto. Por ejemplo, podría ser una motivación fundamental para ti *generar control, evocar reconocimiento* o *superar obstáculos.* Dado que la mayoría de nosotros nunca ha pensado con seriedad en la naturaleza de nuestra motivación, carecemos del lenguaje para ser capaces de describir nuestros impulsos motivacionales interiores con mucha precisión. Este ejercicio nos da esa habilidad.

Los impulsos motivacionales interiores son duraderos, irresistibles e insaciables. Probablemente explican gran parte de tu comportamiento desde la infancia. Piensa en ellos como tu energía motivacional: la razón por la que gravitas de forma consistente hacia cierto tipo de proyectos (trabajo en equipo versus trabajo individual, orientado a un objetivo versus creación de ideas) y actividades (deportes, artes, teatro, variedad de ejercicios) y no hacia otros.

Hay patrones en tu motivación. Si puedes detectar cuáles son específicamente, habrás dado un paso muy importante para comprender tus deseos sólidos. El mejor modo de identificar patrones es compartiendo historias.

* * *

El proceso narrativo que utilizo consiste en compartir historias sobre épocas de tu vida en las que emprendiste una acción que resultó profundamente gratificante. Actualmente, es una de las primeras preguntas que hago en cualquier entrevista laboral, porque ayuda a descartar lo superfluo y va directo a la esencia de la persona. «Cuéntame sobre un momento de tu vida en el que hiciste algo bien y sentiste gratificación», pido.

He visto a esta sencilla pregunta transformarse en interacciones entre individuos y comunidades enteras. Cuando dos personas que saben escuchar comparten historias, la experiencia transporta tanto al narrador como al oyente a una época en la que el deseo los llevó a obtener a una gratificación extraordinaria. Por esta razón compartir estas historias es una experiencia alegre.

Una historia gratificante, como yo la denomino, tiene tres elementos esenciales:

1. **Es una acción.** Tomaste una acción concreta y fuiste el protagonista principal, lo opuesto a asimilar de modo pasivo una experiencia. Por muy transformador que fuera para ti un concierto de Springsteen en el Stone Pony, no es una historia gratificante. Tal vez lo sea para Bruce, pero no para ti. En cambio, sí podría serlo dedicarte a aprender todo sobre un artista y su obra.
2. **Crees que lo hiciste bien.** Lo hiciste de un modo excelente, lo hiciste bien… según tus parámetros, y los de nadie más. Buscas un logro importante *para ti.* Si la noche anterior cocinaste a la parrilla lo que para ti fue el filete perfecto, entonces hiciste algo bien y lograste algo. No te preocupes por cuán grande o pequeño pueda parecer el logro ante los demás.
3. **Generó una sensación gratificante para ti.** Tu acción te dio una profunda sensación gratificante, quizás incluso alegría. No la clase de satisfacción pasajera y temporal como un subidón de endorfinas. Gratificación: despertaste la mañana siguiente y sentiste satisfacción al respecto. Aún la sientes. Solo pensar en ello te brinda parte de esa gratificación.

Esos momentos de importancia profunda y satisfacción importan. Revelan algo crucial sobre quién eres.

* * *

«La acción sigue al ser», escribió Aristóteles hace veintitrés siglos. Implicaba que una cosa solo puede actuar de acuerdo con lo que es. Podemos saber un poco sobre la esencia de algo basándonos en sus acciones. Pero en el caso de los humanos, también necesitamos acceso a la dimensión interna de la acción: ¿cuál fue la motivación de esa persona para llevarla a cabo? ¿Cuáles fueron las circunstancias? ¿Cómo le afectó esa acción a nivel emocional?

Piensa en tres artistas de pie, hombro con hombro, pintando el mismo atardecer en una meseta del parque nacional Zion. Uno quiere perfeccionar sus habilidades artísticas para un concurso; otra quiere darle la pintura terminada a su esposo para celebrar su aniversario porque tuvieron la primera cita en ese parque; y el último artista quiere preservar la belleza pura del paisaje en su memoria. Desde fuera, los tres parecen estar haciendo exactamente lo mismo. Desde dentro, cada artista está haciendo algo muy diferente.

Podemos comprender en su mayoría las acciones de los gatos y los perros desde fuera. Pero las personas son distintas: saber algo acerca de la vida interior de una persona es necesario para comprender por qué quiere hacer lo que hace y lo que significa para ella. Las historias gratificantes llegan al centro de la acción observándola desde dentro hacia fuera. Las historias gratificantes preguntan: «Pero ¿por qué esa acción significa tanto *para ti*?».

La pregunta y la respuesta inician un ciclo mimético positivo. Cuentas una de tus historias gratificantes. Yo escucho con empatía lo que narras y comparto contigo mi reflexión acerca de lo que he oído, visto y sentido en tu historia. Luego tú haces lo mismo por mí. La empatía imita a la empatía; el corazón le habla al corazón.

Hace diez años me pidieron que compartiera una de estas historias por primera vez, cuando un amigo especialista en psicología narrativa me guio a través del proceso. Cada vez que contaba una historia gratificante, otra salía a la superficie. Mientras me zambullía más profundamente en mi pasado, descubría historias en las que no había pensado durante mucho tiempo. No solo eso: ni siquiera las había reconocido por aquel entonces como historias con acciones gratificantes.

El partido sin hits que jugué en la liga infantil de béisbol.

Lograr que mi primera empresa empezara a funcionar bien.

Escribir todos los días durante un mes.

Algunas me sorprendieron:

Cocinar pierogis caseros para la cena usando la receta de mi abuela.

Inventar una máquina para pelar naranjas en clase de Ciencias en quinto curso.

Eliminar los errores de software de la página web de mi empresa emergente aprendiendo por mi cuenta PHP y MySQL.

Algunas de estas cosas quizá no fueron consideradas «logros» por nadie más que por mí en ese momento. Pero eran logros *para mí*: me generaron una gran satisfacción. Mientras los describía, un patrón de deseos sólidos comenzó a surgir.

PATRONES MOTIVACIONALES

Cualquiera puede poner en práctica el método que describo en cualquier parte, solo con buena voluntad y empatía.

Habiendo dicho esto, una organización con la que he trabajado durante muchos años ha codificado patrones motivacionales comunes en una estimación (bajo la marca registrada Motivation Code o MCODE) que identifica y define veintisiete temas separados [9]. La estimación plantea una serie de preguntas a distintas personas sobre cada una de sus historias gratificantes y luego encuentra patrones basados en lo que ellas han señalado como los aspectos más satisfactorios de sus logros.

En cada persona hay una mezcla de impulsos motivacionales interiores. La clave es aprender cómo funcionan juntos y cómo algunos operan más que otros en ciertas situaciones.

A continuación, hay tres temas motivacionales de esos veintisiete definidos en el MCODE, con ejemplos que muestran cómo funcionan. Si tienes curiosidad y quieres saber cuáles son los demás, he citado las fuentes en el Apéndice C. El nombre de cada tema definido en el MCODE está en **MAYÚSCULA Y EN NEGRITA**.

EXPLORA: las personas motivadas a EXPLORAR quieren superar sus límites de conocimiento y experiencia existentes para descubrir algo desconocido o misterioso para ellas.

A mi amigo Ben (su nombre y el de mis otros amigos en este libro son seudónimos) le encanta hacer *couchsurfing* en nuevos países y aprender sobre el idioma y la comida de las personas a las que visita. Una vez le fascinó tanto la cantidad variada de especias de un mercado en Turquía que pasó horas probándolas y aprendiendo sobre ellas, y enviándome mensajes de WhatsApp con sus comentarios. Cuando las especias dejaron de ser un misterio, se dedicó a explorar otras cosas: coctelería artesanal, literatura francesa del siglo XVII, criptomonedas.

El rango de intereses y la velocidad con la que Ben exploraba un tema y luego otro podría parecer un poco amateur. Pero algunas personas sienten la motivación fuerte de **EXPLORAR** así... y está bien. De hecho, todos los impulsos motivacionales interiores son inherentemente buenos. Simplemente estamos hechos así.

Sin embargo, hay un lado oscuro en cada impulso motivacional interior. Dado que Ben sabe que su motivación básica es **EXPLORAR**, es consciente cuando siente la tentación de distraerse con nuevas posibilidades y no seguir con sus compromisos existentes. Ahora está decidido a canalizar su energía motivacional en cosas productivas que creen valor. Está escribiendo un libro sobre sus viajes. (Si tuviera que adivinarlo, diría que el famoso viajero Rick Steves también tiene la motivación básica de **EXPLORAR**).

Es importante mencionar que Ben no tiene motivación para **DOMINAR** ninguna disciplina en particular. Cuando Ben y yo viajamos juntos a Italia, ambos aprendimos suficiente italiano para arreglárnoslas. Nuestro amigo en común Alex estaba decidido a dominar el idioma. Mientras nosotros nos aventurábamos y nos divertíamos con palabras nuevas, Alex se encerraba en su cuarto con una copia en italiano de *Pinocho* y no estaba satisfecho hasta saber cómo se usaba cada palabra en una oración. Eso es porque Alex tiene la motivación básica de **DOMINAR**.

DOMINAR: Una persona motivada a DOMINAR quiere lograr el manejo completo de una habilidad, un tema, un procedimiento, una técnica o un proceso.

A diferencia de Ben y de mí, Alex no estaba satisfecho con los halagos exagerados que nos hacían los italianos nativos por intentar hablar la lengua: *Parli molto bene l'italiano!* (¡Hablas muy bien el italiano!). Alex no estuvo feliz hasta no ser capaz de leer literatura clásica italiana y describir lo que necesitaba en el mercado ubicado en la plaza Campo dei Fiori, en Roma.

Alex se dedicó a hacer un doctorado en física. Cuando le presenté la música de Snail Mail en Ellicott City, la devoró hasta que se supo cada letra y pudo recrear las canciones en su guitarra. Tiene pocos intereses, pero profundiza de lleno en los que elige. El rock indie es uno de ellos.

Alex nunca tuvo motivación de exhibir sus destrezas ante nadie de ningún modo. No tiene cuentas en redes sociales. Cuando logró dominar la guitarra, no quiso crear una banda. Para él, la recompensa es el propio dominio.

Otra amiga, Lauren, tiene un impulso motivacional interior distinto al de Ben o al de Alex. A ella le fascina escribir no ficción porque su motivación principal es **COMPRENDER Y EXPRESAR**.

COMPRENDER Y EXPRESAR: Una persona con este impulso central quiere comprender, definir y luego comunicar sus pensamientos de alguna manera.

Lauren se siente obstaculizada y pierde la motivación si no tiene un modo de expresar un nuevo aprendizaje. Si lee un libro, siente la obligación de publicar una reseña en su blog. Si no logra hallar un modo de ponerlo en palabras, siente que su nuevo conocimiento se ha perdido o al menos no se ha desarrollado por completo. Su entendimiento queda clarificado en el acto de expresión.

Esto es cierto para ella no solo en el reino de las ideas, sino también en cuanto a sus experiencias. Cuando prueba un nuevo tipo de comida, no le basta con ir a un restaurante. Intentará hacer ella misma el sushi o la paella. Es más que solo aprender un estilo, es un impulso motivacional interior: y es interior porque se aplica a absolutamente cada dimensión de su vida. Aparece en su matrimonio (procura comprender las dinámicas familiares escuchando a todos con atención y les escribe cartas a los miembros de su familia expresando lo que entiende que son sus regalos); aparece en cómo lidia con una crisis laboral (es moderadora de debates experta y sabe cómo obtener información y comunicar ideas clave); e incluso aparece en su modo de abordar el ejercicio (no le fue suficiente con practicar yoga, tuvo que convertirse en instructora).

* * *

Entender mejor cuáles son tus impulsos motivacionales interiores te permitirá comprender por qué consideras que algunas actividades siempre son profundamente atractivas mientras que otras te aburren de modo inevitable. Más importante aún, te ayudará a comprender cómo es tu motivación más profunda para amar.

Las historias gratificantes son una ventana que muestra qué es lo más significativo para cada persona. Al compartir historias gratificantes, las personas describen las acciones en las que se sienten más involucradas, y en muchos casos, en las que se sienten que son más ellas mismas.

Si pedimos a los demás que nos cuenten historias sobre acciones que solo les causaron placer, obtendremos narraciones que abarcan todo el espectro. Pero cuando preguntemos sobre gratificación auténtica, es típico que escuchemos hablar de las personas en su mejor momento.

He oído historias gratificantes durante más de una década. Ya he escuchado miles de ellas. Las historias son casi siempre sobre acciones que cualquiera consideraría inherentemente *buenas*: servir a otros, contribuir al éxito de un equipo, luchar por la justicia, organizar un trabajo que ayude al bien común. Los placeres egoístas pueden parecer satisfactorios durante un momento o incluso durante un día, pero no son la clase de cosas que uno recordará años después.

Estrategia 10: COMPARTE HISTORIAS DE ACCIONES GRATIFICANTES

Rara vez, si es que sucede siquiera, le piden a la mayoría de las personas que cuenten historias de logros profundamente gratificantes. Tenemos que buscarlas de modo intencional en nosotros y en otros. El ejercicio de narrar, escuchar y documentar estas historias abre nuevas ventanas de empatía y permite el descubrimiento de los deseos sólidos.

Compartir historias gratificantes es como hacer un boceto biográfico de cómo nacieron nuestros deseos y cómo tomaron forma para ti, para tus compañeros y para toda tu empresa. Saber cómo es la motivación de otros lleva a un sentido mayor de conexión y a la posibilidad de organizar equipos de un modo que optimice su energía motivacional: porque cada miembro del equipo se involucra en una acción que está motivado a hacer de modo inherente.

* * *

El ciclo 2 es un ciclo positivo de deseo. Empieza cuando alguien modela un modo distinto de ser en una relación: una actitud no competitiva en la que la imitación del deseo es por un bien compartido que es posible obtener en abundancia.

Los grandes líderes comienzan y sostienen ciclos positivos de deseo. Empatizan con las debilidades de otros; quieren conocer y que otros los conozcan, en todos los niveles de una empresa; centran su atención en cultivar deseos sólidos. Trascienden el ciclo mimético destructivo, lo cual abre un mundo nuevo de posibilidades: el mundo que está más allá de nuestro deseo inmediato.

7

LIDERAZGO TRASCENDENTAL

Cómo los grandes líderes inspiran y moldean deseos

Helados autocomestibles... Anhelos ocultos... Deseo viable mínimo.

Si quieres construir un barco, no empieces por reunir personas y asignarles tareas y trabajos. Más bien, enséñales a anhelar la infinita inmensidad del mar.

—Antoine de Saint- Exupéry

Creo que se avecinan tiempos difíciles en los que desearemos contar con las voces de escritores que puedan ver alternativas a la forma en que vivimos en la actualidad… y que puedan ver otros modos de ser, e incluso imaginar lugares reales para la esperanza… Necesitaremos escritores que puedan rememorar la libertad. Poetas, visionarios: los protagonistas de una realidad más amplia.

—Ursula K. Le Guin

Whitney Wolfe Herd es la fundadora y CEO de un imperio informático billonario. La aplicación de citas Bumble, su empresa, cambió las reglas del juego: en los *matches* heterosexuales, les prohíbe a los hombres que hagan el primer contacto. La comunicación comienza, si es que lo hace, por decisión de la mujer.

A finales de 2019, Herd dijo que su proyecto más importante era descifrar el mercado de citas en la India, un país que había sido nombrado el más peligroso del mundo para las mujeres en 2018, según una encuesta global de la Fundación Thomson Reuters. La violencia sexual ocurre con una frecuencia extraordinariamente alta. «India ha demostrado una absoluta desconsideración y una falta de respeto por las mujeres», dijo Manjunath Gangadhara, parte del gobierno de Karnataka, un estado al oeste de la India. Eso no desalentó a Herd. «Que algo no sea tan progresista como en otro lugar del mundo no quiere decir que no exista el deseo de que lo sea», le dijo a la CNN [1].

Involucrarse en deseos poco desarrollados es típico de los grandes líderes. Toni Morrison no se conformó con escribir lo que el público blanco quería leer. Obtuvo su fama escribiendo el tipo de libro que no existía en el mercado. «Pensé que esa clase de libro sobre ese tema, sobre esas niñas negras más vulnerables, menos representadas y a quienes no toman en serio, nunca había existido realmente en la literatura. Nadie jamás había escrito sobre ellas, más que como un decorado», dijo Toni en una entrevista con *NEA Arts Magazine* en 2014. «Escribí el primer libro porque yo quería leerlo».

Como ya sabes a estas alturas, los deseos no ocurren de manera espontánea por arte de magia. Se generan y moldean en el mundo dinámico de la interacción humana. Alguien debe proporcionar un modelo.

* * *

Este capítulo trata sobre el liderazgo: cómo solo es posible comprenderlo bajo la luz del deseo. Los líderes están decididos a ayudar a otros a querer más o menos, o a querer algo diferente a lo que deseaban antes.

No hay ninguna otra opción. Esto es así en todas las empresas. Un negocio simplemente no «cumple con la demanda» de productos y servicios que el público quiere. En lugar de eso, reviste un papel crucial a la hora de generar y moldear deseos.

Claro que los deseos pueden cobrar forma de un modo egoísta e interesado. Ninguna industria ha tenido un efecto más perjudicial que la pornografía en lo que quieren las personas en las últimas dos décadas. El porno virtual ha generado miles de millones de dólares de ganancia. Si no moldea tus deseos, es probable que moldee los de tu hijo. Y, como sabemos, nuestros deseos se entremezclan. ¿Cuál es el efecto en nuestra cultura, en el modo en que las personas miran a otros seres humanos, o en lo que buscan en una relación? Muchas empresas alimentan los deseos actuales más básicos y están muy interesadas en que no cambien.

Pero cuando hay una amenaza, hay una oportunidad. El deseo no se refleja por completo en cómo son las cosas. El deseo es, por su propia naturaleza, trascendental. Siempre buscamos más. La pregunta es: ¿ayudaremos a las personas a acercarse un poco más a la satisfacción de sus mayores deseos? ¿O les venderemos deseos patéticos sin que lo sepan?

En este capítulo, veremos por qué el deseo mimético es un elemento clave en el liderazgo. Los líderes cobardes y desmoralizados se mueven por el deseo inmanente: un deseo autorreferencial, circular, interno al sistema en el que se origina porque todos los modelos son mediadores internos. Lleva a la rivalidad y al conflicto. Y, en el mejor de los casos, no conduce a ninguna parte. Los líderes magnánimos y enérgicos se mueven por el deseo trascendental: el deseo que nos impulsa hacia el avance, más allá del paradigma existente, porque los modelos son los mediadores externos del deseo. Esos líderes expanden el universo de deseo de todos y ayudan a explicarlo.

Observemos con más atención la diferencia entre deseo inmanente y trascendental y, por lo tanto, la distinción entre liderazgo inmanente y trascendental.

DESEO INMANENTE

Cuando tenía once años, mi favorito dentro del parque de atracciones era el *Gravitron*. Subes a un aparato que parece un platillo volante. Una vez dentro, ocupas tu lugar en uno de los paneles acolchados que cubren la pared. Te atan a ese panel.

Un trabajador de la atracción está en el medio, separado del disco giratorio, acariciándose el largo cabello grasoso y con ansias de fumar en su próximo descanso. Inicia el juego presionando un botón que hace que el disco comience a girar a su alrededor. Y así empieza: música de Metallica, luces tenues, giros más rápidos. La velocidad de rotación aumenta hasta que la máquina gira a veinticuatro revoluciones por minuto y te aplasta contra la pared por la fuerza centrífuga que es tres veces mayor que la gravedad. El panel en el que estás comienza a subir hacia el techo.

No puedes moverte hasta que la atracción se detenga. Apenas puedes girar la cabeza para ver la expresión atontada de tu amigo. Solo tratas de sostenerte.

Esta es la triste situación en la que se encuentran muchas personas cuando avanza la vida. Es fácil quedar atascado en un *Gravitron* de deseo: un sistema de deseo en el que todos giran, aplastados contra los muros, incapaces de huir, en el mismo patrón, deseando las mismas cosas.

El chef Sébastien Bras estaba dentro de uno de esos sistemas cuando trabajaba dentro del juego de Michelin. Muchas empresas también son *Gravitrons*. En el centro están los líderes que, como el trabajador del juego, hacen que todo gire a su alrededor. No en todas las empresas hay una jerarquía visible, pero casi todas tienen un centro sagrado alrededor del cual se mueve todo.

Estos son sistemas de deseo inmanente, en los que no hay un modelo fuera del sistema: todos los modelos están dentro. (También podríamos llamarlo «deseo sistémico»: es decir, un deseo que es inmanente al sistema)[2]. El epítome de esta dinámica es la comedia *The Office*, sobre la vida en la papelera ficticia Dunder Mifflin. Su gerente regional,

Michael Scott, está tan completamente atrapado dentro de un marco de trabajo inmanente que apenas puede imaginar por qué o cómo toda su industria cambia bajo sus pies. La serie es graciosa en gran parte debido a que los riesgos son sumamente bajos y a lo pequeño que es el mundo del personaje.

El deseo inmanente es como «un helado autocomestible», frase acuñada por Pete Wordon, director del centro de investigación Ames de la NASA, para referirse a la burocracia que caracteriza a esta institución. La frase se ha usado para aludir a cualquier sistema cuyo objetivo principal sea sostenerse a sí mismo [3]. Qué curioso que una organización cuyo propósito es explorar el universo se paralice al querer explorar su propio ombligo. Sin liderazgo trascendental, esta es la norma.

DESEO TRASCENDENTAL

Hay una clase de liderazgo diferente, caracterizado por el deseo trascendental. Los líderes trascendentales tienen modelos de deseo que están fuera de los sistemas en los que ellos se encuentran. Los mejores escritores y artistas de la historia se basaron en esos deseos, y por esa razón sus obras son clásicos. No se limitaron a desear lo que se consideraba popular en su época.

Cuando el presidente Kennedy dijo a los estadounidenses: «Elegimos ir a la Luna», modeló un deseo que sobrepasó lo que las personas se habían atrevido a concebir previamente. «Elegimos ir a la Luna en esta década y también afrontar otros desafíos, no porque sean fáciles, sino porque son difíciles, porque esta meta servirá para organizar y medir lo mejor de nuestras energías y aptitudes» [4]. Nuestros mayores deseos moldean y ordenan cada uno de los demás deseos, como veremos más adelante en este capítulo.

Martin Luther King Jr. buscó una justicia concreta que fue más allá de lo imaginable para la mayoría de las personas en esa época. La mayoría de los estadounidenses solo habían conocido la segregación racial y la cómoda autocomplacencia. Sacudió a todos y los hizo despertar modelando un deseo por el cambio real que trascendió a la izquierda y a la derecha, a los liberales y a los conservadores, lo secular y lo religioso.

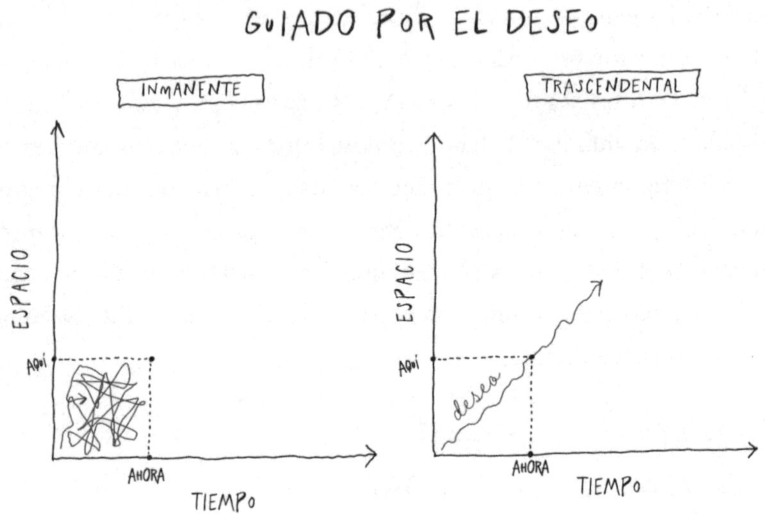

Pero como hemos visto dolorosamente en los años sucesivos al asesinato de King, el deseo es inconsistente y la inercia es fuerte. Sin más líderes trascendentales como King (no solo en el área de la justicia racial, sino también en otros aspectos de la vida), nos deslizamos hacia el interior de un sistema cerrado de deseo que carece de imaginación.

* * *

Los líderes trascendentales ven la economía como un sistema abierto. Es posible encontrar nuevas maneras inexploradas de crear valor para nosotros y los demás, lo cual no debe implicar necesariamente cosas distintas. En cambio, considerar a la economía como un sistema inmanente es un juego de suma cero. Las personas compiten por las mismas cosas y una persona solo puede tener éxito a costa de otra.

Un médico que es un líder trascendental ve su trabajo no solo como el cuidado del cuerpo humano, sino como algo más allá del cuerpo que incluye a la persona completa. Abraham M. Nussbaum, doctor en

Medicina, escribe en su libro *The Finest Traditions of My Calling: One Physician's Search for the Renewal of Medicine*: «Pero lo que podemos hacer es pensar en nosotros como algo más que como técnicos que dominan el cuerpo. A veces, podemos ser como jardineros, maestros, sirvientes o testigos para las personas a las que conocemos como pacientes» [5].

El liderazgo trascendental no se limita a la capa inmediata de la realidad, sino que la atraviesa para encontrar algo más significativo. Considerar la vida y el trabajo propio como una arena en la que se libra la batalla entre el deseo inmanente y el trascendental es el primer paso. Escoger ir más allá del sistema de recompensas y comodidades ofrecidas es difícil, pero es necesariamente el próximo paso.

En mi experiencia, los líderes trascendentales hacen bien al menos las cinco cosas siguientes.

HABILIDAD 1: CAMBIO GRAVITACIONAL

Los líderes trascendentales no insisten en priorizar sus propios deseos. No los convierten en el centro alrededor del cual todos y todo deben girar. En lugar de eso, cambian el centro gravitacional y lo apartan de sí mismos, para llevarlo hacia un objetivo trascendental y así poder estar hombro con hombro con los otros.

Maria Montessori construyó su enfoque educativo basándose en la comprensión pura de la naturaleza del deseo, y a partir de allí organizó su trabajo con los niños. En 1906, cuando aún era una maestra joven, le encomendaron una tarea difícil: le pidieron que fuera responsable de enseñar a sesenta niños de entre tres y seis años de edad, que vivían en un complejo de apartamentos destinado a trabajadores con pocos ingresos en el vecindario de San Lorenzo, en Roma. Era uno de los lugares más pobres de la ciudad.

Dado que los padres tenían que trabajar y los niños mayores asistían a la escuela, los menores quedaban solos durante el día, corriendo por las escaleras de arriba abajo, escribiendo en las paredes y creando un desorden generalizado. Montessori los recordó en su autobiografía;

afirmaba que cuando los conoció eran «llorones, asustados y tímidos, pero a su vez codiciosos, violentos, posesivos y destructivos»[6]. Las autoridades de vivienda la habían llamado para que colaborara.

Durante semanas, progresó lentamente. El simple hecho de colocar mesas pequeñas y sillas en la habitación que le asignaron ayudó mucho a mantener el orden. Sin embargo, no hubo grandes avances. Una mañana tuvo una idea. Había notado que a los niños les resultaba difícil controlar sus narices mocosas y sus estornudos. Elaboró un plan de estudios: enseñarles a los pequeños a usar un pañuelo. Un acto simple, práctico y humano.

Comenzó extrayendo un pañuelo de su bolsillo y mostrando a los niños distintos modos de utilizarlo: cómo plegarlo, cómo limpiarse la nariz, cómo secarse el sudor de la frente, cómo retirar las migas de la comisura de la boca.

Ellos observaron con atención absoluta. Los niños simplemente estaban aprendiendo a usar un pañuelo, pero era como si les hubieran dado un iPhone nuevo en 1906 y estuvieran aprendiendo a desatar por primera vez su poder transformador. El entusiasmo de los pequeños era palpable.

Luego, Montessori, intentando ser graciosa, les contó que les enseñaría a limpiarse la nariz del modo más discreto posible. Plegó el trozo de tela y lo escondió en su mano. Los niños se acercaron y empezaron a buscarlo. Ella se cubrió la nariz con ambas manos, cerró los ojos y retorció el pañuelo de un lado a otro, soplando con tanta suavidad que no emitió sonido alguno.

Maria esperaba que sus movimientos exagerados y su falta de ruido causaran risas. Pero ninguno de los pequeños rio o siquiera sonrió. Estaban boquiabiertos, maravillados. Intercambiaron miradas con sus amigos para confirmar lo que habían visto. «Apenas había terminado la demostración cuando ellos comenzaron a aplaudir como si estuvieran conteniendo una ovación en un teatro», escribe Montessori en *El secreto de la infancia*[7].

¿Qué había detrás de la inesperada reacción de los niños? Según Montessori, los habían reprendido y ridiculizado toda la vida por sus narices chorreantes… pero nadie les había mostrado jamás cómo usar un pañuelo. La lección los hizo sentir «compensados por las humillaciones pasadas», dijo Montessori. «Y el aplauso indicó que no solo los había tratado justamente, sino que les había permitido ocupar un nuevo lugar en la sociedad».

Cuando sonó el timbre de la escuela que señalaba el final del día, los niños siguieron a Montessori en fila fuera del edificio. «¡Gracias! ¡Gracias por la lección!», gritaban, saliendo detrás de ella. Cuando llegaron a la puerta principal, todos echaron a correr. No podían contener su entusiasmo. Corrieron a casa para mostrarles a sus familias su nueva habilidad.

Montessori descubrió algo sobre los niños ese día que nadie más había notado: ellos querían crecer, crear su lugar en el mundo, crecer con dignidad. Ella los había ayudado a empezar.

* * *

«La última gran innovación en la educación primaria fue Montessori», escribió Marc Andreessen, inversor de capital de riesgo [8]. Su innovación no fue solo una metodología o un currículo: ella reimaginó la educación desde la perspectiva del deseo. Liberó a los niños y les permitió que aprendieran a partir de su curiosidad y de su natural capacidad de asombro. Permitió que se formaran deseos sólidos dentro de ellos (y nada menos que el deseo sólido de aprender) asegurándose de que las llamas del deseo no se apagaran antes de que pudieran expandirse y aumentar su intensidad. (Por ejemplo, no hacía que sus alumnos actuaran de un modo estructurado marcado por timbres para pasar de una actividad a otra, ni siguiendo líneas de estudio estrictas, definidas y desalentadoras).

«El objetivo de la educación en la primera infancia debería ser cultivar el deseo propio del niño por aprender», escribió la pedagoga en *El método Montessori.* Y en otra parte también afirmó: «Debemos saber cómo hablarle al hombre que yace dormido en el alma del niño» [9].

El deseo de crecer y de convertirse en adultos maduros (no el deseo de obtener excelentes calificaciones o de ganar competencias deportivas, o el de conseguir una pegatina por su buen comportamiento) es el proyecto principal y más importante de cada niño; es lo que cada uno, profunda y secretamente, más ansía lograr en su vida.

Los buenos docentes despiertan deseos dormidos y generan nuevos. Montessori compara el papel del docente con el de un gran artista que le enseña a otra persona a ver: «Es muy parecido a que mientras miramos ausentes la orilla de un lago, un artista de pronto nos diga: "qué hermosa es la curva que dibuja la orilla bajo la sombra de ese acantilado". Con sus palabras, el paisaje que estábamos observando de manera casi inconsciente queda impreso en nuestras mentes como si nos hubiera iluminado un rayo de sol repentino».

El «docente Montessori» modela el deseo por un objeto y luego abandona su rol de mediador de deseo para que el niño pueda interactuar directamente. El deber de un docente es «entregar un rayo de luz y continuar nuestro camino», dijo Maria Montessori [10].

Un buen líder nunca se convierte en obstáculo o rival. Empatiza con aquellos a los que lidera y señala el camino hacia un bien que trasciende el vínculo entre ambos, alejando el centro de gravedad de sí mismo.

HABILIDAD 2: LA VELOCIDAD DE LA VERDAD

La salud de una empresa es directamente proporcional a la velocidad a la que viaja la verdad dentro de ella [11]. La verdad real es antimimética por naturaleza: no cambia dependiendo de cuán miméticamente popular o poco popular sea.

La difusión rápida y fácil de la verdad combate la mímesis destructiva y la rivalidad. La mímesis manipula, disfraza y distorsiona la verdad. Cuando la verdad circula lentamente en una empresa (o cuando queda a merced de la manipulación de ciertas personas), la mímesis reina [12].

¿Recuerdas la cadena de videoclubes Blockbuster? En 2008, Jim Keyes, el antiguo CEO de la ahora desaparecida empresa, le dijo al periodista Rajat Ali en CBS News: «Sinceramente, me confunde esta fascinación que todos tienen con Netflix... Netflix no tiene o no hace nada que no podamos hacer nosotros mismos o que ya hagamos» [13].

El mercado no estuvo de acuerdo con él. Los dos años siguientes, el precio de las acciones de Netflix se disparó un 500 %, mientras que las de Blockbuster cayeron un 90 %. Comenzaron las discusiones en la sala de juntas de Blockbuster entre los inversores y los ejecutivos que preferían culparse entre sí en vez de enfrentar la verdad: la industria estaba cambiando [14].

En épocas de crisis, la amenaza desde el interior de la empresa es subestimada. Quienes no quieren asumir la responsabilidad encuentran chivos expiatorios. Se echan las culpas. Mientras tanto, la amenaza del exterior se vuelve más letal.

Si nadie confronta la verdad con valentía, la comunica de manera efectiva y actúa rápidamente en consecuencia, una empresa jamás será capaz de acatar la realidad ni de responder de un modo apropiado ante ella. La salud de cualquier proyecto humano que esté ligado a la habilidad de adaptación depende de la velocidad con la que que viaje la verdad. Esto vale para un aula, una familia o un país.

* * *

Las empresas deben adaptarse para poder sobrevivir. Si la verdad está distorsionada, escondida o viaja lento, las empresas no logran adaptarse con la velocidad suficiente ante las circunstancias cambiantes. Si piensas en la empresa en términos evolutivos, solo aquellos con la mayor velocidad de circulación de la verdad mutarán lo bastante rápido como para sobrevivir.

Estrategia 11: AUMENTA LA VELOCIDAD DE LA VERDAD

¿Cuán rápido viaja la verdad del punto A (el origen) al punto B (la persona que más necesita conocerla) y luego a todos?

Por ejemplo, si un vendedor externo obtiene información crucial sobre un competidor, ¿cuán rápido llega esa información al CEO o a quien toma las decisiones clave y puede hacer algo al respecto?

En las empresas emergentes saludables, la verdad circula velozmente. Cuando nueva información esencial sale a la luz, todos la conocen en cuestión de segundos. La noticia se comparte en un mensaje grupal o la persona que está a tu lado se pone de pie y la comenta en voz alta. Todos lo ven y lo oyen en tiempo real. Pero ¿cuán rápido circula la verdad en una universidad? ¿En una familia? ¿En empresas tecnológicas grandes como Facebook o Amazon? ¿En empresas con un legado inherente, como General Electric?

Depende de cuál sea la verdad, claro. Pero hay maneras de poner a prueba la velocidad con la que una variedad de verdades diferentes (vergonzosas, constructivas, aburridas, existenciales) circulan por la organización. Las empresas que miden la velocidad de la verdad y toman medidas para mejorarla tienen una ventaja sobre aquellas que no lo hacen.

Aquí te muestro un experimento sencillo. Identifica a un ejecutivo o a un empleado clave de tu organización que sea alguien a quien es necesario conocer y explícale lo que harás; nadie más debe saber que el experimento está en marcha. Luego, haz que una persona externa plante de manera anónima fragmentos de información en distintos niveles de la organización. Mide exactamente cuánto tiempo tarda en llegar a las personas a las que debe llegar desde distintos puntos de partida. (Si no sabes por dónde empezar, mi equipo y yo nos divertiremos mucho organizando este experimento por ti).

Otra herramienta: observa dos reuniones, una con jefe y otra sin jefe. Cuenta la cantidad de veces que alguien dice algo desafiante y real. Divide el número de horas por la cantidad de verdades: ese es el número de verdades por hora, o *vph*. *La velocidad de la verdad. Compáralos.*

En las entrevistas de trabajo, pregunto: «¿Cuál es el sacrificio más difícil que has tenido que hacer por la verdad?». Si el candidato no puede responder o si empieza a pensar o a murmurar, no lo contrato. No ha pensado lo suficiente en su vínculo con la verdad. Y hará que disminuya la velocidad a la que ella viaja por mi vida.

La racionalidad es crítica para el desarrollo humano, pero nuestra creencia en su poder ha sido denigrada en gran medida. El filósofo Friedrich Nietzsche, que murió en 1900, contribuyó más que nadie en los últimos doscientos años a nuestra devaluación del intelecto. Él enfatizó el poder de la voluntad y relegó al intelecto hacia el reino de la perspectiva y la interpretación.

En la filosofía clásica (al menos en la tradición aristotélica) la voluntad y el intelecto no son entidades opuestas, sino que funcionan como un conjunto. El intelecto informa a la voluntad y ayuda a dirigir las acciones, y luego las acciones influyen en la habilidad del intelecto para comprender la verdad. Si logras aceptar la realidad del deseo mimético, tendrás la habilidad de pensar intencionadamente sobre qué acciones puedes realizar para contrarrestar la mímesis negativa en tu vida y, al hacerlo, comprenderás algo empírico sobre el deseo mimético que va más allá de cualquier cosa que este libro te pueda ofrecer.

La búsqueda apasionada de la verdad es antimimética porque procura alcanzar valores objetivos, no valores miméticos. Los líderes que aceptan y modelan la búsqueda de la verdad (y que aumentan su velocidad dentro de la empresa) se inoculan ante algunos de los movimientos miméticos más volátiles disfrazados de verdad. ¿Quieres hacer una prueba? Intenta leer los periódicos con al menos una semana de retraso. La banalidad mimética es más fácil de identificar.

HABILIDAD 3: DISCERNIR

¿Qué ocurre cuando la verdad no es evidente?

La búsqueda de la verdad es una estrategia antimimética importante, pero tiene sus limitaciones. No siempre somos tan racionales como creemos. Daniel Kahneman, Amos Tversky y Richard Thaler, ganadores del premio Nobel, han demostrado lo fácil que es engañarnos. Y también están las limitaciones de la razón en sí misma: el mundo más allá de la razón, en el que escogemos pareja, carrera y metas personales. Este es un mundo que trasciende la razón, y los líderes trascendentales saben cómo moverse en él.

* * *

La palabra «decisión» proviene del latín *caedere*, que significa «cortar». Cuando decimos perseguir una cosa, necesariamente descartamos otra. Si no hay corte, no hemos tomado ninguna decisión.

La palabra «discernir», en cambio, proviene del latín *discernere*, que significa «distinguir»; se refiere a la habilidad de ver la diferencia entre dos caminos y saber cuál es mejor seguir.

Discernir es una habilidad esencial porque el proceso de la toma de decisiones *incluye pero a la vez trasciende* el análisis racional. Es esencial para decidir qué deseos perseguir y qué deseos abandonar.

Tras haber hecho todas las consideraciones racionales posibles, ¿qué pasa si no hay un modo claro de proceder? Esto ocurre todo el tiempo en nuestra vida.

Los directores de cine adoran representar estas situaciones porque son muy comunes en la experiencia humana. Una escena memorable ocurre en *El caballero oscuro*, película de la serie de Batman de 2008. El Joker ha colocado explosivos en dos transbordadores. Uno lleva a criminales condenados; el otro, a ciudadanos comunes. En cada transbordador hay un detonador que hará explotar al otro. El Joker dice a los pasajeros de cada transbordador que, si no hacen estallar el otro vehículo, él hará explotar los *dos* a la medianoche. El reloj comienza la cuenta regresiva.

Este es un problema clásico en la teoría del juego. Podemos generar una tabla de posibilidades e incluso de probabilidades que dictaminen qué transbordador estallará primero. Pero la vida no funciona como un problema matemático. Y aunque Kahneman, Tversky y Thaler hubieran estado a bordo no nos habrían podido ayudar a saber qué hacer con seguridad.

El mejor modo de entender este problema es verlo como un dilema de deseo. Si prestas atención a la manera de resolver estas situaciones, incluso en las películas, verás que se reducen a lo que más desea la persona que toma la decisión. No hay tiempo para un análisis racional serio.

En el clímax de la escena, uno de los prisioneros que viaja en el transbordador de convictos le exige al guardia paralizado de miedo que le entregue el detonador. «Haré lo que deberías haber hecho tú hace diez minutos», dice. El guardia le entrega el detonador. El convicto lo lanza al río.

Un hombre del otro transbordador, que tenía el dedo en el disparador de su detonador sin saber qué hacer, reconoce que los convictos del otro transbordador no han hecho nada. Decide no detonar la bomba. Esto le otorga a Batman tiempo suficiente para salvarlos.

El Joker asumió que todos actuarían conforme al interés individual. Estaba equivocado. Ocurrió algo que trascendió el juego al que el Joker quería jugar: algo que trasciende el análisis racional.

* * *

Se han escrito muchos libros sobre cómo mejorar la habilidad de discernir correctamente. Aquí se enuncian algunos puntos esenciales: (1) Presta atención a los movimientos internos del corazón cuando piensas en deseos diferentes: ¿cuál genera una satisfacción fugaz y cuál una satisfacción duradera?; (2) pregúntate qué deseo es más generoso y amoroso; (3) imagina que estás en tu lecho de muerte y pregúntate qué deseo te hubiera dado más paz; (4) por último, y más importante que nada, pregúntate de dónde proviene un deseo determinado.

Los deseos se disciernen, no se deciden. El discernimiento existe en el espacio liminal entre lo que es ahora y lo que vendrá. Los líderes trascendentales crean ese espacio en sus propias vidas y en las vidas de quienes los rodean.

HABILIDAD 4: SIÉNTATE EN SILENCIO EN UN CUARTO

El encierro en solitario es algo bueno y necesario para el ser humano. No me refiero al encierro en solitario *a la fuerza*. Nuestro sistema de justicia criminal lo utiliza de un modo atroz. Hablo de la decisión libre y voluntaria de encerrarse en soledad para poder discernir adecuadamente: para descubrir qué es lo que quieres y qué quieren los otros de ti.

Aproximadamente mil ochocientos años atrás, en Egipto, cientos de personas comenzaron a abandonar las ciudades y a irse al desierto para vivir de modo hermético en medio del silencio, siguiendo el ejemplo de Antonio el Grande, quien alrededor del año 270 había vendido sus posesiones, les había dado las ganancias a los pobres y había ido en busca de la perfección cristiana a la soledad del desierto. Fue considerado uno de los «padres del desierto», los predecesores de lo que luego se convertiría en la vida monástica. Al igual que Buda quinientos años antes, ellos estaban decididos a permanecer callados para poder confrontar sus deseos.

Algunos grupos de monjes, como los de la orden de los trapenses, aún conservan votos de silencio extremadamente estrictos y una vida ascética, que incluye dormir en tablas y ayunar durante gran parte del año. En la actualidad, hay aproximadamente ciento setenta monasterios trapenses en el mundo. Hay también unas veintitrés casas de cartujos, otro grupo que vive bajo estrictos votos de silencio en cuartos a los que llaman «celdas».

Vale la pena preguntarse por qué cualquier ser humano escogería por voluntad propia hacer esto.

* * *

En el silencio es donde aprendemos a estar en paz con nosotros mismos, donde descubrimos la verdad sobre quiénes somos y qué queremos. Si no estás seguro de qué deseas, no hay modo más rápido de averiguarlo que guardar silencio absoluto durante un período largo: no de horas, sino de días [15].

«Todos los problemas de la humanidad surgen de la incapacidad del hombre de permanecer solo sentado en silencio en una habitación», escribió Blaise Pascal, físico, autor, inventor y matemático del siglo XVII. En la actualidad, hay una crisis de salud pública relacionada con el ruido. Los gobiernos nunca hablarán de ella porque no pueden hacerlo, pero cada uno de nosotros puede escoger hacer algo al respecto.

En mi experiencia, el contexto más efectivo para discernir deseos es un retiro silencioso: idealmente, uno que dure al menos cinco días (pero tres como mínimo), desconectado de todo ruido y de las pantallas, en una ubicación remota, totalmente fuera de alcance. Con la prohibición de hablar.

En los retiros silenciosos que he hecho en centros dedicados a ello el único ruido proviene de la naturaleza, del tintineo de las cucharas contra los cuencos de sopa en el comedor comunitario (donde todos comen en silencio mientras suena Mozart o Bach) y de la ventana de treinta minutos en la que es posible hablar cada día con un mentor o con el director del retiro.

Los retiros silenciosos son una práctica común en algunas tradiciones religiosas, pero no hay ninguna buena razón que explique por qué esta práctica no debería ser más popular: el silencio regular y la soledad son una necesidad humana universal. La clave es encontrar un modo de vivir cinco días en silencio que funcione para ti. Es mejor imponerte algo a ti mismo (como aceptar el código de conducta de un centro de retiro en una ubicación remota) para que sea más difícil huir del compromiso. Quema tus naves al partir, así no podrás abandonar la batalla [16].

Puedes estar muy activo en silencio. Personas de todo el mundo realizan el Camino de Santiago, el sendero de peregrinaje de aproximadamente setecientos noventa kilómetros desde Saint-Jean-Pied-de-Port en Francia hasta Santiago de Compostela, cerca de la costa oeste de España. Muchos lo recorren en silencio.

Hice a pie solo el último tercio del sendero (desde León hasta Santiago de Compostela) durante catorce días a mi ritmo en 2013 (muchas personas recorren a pie el camino entero en treinta días). Quería tiempo de sobra para detenerme, pensar y hablar. No caminaba en silencio, pero siempre sabía cuándo me topaba con peregrinos que lo hacían. Se mostraban decididos: la cabeza inclinada, un pie delante del otro, haciendo el trabajo interno que necesitaban hacer.

Algunas personas participan en retiros silenciosos organizados por monasterios, guiados por los monjes. Otras alquilan una cabaña en un lugar remoto durante unos días cada año. Hay tantas maneras de hacer un retiro silencioso como personas. No hay motivo por el cual el silencio deba ser un bien de lujo, reservado para CEO y monjes. Es posible hacer estas experiencias más accesibles para todo el mundo.

* * *

Cumplir el compromiso con el silencio es difícil. Aquellos de nosotros que nos hemos dispuesto meditar diez minutos al día y hemos fracasado sabemos lo difícil que es.

Estrategia 12: INVIERTE EN EL SILENCIO PROFUNDO

Reserva al menos tres días consecutivos cada año para un retiro de silencio personal. Nada de hablar, nada de pantallas, nada de música. Solo libros. El silencio profundo es la clase de silencio que experimentas cuando los ecos y la comodidad del ruido normal han desaparecido por completo y estás a solas contigo mismo. Un retiro de cinco días es ideal porque en general el ruido del mundo no desaparece de nuestra mente por completo hasta el final del tercer día (y los mejores beneficios del silencio fluyen cuando eso ya ha sucedido), pero tres días es una buena meta para empezar.

Encuentra un lugar especial para el retiro. Cuanto más lejos estés del ruido de la vida cotidiana (sirenas de ambulancias y vehículos si vives en una ciudad), mejor.

Es buena idea considerar un retiro silencioso guiado en el cual los directores del retiro imparten reflexiones breves y supervisan la experiencia para un individuo o un grupo; estas reflexiones o lecturas son los únicos momentos en los que se rompe el silencio. Es fácil adaptar esto a los retiros silenciosos corporativos, en los que las meditaciones y las preguntas para reflexionar pueden estar alineadas al objetivo de empresa.

Desafío a cualquier empresa a darles a las personas la opción de tomarse al menos tres días de retiro pagados al año. Hay cientos de centros de retiro y ubicaciones para escoger, algunas están enumeradas en mi página web. Por menos de la mitad del precio de la mayoría de las vacaciones grupales, es posible ofrecer este tipo de experiencia. Obtendrás ganancias de la inversión (una inversión en el silencio) en forma de personas más enérgicas, centradas y productivas.

Por esta razón es necesario un retiro. Debes alejarte por completo de la vida normal. Debes aumentar el valor de la oportunidad de pagar un rescate.

Imagínate invertir una inmensa cantidad de tiempo y esfuerzo en viajar al otro lado del mundo de vacaciones con tu familia. Cuando llegas a destino, el trabajo comienza a llamarte con su canto de sirena. No puedes dejar de mirar los correos los primeros días. Piensas en irte y volver a casa más temprano. Pero estás allí y has invertido demasiado para irte. Los costes del cambio son demasiado altos, así que permaneces en ese lugar y disfrutas las vacaciones unos días mientras dejas de lado el trabajo. Cuando piensas en esa situación, siempre te alegra haber tomado la decisión de quedarte.

HABILIDAD 5: FILTRA EL *FEEDBACK*

Los líderes trascendentales no están obsesionados excesivamente con las noticias, la investigación de mercado o el *feedback* temprano. No es que estas cosas no importen o que los líderes trascendentales no sean reactivos. Más que nada, son reactivos a los deseos sólidos: a los propios y a los de otros.

El método Lean Startup para construir un negocio, propuesto por primera vez en 2008 por el emprendedor Eric Ries, se convirtió en el dogma de las escuelas de negocios en cinco años [17]. El mensaje es simple: construye cosas gradualmente y registra las devoluciones constantes a lo largo del camino para validar y modificar lo que estás haciendo.

En la jerga del Lean Startup, la primera versión de un producto se llama *producto mínimo viable* (o PMV). El PMV es «esa versión de un nuevo producto que le permite al equipo recopilar la máxima cantidad de conocimiento validado sobre los consumidores con el mínimo esfuerzo» [18]. (En el lenguaje del deseo, el PMV se corresponde con los deseos mínimos viables de los consumidores). Después del PMV, comienzas a aprender y a mejorar de manera constante.

El método Lean Startup tiene sus beneficios. Les ahorra a los emprendedores idealistas el dolor de un corazón roto. Evita desperdiciar tiempo y dinero, lanza más rápido productos al mercado y abre posibilidades emergentes para el crecimiento. Todo eso es bueno hasta cierto punto. Un emprendedor que no les da a las personas lo que quieren no permanecerá demasiado tiempo en el mercado.

Pero la técnica Lean Startup es un modelo de emprendimiento basado fundamentalmente en el *deseo inmanente*. Es política hecha con encuestas, en las que el candidato hace lo que las encuestas le indican. Eso no es liderar, sino seguir. A veces, es pura cobardía.

Toni Morrison ha descrito cuánto dependían sus alumnos de escritura de las opiniones de otros *incluso para emitir un juicio crítico por cuenta propia*. En una entrevista, dijo: «Algo que me interesa es lo increíblemente tímidos que son los estudiantes respecto de criticar cosas donde solo hay fuentes primarias. Hablan mucho sobre la crítica pionera, pero no están dispuestos a juzgar un ensayo sobre un libro que tiene solo un par de reseñas que analizar. No les importa tener un cuerpo de trabajo ante el que responder: fuentes secundarias, críticas, la evaluación de un docente. Me asombró que tardaran tanto en sentirse dispuestos a correr el riesgo de evaluar un libro que les había encantado, pero sobre el cual no habían oído a nadie dar su opinión» [19]. Sus juicios eran miméticos. No estaban dispuestos a defender ninguna postura.

Los líderes trascendentales no temen crear una empresa emergente sólida: un proyecto sobre el cual no hay *feedback* (que consiste a menudo en deseos débiles), sino que está construido sobre la base de deseos sólidos y continúa guiándose por ellos.

Esto no significa que los principios del método Lean Startup no sean valiosos desde un punto de vista funcional; simplemente significa que esos principios de diseño adaptativo no son la clase de cosas con las que se construye una empresa o una vida.

* * *

Un artículo publicado el 30 de noviembre de 2019 en *The Wall Street Journal* destroza a Elon Musk por haber evitado investigar el mercado. Musk no disfruta revisando información del mercado. Crea cosas que a él le gustaría comprar y apuesta a que otras personas también querrán comprarlas. (Es así en parte porque Musk sabe que él es un modelo mimético y que afecta directamente aquello que la gente quiere queriéndolo él primero).

El columnista Sam Walker dice que actitud de Musk hacia la investigación de mercado es «imprudente» en la era de la información. «No puedo culpar al señor Musk por querer ser un unicornio, o por pensar que es uno, o siquiera porque prefiera crear cosas que reflejan sus propios gustos en lugar del consenso basado en una convocatoria abierta» [20], escribió Walker.

Walker cree que Musk es un dinosaurio en la era tecnológica. En su opinión, las cosas han cambiado desde que Steve Jobs lanzó al mercado el iPhone. Tenemos mejores análisis, más estadísticas y la información del mundo al alcance de la mano. «El volumen de datos sobre los consumidores, combinado con los avances en inteligencia artificial y el aprendizaje de las máquinas ayudan a las empresas a decodificar el comportamiento humano a un nivel que los humanos nunca podrían ver», escribe. «En pocas palabras, los genios de hoy estudian problemas. Solo los perdedores hacen apuestas».

Cuando los ordenadores pueden revisar millones de datos, la investigación de mercado sale victoriosa. Aquellos que saben cómo hacerlo mejor que otros tienen una ventaja sobre aquellos que no. Pero este es el problema: ningún emprendedor que conozco se siente entusiasmado por seguir las órdenes de un ordenador. Por supuesto que un emprendedor debe ser capaz de interpretar bien los datos y ver cosas que otros quizá no detecten. Pero el mundo de la alerta empresarial se extiende mucho más allá de las estadísticas. Parte de la alegría de ser emprendedor es la habilidad de liderar: de llevar los deseos a un lugar nuevo.

El espíritu emprendedor va a morir a las grandes bases de datos.

Ningún economista moderno ha explicado el papel de los emprendedores en la economía mejor que el economista británico Israel Kirzner, cuya teoría de la alerta empresarial captura el espíritu del deseo trascendental. Según Kirzner, «una economía que busca luchar contra la circunstancia de apertura del mundo real debe trascender un marco de trabajo analítico que no puede adaptarse a la sorpresa genuina» [21].

Mi definición de emprendedor es simple. Cien personas miran el mismo rebaño de cabras. Noventa y nueve ven cabras. Una ve un suéter de cachemira. Y la alerta empresarial no se debe al análisis de datos, sino que nace de la voluntad y la habilidad de mirar más allá y ver algo más que lo evidente, para luego hacer algo al respecto.

Cabe mencionar que, menos de diez meses después de que publicaran el artículo de Walker sobre Musk, las acciones de Tesla habían subido más del 650 %, lo cual añadió un valor de más de doscientos mil millones de dólares.

* * *

¿Cómo será el futuro? ¿La inteligencia artificial decidirá qué nuevas empresas surgirán y qué nuevos productos lanzarán? [22] ¿Viviremos en un mundo donde ya no haya necesidad de líderes trascendentales?

El futuro será producto de lo que las personas quieran. Las cosas que construimos, las personas que conocemos y las guerras que luchamos dependerán de lo que querrán mañana las personas. Y eso empieza con el modo en que aprendemos a querer hoy.

Liderazgo inmanente	**Liderazgo trascendente**
Eventualmente sujeto a la mímesis destructiva (ciclo 1)	Capaz de trascender el proceso mimético del ciclo 1 y de liberarse
Cerrado, bucle fijo del deseo (burócratas de la economía)	Abierto, sistema dinámico del deseo (emprendedores de la economía)
Basura dentro, basura fuera	Basura dentro, basura muerta
Artistas que son completamente producto de su tiempo (grafiti pornográfico en Pompeya)	Artistas que desarrollan un estilo que trasciende su propio tiempo y espacio (Caravaggio)
La ficción se limita a la ironía y al cinismo (el prisionero que llega a amar su celda)	La ficción está escrita en un estilo que intenta remediar lo que está equivocado (Miguel de Cervantes)
Búsqueda de Google	Alfabeto X (la división del «disparo a la Luna» de Google)
Chef corporativo de la cadena Marriott	Chef Dominique Crenn
Corredores de la categoría Nascar	Magellan
Descartes («Pienso, luego existo»)	El mundo más allá de tu cabeza
Reality shows	Realidad virtual
El gato en el sombrero	*Donde viven los monstruos*

8

EL FUTURO MIMÉTICO

Qué querremos mañana

Robots sexuales... La píldora de Murti-Bing...
Viviendo como comadrejas.

> Creo que debemos analizar nuestra historia e intentar ver si, debajo de todo lo que ha ocurrido, no hay capas adicionales de fenómenos esperando ser revelados; si algunos aspectos de la vida que solían estar limitados por el antiguo sistema sacrificial no prosperarán, como otras áreas de conocimiento y otros modos de vida.
>
> —René Girard

El famoso emprendedor, autor y futurista Ray Kurzweil, que fue contratado como director de ingeniería en Google en 2012, afirma que sus predicciones tienen una tasa de exactitud del 86 %. Aquí hay una: «He determinado que en 2045 llegará la "singularidad", que es cuando multiplicaremos nuestra inteligencia efectiva mil millones de veces al fusionarnos con la inteligencia artificial que hemos creado» [1].

Si Kurzweil tiene razón (y no es el único que predice la llegada de la singularidad para esa época), entonces debemos preguntarnos: *¿Qué desearemos en ese momento?*

Ian Pearson, otro futurista famoso, tiene una idea al respecto. Predice que los humanos tendrán más sexo con robots que entre sí en el año 2050 [2]. Querremos tener más sexo con robots y ellos «querrán» tener sexo con nosotros (si por «querer» nos referimos a que estarán programados para imitar los deseos humanos; un modo artificial de desear).

No soy futurista. No sé lo que tú y yo querremos en el futuro. Pero sé que el deseo mimético ayudará a darle forma.

* * *

Los modelos más avanzados de robots sexuales que existen actualmente (como los fabricados por la empresa de Matt McMullen, *Abyss Creations)* tienen características miméticas. Están modelados en base al movimiento ocular y al discurso seductor de sus pretendientes humanos, que deben esforzarse por llevarlos a la cama. Los robots incluso están programados para imitar el deseo humano representando ante sus parejas que desean tener sexo.

La periodista Allison P. Davis visitó *Abyss Creations* en 2018 y escribió un artículo en *The Cut* sobre su experiencia, titulado «Lo que aprendí en mi cita con un robot sexual». Escribe sobre lo que aprendió después de interactuar con Harmony, el modelo femenino más avanzado de la empresa. «El objetivo es interactuar con ella lo suficiente para que empiece a "desearte"», comenta Davis. «De inmediato, le pregunto si quiere tener sexo y me siento una pervertida absoluta. Ella responde: "Aún no, pero algún día sí, cuando nos conozcamos mejor"».

Cuando los robots sexuales indican «deseo», están programados para fruncir los labios y entrecerrar los ojos, ojos que son apenas más grandes y redondos que los de cualquier humano real. La empresa los hace así a propósito para evitar el *valle inquietante*, un término acuñado por el experto en robótica japonés Masahiro Mori en los setenta. Mori descubrió que las personas creen que un robot es más atractivo estéticamente cuanto más se parece a los humanos, pero solo hasta cierto punto. Cuando los robots se parecen demasiado a un humano, como las esculturas de un museo de cera, se vuelven espeluznantes, perturbadores, repulsivos[3]. El valle inquietante encaja con la teoría mimética: lo que nos aterra no es la diferencia, sino la similitud.

Ninguna similitud es más peligrosa que la similitud del deseo. Nos incomoda cuando los robots son demasiado parecidos a la forma humana, así que imagínate si sus similitudes llegaran hasta nuestros deseos.

Cuando los deseos convergen en el mismo objeto, el conflicto es inevitable. El peligro real de la inteligencia artificial no son los robots que un día quizá serán más inteligentes que nosotros, sino los robots que tal vez *querrán* las mismas cosas que nosotros: nuestro empleo, nuestra pareja y nuestros sueños.

Crear deseos en robots o en humanos plantea preguntas serias sobre el futuro de la humanidad. El historiador Yuval Noah Harari termina su libro *Sapiens: breve historia de la humanidad* con estas palabras: «Puesto que pronto podremos manipular también nuestros deseos, quizá la pregunta real a la que nos enfrentamos no sea "¿en qué deseamos convertirnos?", sino "¿qué queremos desear?". Aquellos que no se espanten ante esta pregunta probablemente no hayan pensado lo suficiente en ella».

La pregunta «¿qué queremos desear?» es perturbadora en parte porque, en un mundo que manipula los deseos, debemos preguntarnos quién está detrás de esa manipulación. Pero también lo es porque la pregunta implica que es posible *querer desear* algo y aun así no ser capaz de desearlo.

No podemos desear aquello para lo que no tenemos un modelo. El modelo que adoptamos para el futuro es esencial para la formación de nuestros deseos.

* * *

Lo que desearemos en el futuro depende de tres cosas: cómo se conformó el deseo en el pasado, cómo se forma en el presente y cómo se formará en el futuro. Exploraremos brevemente estas tres fases en este último capítulo.

Primero, es necesario comprender cómo llegamos a desear las cosas que deseamos actualmente como individuos y como sociedad. Hay mucha evidencia que demuestra que la cultura estadounidense se ha vuelto más mimética en los últimos sesenta años. Algunas señales son: el aumento de la polarización política y social, la inestabilidad de los mercados y el surgimiento de las redes sociales como una máquina creadora de chivos expiatorios [4]. Podría decirse que no ha habido una gran idea que haya capturado la imaginación colectiva del mundo de manera trascendental desde la idea del hombre pisando la Luna. («¡Internet!», podrías objetar. Pero nada es menos imaginable que internet y nada ha creado más deseos miméticos inmanentes).

Segundo, la situación actual nos enfrenta a una decisión. Estamos en una crisis mimética. Los deseos se han transformado, se han proyectado hacia los demás y las tensiones aumentan. Como hemos hecho en el pasado, tal vez buscaremos una solución tecnológica o práctica: la aparición del mecanismo del chivo expiatorio. Quizá trataremos el problema como algo *externo*, un problema que podemos resolver con ingenuidad e ingeniería. O podemos reconocer que el deseo mimético es parte de la condición humana y hacer el trabajo arduo de transformar nuestros vínculos.

Tercero, el futuro del deseo dependerá de cuán adecuadamente manejemos la mímesis en nuestras vidas personales y, por extensión, en los ecosistemas de deseo de los que formamos parte.

Lo que queramos en el futuro dependerá de las elecciones que hagamos hoy. Cuando llega la hora de dormir, habrás hecho que sea un poco más difícil o un poco más fácil desear algo mañana: para ti y para otra persona.

ARENA MOVEDIZA CULTURAL

Una de las empresas más poderosas del mundo actual está inspirada en los anuarios universitarios y también lleva su nombre.

La mayoría de nosotros sabe ya que Facebook es más que solo un modo pasivo de mantener informados a los amigos; es una herramienta para forjar identidades, reales y deseadas. (¿De verdad son una familia aficionada a las actividades en el exterior o esa foto de las vacaciones es de la primera vez que hacían una excursión por el bosque?). Otorga un flujo infinito de modelos a partir de la revisión de la vida de otras personas. Esa es la fuente de su atractivo seductor para nosotros, al igual que la causa de los sentimientos ambivalentes que tenemos hacia las redes sociales. Facebook simboliza la entrada del mundo a Novatolandia, en la que pasamos la mayor parte del tiempo mirando nuestras pantallas, lo cual significa que simultáneamente miramos de reojo a nuestros vecinos.

Facebook no inició este cambio. Internet, a pesar de crear un inmenso valor económico al conectar al mundo, aceleró la rivalidad mimética y desvió la atención de la innovación en otras áreas.

* * *

El éxito extraordinario de unas pocas empresas de internet ha disfrazado la falta vergonzosa de descubrimientos importantes en otras áreas.

Ha habido pocas mejoras en el tratamiento del alzhéimer y otras variedades de demencia que afectan casi a un tercio de los estadounidenses de más de ochenta y cinco años. Aún no existe la cura para el cáncer. Lo mismo ocurrió con el COVID-19 mientras carecíamos de la habilidad de producir suficiente equipamiento para combatirlo adecuadamente. La esperanza de vida disminuye en muchas partes del mundo. Al igual que la calidad de vida.

El *Concorde* voló por última vez en 2003. Trenes, aviones y vehículos hoy se mueven tan rápido como hace cincuenta años. El ajuste de los salarios a la inflación se ha estancado para la mayoría de los estadounidenses desde inicios de 1960… mientras que el tamaño total de los cheques ha crecido, el poder adquisitivo no lo ha hecho [5].

Me encanta cocinar y veo programas de cocina en la televisión las tardes de domingo lluviosas. Pero no puedo evitar pensar que la proliferación de esos programas (miles de ellos, con concursos culinarios eternos que jamás terminan en canales de comida que transmiten durante veinticuatro horas) es un síntoma de nuestro estancamiento y decadencia cultural. No podemos imaginar cómo trascender las cosas, así que buscamos nuevas maneras de cortar un huevo u observamos a David Chang comer fideos.

Incluso dentro del área tecnológica, la innovación ha sido lenta *en relación a lo que las personas esperaban.* Mientras escribo esto, el iPhone lleva en el mercado desde 2007 y, si bien su *hardware* y su *software* han cambiado, aún parece el mismo teléfono. Las competencias empresariales por lanzar productos parecen más bien ritos de paso o rituales que procesos de descubrimiento de auténtica innovación. A estas alturas, solo estamos perdiendo tiempo.

* * *

Durante esta misma época, ha habido un estancamiento espiritual. El mundo ha perdido el misterio, el encanto[6]. En Estados Unidos y en Europa se ha producido un éxodo de la religión organizada que comenzó a principios de los sesenta y que continúa hasta el día de hoy[7]. En general se atribuye esta tendencia a los cambios políticos, al aumento del racionalismo o a pecados particulares de la institución eclesiástica, como el abuso sexual. La verdad es más compleja. Desde mi punto de vista (como alguien desde adentro), hay una liquidación generalizada del deseo profundo, una variación de la ley de Gresham, un principio económico que especifica que la moneda mala expulsa del mercado a la buena. En este caso, los deseos frágiles expulsan a los deseos sólidos.

Mientras que algunos líderes religiosos se enredaban en políticas mezquinas y guerras culturales, millones de personas depositaron con más confianza sus deseos sólidos en el buscador de Google que en los sacerdotes, los rabinos o los monjes. Google siempre está ahí, a cualquier hora del día, ofreciendo al menos la apariencia del anonimato, sin prejuicios y con respuestas inteligentes.

El profesor de la escuela de negocios de NYU Scott Galloway cree que cada una de las Cuatro Grandes empresas tecnológicas tiene acceso a una necesidad arraigada de la humanidad[8]. Google es como una deidad que responde nuestras preguntas (es decir, plegarias); Facebook satisface nuestra necesidad de amor y pertenencia; Amazon cumple con la necesidad de seguridad, permitiéndonos acceso instantáneo a bienes en abundancia (la empresa nos dio su apoyo durante la pandemia de COVID-19) para garantizar nuestra supervivencia; y Apple apela a nuestra libido y a la necesidad de estatus asociada a ella, indicando nuestro atractivo como pareja al asociarnos con una marca que es innovadora, progresista y cara. En muchos sentidos, las Cuatro Grandes empresas tecnológicas satisfacen las necesidades de las personas mejor que las iglesias[9].

También se encargan mejor de los deseos. La gran mayoría de las personas no piensan solo en sobrevivir, sino que intentan descubrir qué desear a continuación y cómo obtenerlo. Las Cuatro Grandes empresas tecnológicas proveen respuestas para ambas preguntas.

En el libro de Ross Douthat *La sociedad decadente: cómo nos hemos convertido en víctimas de nuestro propio éxito*, el autor escribe que «no es coincidencia que el fin de la era espacial haya surgido simultáneamente con una transformación en el mundo desarrollado, una crisis de confianza, la decadencia del optimismo, la pérdida de fe en las instituciones, el cambio hacia las filosofías terapéuticas y las tecnologías de simulación y el abandono de la ambición ideológica y la esperanza religiosa»[10]. Estamos atrapados en el estancamiento económico, las políticas que no llevan a nada y el agotamiento cultural. Somos como niños que, después de comerse todos los dulces de Halloween, se sientan en el suelo y dicen en medio del estupor: «¿Y ahora qué?».

Douthat termina su capítulo «Cómodamente adormecido» de este modo: «Si quieres sentir que la sociedad occidental está convulsionando, hay una aplicación para ello, una simulación convincente esperándote. Pero en el mundo real es posible que la sociedad occidental esté recostada cómodamente en una silla, consumiendo alguna sustancia calmante, viendo una y otra vez una cinta de sus grandes éxitos y su juventud alocada, enfurecida por su propia imaginación y, sin embargo, cómodamente adormecida de la realidad» [11].

Si bien Douthat no lo dice de manera explícita, parece que la razón principal e inexplorada de nuestro estancamiento y nuestra decadencia es la mímesis. Carecemos de un punto de referencia trascendental fuera del sistema. Mientras tanto, todos están más o menos imitando a otros. Nuestra cultura está estancada porque peleamos por hacernos espacio en una piscina, teniendo al lado el océano. Sin embargo, nadie se atreve a hablar sobre esta mímesis abiertamente. Es la fuerza oculta que guía nuestro desarrollo cultural, pero a su vez es tabú hablar sobre ella, como la envidia.

Es como si todos negaran que la fuerza de gravedad existe y a su vez se preguntaran por qué las personas continúan cayéndose [12]. Nadie se atreve a decir que es mimético o a señalar la mímesis que guía sus decisiones o creencias o el comportamiento de aquellos en su grupo.

Alexis de Tocqueville, un cronista estadounidense, describió lo que parece una crisis mimética de similitud en su libro *La democracia en América*, escrito en 1835. Vio el peligro de la independencia concebida ingenuamente. ¿Qué pasaría en una sociedad que era cada vez más liberal e individualista y con un alto grado de igualdad, pero en la que las diferencias entre personas eran evidentes? Correría el riesgo de tener un grado aún mayor de enemistades entre las personas que una sociedad con menos igualdad. «Cuando todas las condiciones son desiguales, no hay igualdad lo bastante grande para ofender a la vista, mientras que la menor disimilitud es odiosa en medio de la uniformidad general, cuanto más completa es esta uniformidad, más insoportable es la visión de tal diferencia [13]», escribió Tocqueville.

Mientras luchamos por la igualdad en áreas que *sí* importan, como los derechos humanos básicos, o la libertad de que cada persona siga sus deseos sólidos (en Estados Unidos, esto se llama «la búsqueda de la felicidad»), también empezamos a luchar por la igualdad en áreas que *no* importan, por nuestros deseos frágiles: ganar tanto dinero como otra persona, tener la misma cantidad de seguidores en Instagram, tener el mismo estatus social o el mismo respeto o prestigio profesional que cualquiera de los casi ocho mil millones de modelos del planeta.

LA MATRIZ MIMÉTICA

(UNA GUÍA SALVAJEMENTE SIMPLIFICADA DE LA MÍMESIS EN LA CULTURA)

La lucha por cosas que importan se cruza e interactúa con la lucha por cosas que no importan porque el deseo mimético tiene el efecto de difuminar los límites. Aparta nuestra atención de los deseos sólidos y la dirige hacia los frágiles. Cuando el deseo de igualdad es manipulado por el deseo mimético, lo único que vemos son diferencias imaginarias o superficiales [14].

Nos encontramos en un ciclo de deseo destructivo. Pero eso, en sí mismo, no es letal. Es letal porque las personas no parecen creer que haya alternativa. Nuestra sociedad es decadente y está estancada porque carece de esperanza. La esperanza es el deseo por algo que (1) está en el futuro, (2) es bueno, (3) es difícil de alcanzar y (4) es posible. El cuarto punto es esencial. Sin la convicción de que es posible satisfacer un deseo, no existe la esperanza y, por lo tanto, no existe el deseo. La esperanza es el suelo en el que crecen los deseos sólidos. Las personas mueren por falta de imaginación [15].

Para romper con este ciclo mimético, necesitaremos encontrar algo que valga la pena tener la esperanza de alcanzar.

INSTRUMENTOS VERSUS VÍNCULOS

Hay dos enfoques que comúnmente usan las personas para escapar del ciclo 1.

El primero, *crear* deseo, es el enfoque de Silicon Valley, los gobiernos autoritarios y el Culto a los Expertos. Los primeros dos usan la inteligencia y los datos para planear un sistema en el que las personas deseen lo que otros quieren que ellas deseen: cosas que benefician a cierto grupo social. Este enfoque es una amenaza grave para la voluntad humana. También carece de respeto por la capacidad de las personas de desear libremente lo que es mejor para ellas y para sus seres queridos. El Culto a los Expertos, con su abordaje de «cinco pasos para alcanzar la felicidad», carece de respeto por la complejidad humana.

La alternativa es la *transformación* del deseo. El enfoque creacional es como la agricultura industrial que utiliza pesticidas y contamina la tierra con máquinas grandes para luego medir el éxito en la producción de la temporada, la vida útil del producto y la uniformidad. La transformación del deseo es como la agricultura regenerativa, que puede convertir un terreno infértil en un suelo rico según las leyes y las dinámicas del ecosistema. En nuestro caso, el ecosistema es la ecología humana… y el deseo es la sangre que le da vida.

La transformación el deseo ocurre a través de los vínculos. La creación de deseos sucede en laboratorios, con instrumentos fríos e inertes.

LA CREACIÓN DEL DESEO

Las empresas tecnológicas tienen el poder de crear deseos porque cumplen cada vez más el papel de mediadores entre las personas y los objetos que quieren. Esa es la definición del modelo mimético. Amazon es el mediador de deseo para los bienes materiales. Google es el mediador del deseo para la información. Google comenzó siendo una simple empresa de buscadores que ayudaba a las personas a encontrar y acceder a páginas en internet. En cuestión de pocos años, la empresa entendió que los resultados de búsqueda no eran solo datos sobre lo que la gente deseaba encontrar en un momento dado, sino que eran los primeros indicadores de lo que las personas deseaban: información sobre sus deseos, a la cual Google tuvo acceso antes que nadie. Google fue pionero en lo que la profesora de Harvard Shoshana Zuboff llama *capitalismo de vigilancia* [16]. Las empresas que funcionan según este modelo traducen la experiencia humana privada en datos conductuales que luego pueden utilizar para crear sus deseos o al menos explotarlos para obtener ganancias [17].

En una conferencia sobre ganancias en 2011, el cofundador de Google, Larry Page, explicó que la nueva misión de Google era la transición de *buscar* a *satisfacer*. «Nuestro objetivo principal es transformar toda la experiencia Google, hacerla hermosamente sencilla, casi mágica, porque entendemos lo que los usuarios quieren y podemos dárselo de inmediato» [18].

* * *

Shoshana Zuboff cuenta la siguiente historia en su libro *La era del capitalismo de la vigilancia: la lucha por un futuro humano frente a las nuevas fronteras del poder.* Una mañana de 2002, un equipo de ingenieros de Google llegó a sus escritorios y vio que una frase extraña había aparecido como la más buscada a nivel mundial: «El apellido de soltera de Carol Brady». ¿Por qué el interés repentino en la historia familiar de un personaje de una serie cómica de los años setenta? La búsqueda se mantuvo en la cima cuarenta y ocho minutos más después de la hora más popular durante cinco horas consecutivas.

Los ingenieros de Google no tardaron mucho en descubrir el motivo. El concurso televisivo *Quién quiere ser millonario*, visto por millones de personas, le había hecho esa pregunta a un participante la noche anterior. Dado que el programa se transmitía en diferentes zonas horarias, la pregunta se repitió durante cuarenta y ocho minutos más allá de la hora.

Dado que Google tiene acceso al indicador principal de datos sobre los deseos de las personas, prácticamente comercia con información privilegiada. En su libro de 2008 *Life After Google: the Fall of Big Data and the Rise of the Blockchain Economy*, el gurú tecnológico George Gilder escribe: «El camino a la riqueza de Google es que con suficiente información y suficientes procesadores sabe mejor que nosotros lo que satisfará nuestros anhelos» [19]. Y es cierto: siempre y cuando nuestros deseos sean ordinarios y predecibles.

El apellido de soltera de Carol Brady, en caso de que te lo preguntes, es Martin. Una búsqueda de Google de dos segundos podría habértelo dicho gratis. Solo que no es gratis. Cada vez que escribimos algo en la caja de búsqueda, le decimos a Google lo que queremos. A veces revelamos cosas que no le contaríamos a nadie. Google responde dándonos unos 2.830.000 resultados en 0,59 segundos (al menos eso es lo que obtuve cuando busqué «pollo al *limoncello*» mientras pensaba qué cenar ahora mismo). Y en esos 0,59 segundos, le hemos revelado nuestros deseos a Google.

El precio que pagamos es demasiado alto.

Deseos centralmente planeados

Los debates políticos sobre hasta dónde debemos crear deseos son perennes. Nunca los esbozamos así.

Este no es el sitio para una exploración profunda del deseo y la política, pero sugeriré un modo subestimado para reflexionar sobre las preguntas políticas: ¿qué efecto tiene un sistema político o una política en *lo que las personas desean*? ¿Qué efectos tienen en el deseo?

Los regímenes autoritarios solo pueden existir mientras puedan controlar lo que las personas desean. Normalmente, pensamos en estos regímenes controlando lo que las personas pueden o no hacer con leyes, regulaciones, vigilancia y castigos. Pero su verdadero triunfo ocurre cuando tienen autoridad sobre sus deseos. No quieren mantener a la fuerza a prisioneros en celdas, quieren que esos prisioneros aprendan a amar sus celdas. Cuando no hay deseo de cambio, la autoridad del régimen es absoluta.

El objetivo de un campo de «rehabilitación» no es aprender de nuevo a leer o escribir o interpretar la historia, o siquiera a cómo pensar: es fundamentalmente sobre la rehabilitación del deseo. Los académicos rusos Catriona Kelly y Vadim Volkov han señalado en su ensayo *Directed Desires: Kul'turnost' and Consumption*, que la transición hacia la Rusia soviética llegó a través de lo que ellos llaman *deseos guiados.* Hubo una sutil campaña para guiar a las personas a desear ciertas cosas y rechazar otras. La idea de *kulturnost*, o *culturosidad* en español, comenzó a surgir. Era un modo correcto de vivir basado en los valores culturales rusos compartidos por todos [20].

Los líderes de los campos de trabajo forzoso (*gulag*) intentaban eliminar los deseos de las personas por aquello que no estaba alineado con sus ideas de lo que era deseable. Pero alimentaban aquellos deseos que sí lo estaban. El autor Roy Medvedev cuenta la experiencia de una mujer después de haber sido liberada: «Estoy decepcionada por todo y ya no creo en nada, pero tengo un deseo: comer helado todos los días, nada de belleza, nada de amor» [21]. Su deseo por algo que no fuera helado había sido destruido. Pero ahora necesitaba una nevera y cierta seguridad económica para poder comer helado todo el tiempo. Terminó apoyando al mismo partido político que la había esclavizado porque era el único que prometía ayudarla a cumplir el deseo empobrecido que le habían dado [22].

Langdon Gilkey, un joven maestro estadounidense de la Universidad de Yenching durante la Segunda Guerra Mundial, fue arrestado e internado en Shantung, un campo de concentración japonés que hoy está en Wifang, China. Estuvo encerrado allí durante dos años y medio con empresarios, misioneros, profesores, abogados, médicos, niños, prostitutas: una muestra representativa de la humanidad. A Gilkey le impactó la forma en que el encierro afectó sus deseos: «Me maravilló el modo en que podemos engañarnos a nosotros mismos», escribió en su libro de 1966 *Shantung Compound: The Story of Men and Women Under Pressure*. «Nos vestimos con algún disfraz profesional o ético para esconder de nosotros mismos nuestros deseos reales y nuestros anhelos. Luego presentamos ante el mundo una fachada de objetividad y rectitud en lugar de la preocupación que sentimos realmente por nosotros mismos» [23]. El campo de concentración en Shantung tuvo un efecto desorientador en los deseos de todos, lo cual hizo que fuera mucho más fácil que fueran manipulados por quienes estaban al mando.

Las ideologías son sistemas cerrados de deseos. Otorgan límites claros sobre qué es aceptable desear y qué no: ya sea la plataforma de un partido político, la ideología que guía a una empresa o la ideología que da forma a un sistema familiar.

La característica más prominente de cualquier ideología es la violencia que encubre y ejerce a la vez. En otras palabras, una ideología mantiene a un grupo «a salvo» de intrusos que pueden traer un hilo de pensamiento contagioso. No hay sitio para la oposición. Girard una vez definió la ideología como «la idea de que todo es bueno o malo» [24].

Estrategia 13: BUSCA LA COEXISTENCIA DE LOS OPUESTOS

Para romper con la ideología, ayuda prestarle atención a lo que en latín se llama *coincidentia oppositorum*: la coincidencia, o coexistencia, de los opuestos. Figuras paradójicas, contradicciones flagrantes. Personas que son tímidas y atrevidas a la vez, humildes y confiadas o que frustran por completo las expectativas. Personas, cosas o experiencias que hacen que nos rasquemos la cabeza y digamos: «Un momento, se supone que esas dos cosas no coexisten».

Estas coincidencias de opuestos señalan algo trascendental. La razón por las que las cosas parecen no poder coexistir es porque no forman parte del modo en que yo experimento el mundo. No tienen un sitio en mi mapa de significados, en mi modelo mental del funcionamiento del mundo. Son una señal de que necesito ir más lejos, reevaluar, insistir más. Indican algo que está más allá del sitio en el que estoy actualmente.

Los sabios han dicho que es mejor compararnos con quienes éramos ayer, no con quienes son hoy otras personas. Es un buen punto de inicio para escapar de la trampa de la comparación y la medición.

Pero no es suficiente. La persona que era ayer no es un modelo al que puedo imitar. Solo puedo mirarlo desde el presente (y en general, en mi caso, negar con la cabeza de lado a lado).

Lo que necesito es un modelo para el futuro: un modelo trascendental, en el que no haya más paradojas de opuestos, en el que no haya más contradicciones, y en el que mis deseos no estén en tensión constante y perpetua. Todos lo necesitamos.

La coexistencia de los opuestos suele ser una señal que nos indica el camino correcto.

Es una señal de madurez ser capaz de contemplar dos deseos en conflicto o dos ideas opuestas al mismo tiempo sin rechazar inmediatamente una u otra antes de haber tenido el tiempo de discernir con detenimiento. Vivir con deseos es vivir con tensión.

Una salida fácil

En 1930, el escritor polaco Stanisław Ignacy Witkiewicz publicó una novela satírica titulada *Insaciabilidad*[25]. En ella, un ejército de Asia conquista Polonia. La gente está destrozada, arruinada... hasta que empiezan a oír hablar de Murti-Bing, un filósofo del ejército conquistador que ha encontrado un modo de entregarles a los humanos una nueva filosofía de vida con una sola píldora.

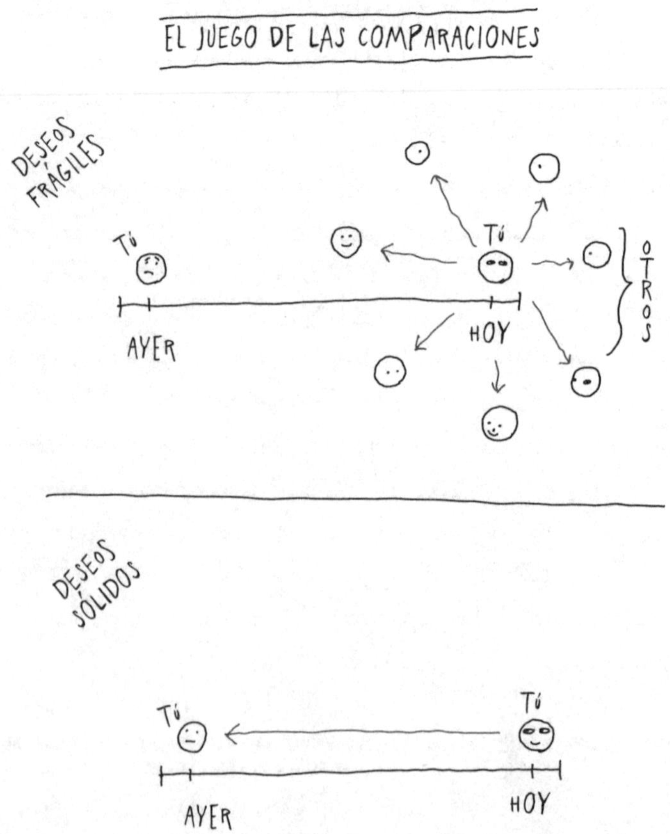

Pronto, los soldados aparecieron por las esquinas repartiendo «la píldora de Murti-Bing». Los polacos se volvieron adictos a la nueva droga. Las píldoras eran un modo de manipular sus deseos para que aceptaran con facilidad su nuevo estilo de vida.

Pero dado que las píldoras no eran un producto orgánico de sus pensamientos y deseos, las personas que las consumían desarrollaban personalidades múltiples. Enloquecían. Estaban divididas contra sí mismas[26].

La píldora de Murti-Bing es la precursora de las películas de *Matrix* y tiene ciertas similitudes con la droga soma del libro *Un mundo feliz* de Aldous Huxley. Los deseos de las personas cobran forma artificialmente gracias a fuerzas externas. Debemos enfrentar la posibilidad real de que pronto tendremos, o de que ya tenemos, píldoras de Murti-Bing. ¿Tragarías una?

Deseo transformador

Hay dos maneras diferentes de pensar que corresponden respectivamente a la creación del deseo y a su transformación: *el pensamiento calculador* y el *pensamiento meditativo*. Baso esta distinción libremente en el trabajo del filósofo Martin Heidegger[27].

El pensamiento calculador está constantemente buscando, hurgando, planeando cómo alcanzar un objetivo: llegar del punto A al punto B, ganarle al mercado de valores, sacar buenas notas, ganar una discusión. Según el psiquiatra Ian McGilchrist, es la fuerza dominante de pensar en nuestra cultura tecnológica. Lleva a la persecución incansable de objetivos… en general sin haber analizado si, para empezar, vale la pena seguir esos objetivos[28].

Un monje a cargo de entrenar a novatos en un monasterio me dijo que los últimos años ha notado que los jóvenes aspirantes (hombres camino a convertirse en monjes) llevan pilas de libros con ellos cuando rezan en la capilla. Están acostumbrados a pensar que sin «aportes» es imposible que haya «un resultado». La hipertrofia del pensamiento calculador es producto de nuestro desarrollo tecnológico: humanos imitando máquinas.

El pensamiento calculador también refleja la mentalidad técnica. Los líderes calculadores lidian con los deseos construyendo un algoritmo para predecirlos mejor, crean una aplicación para impulsarlos a un lado o a otro, o construyen una «cultura empresarial» inorgánica para formarlos. A veces me pregunto en qué difieren los cultos que giran alrededor de la cultura empresarial vertical del fenómeno *cuius regio, eius religio* («a tal rey, tal religión») del Sacro Imperio Romano, en el que diferentes príncipes o gobernantes tenían derecho a imponer al pueblo su creencia religiosa preferida[29].

* * *

No hay nada malo en la mentalidad técnica. Pero algunas cosas están hechas para inventarse (como las motocicletas) y otras no (la naturaleza humana).

El pensamiento calculador se ha vuelto el modo principal de pensar y en general excluye por completo el pensamiento meditativo, lo cual lleva a que con el tiempo haya formas de confección social, manipulación tecnológica y pérdida de afectos. «Desde la masacre de los armenios a los horrores de la Shoá y Camboya y los crímenes de Ruanda, pueblos enteros han sido asesinados a sangre fría, a veces incluso con fervor burocrático», escribe Girard[30]. El pensamiento calculador permite que el mecanismo del chivo expiatorio prospere.

Estrategia 14: PRACTICA EL PENSAMIENTO MEDITATIVO

August Turak es el autor del galardonado libro *Brother John: A Monk, a Pilgrim and the Purpose of Life*. A principios de los años ochenta, era ejecutivo de ventas de la MTV cuando la cadena televisiva comenzaba a tener éxito. Cuando lo visité en su rancho en Carolina del Norte, me contó la siguiente historia.

Turak iba en metro en Nueva York con otro ejecutivo de la MTV, un pensador brillante que disfrutaba planteando acertijos a sus amigos y colegas. Desafió a Turak: «Dime cuál es el próximo número en esta secuencia. 14, 18, 23, 28, 34, 42».

Él se enorgullecía de ser bueno resolviendo acertijos. Me cuenta: «Estoy devanándome los sesos. Dieciocho menos catorce son cuatro; veintitrés menos dieciocho son cinco, y así sucesivamente. Pero no lograba resolverlo». Al final, se rindió.

Cuando ocurrió, su colega señaló el 42 gigante que estaba en el muro de la estación de metro en la calle 42, donde el vehículo se había detenido. Los números eran las paradas que el metro había realizado hasta el momento: calle 14, calle 18, calle 23, y así. «Decía en voz alta todos los cálculos. Todo el tiempo, veía los carteles con los números que me había dado en el acertijo y, sin embargo, no lograba verlos».

Turak estaba calculando y eso hizo que perdiera de vista lo que tenía frente a sus narices. El pensamiento meditativo nos ayuda a sumergirnos en la realidad y a notar las posibilidades *divergentes* en lugar de las *convergentes* («Es un problema de matemáticas»). El pensamiento meditativo también es esencial para el proceso de discernir deseos [31].

El mejor modo de empezar a practicar el pensamiento meditativo es servirte una bebida y observar un árbol durante una hora. Una hora entera. No hay objetivo en este ejercicio más que aprender a no tener objetivo. Mientras observas el árbol, préstale atención a todo lo que notas. Deberías notar que tu pensamiento calculador lentamente le cede espacio al meditativo. Si no sucede, repite el ejercicio todas las veces que sea necesario.

El pensamiento meditativo, en cambio, es un pensamiento paciente. No es lo mismo que la meditación. El pensamiento meditativo es simplemente el pensar despacio y de modo no productivo. No es reactivo. Es la clase de pensamiento que, al oír noticias o experimentar algo sorprendente, no busca de inmediato soluciones. En lugar de eso, plantea una serie de preguntas que ayudan a quien las realiza a sumergirse más en la realidad: «¿Qué es esta nueva situación? ¿Qué hay detrás de ella?». El pensamiento meditativo es lo bastante paciente para permitir que la verdad se revele a sí misma.

El pensamiento meditativo abre la puerta de la transformación. Cuando la parte calculadora y encargada del procesamiento de nuestro cerebro se tranquiliza, la parte meditativa (que asimila nuevas experiencias) gana la habilidad de trabajar integrando esas nuevas experiencias en un nuevo marco para la realidad.

El cerebro calculador solo es capaz de encajar esas nuevas experiencias en modelos mentales *existentes*. El cerebro meditativo *desarrolla* nuevos modelos. Si todo nuestro tiempo transcurre en modo calculador, nos pasaremos la vida intentando encajar cada nuevo encuentro en una caja. Y para el deseo, eso es letal.

* * *

Ambos modos de pensar son útiles en circunstancias distintas. Si estoy trabajando en el mercado de valores, debo ejercer el pensamiento calculador. Si intento comprender una situación nueva e inesperada en el mundo, o el descubrimiento de deseos sólidos, necesito el pensamiento meditativo. El pensamiento calculador simplemente no permanece en el presente el tiempo necesario para que aparezca algo sólido.

El pensamiento meditativo es el antídoto para una cultura de mímesis hiperveloz, porque permite que haya tiempo de desarrollar deseos sólidos. La transformación ocurre cuando paso bastante tiempo con mis deseos como para conocer sus nombres y saber si quiero o no vivir con ellos.

El pensamiento calculador es la forma más mimética del pensamiento. Pero la mentalidad por sí sola no basta. Nos vinculamos con otros. Y las relaciones son el lugar donde vive el deseo mimético.

ESPACIOS CRUCIALES

Muchas relaciones se mantienen gracias a vínculos miméticos: entre jugadores que compiten por el respeto del entrenador, entre compañeros que compiten por estatus y entre académicos que construyen sus currículums.

La tensión mimética está presente incluso en relaciones que son, en general, saludables: entre cónyuges, padres e hijos, o compañeros. Incluso tu relación con tu mejor amigo puede estar afectada por la mímesis (probablemente lo esté). La competencia sana puede ser buena; pero aquí hablamos de rivalidad mimética. La clave es reconocer en qué sentidos una relación es mimética, y enfrentarlos.

El deseo trasformador incluye cambiar la naturaleza de nuestros vínculos. Empecemos con tres lugares donde pasamos la mayor parte de nuestro tiempo: nuestra familia, nuestra imaginación y nuestro trabajo.

La familia

Las familias son el primer sitio donde las personas aprenden cómo y qué desear.

Cuando somos niños, nuestro menú entero de deseos, las cosas que podemos escoger querer o no, está limitado a los objetos y roles que nuestra familia nos presenta y luego nos recompensa por cumplir. Esos roles pueden incluir ser un niño obediente para un padre emocionalmente demandante, cumplir con las expectativas creadas por el modelo establecido por los hermanos mayores, ser un buen liberal o un buen conservador, ser religioso o ateo, o cualquier otra cosa que el sistema familiar de valores haya constituido.

Cuando los niños son muy pequeños, los padres son sus únicos modelos miméticos. Lo que los padres desean, lo desean los niños. En segundo lugar, están los hermanos mayores. Pero al poco tiempo (en general a la edad de tres años o en el momento en que descubren que sus padres no son dioses, lo que sea que suceda primero), empiezan a buscar otros modelos. Y cualquier modelo les servirá.

Según un artículo publicado en 2015 en *The Wall Street Journal* y escrito por Jacob Gershman, el pequeño de dos años Grayson Dobra de Nueva Orleans estaba fascinado con los anuncios del abogado especializado en accidentes Morris Bart. En cuanto Grayson fue capaz de hablar, comenzó a decir «¡Bart! ¡Bart!». Así que, para su segundo cumpleaños, su madre le organizó una fiesta temática de Morris Bart: un pastel de Morris Bart, una silueta de cartón de Morris Bart y regalos inspirados en Morris Bart. Grayson encontró su primer modelo fuera de la familia... en Celebrilandia.

Cuando los niños se convierten en adolescentes, han abandonado sus modelos de la infancia. La adolescencia inaugura una fase hipermimética que afecta incluso a los chicos más centrados. Cada uno intenta responder las preguntas fundamentales: «¿Quién soy? ¿Qué quiero ser?».

A través de todo el proceso, los padres pueden ayudar a sus hijos a reconocer cuáles de sus deseos son sólidos y cuáles son frágiles y animarlos a cultivar los sólidos. Pueden hacerlo enfatizando las cosas que llevan a la gratificación (por ejemplo, señalando que el maravilloso recital de piano de su hijo del año pasado parece haber llevado su amor por la música a otro nivel) o quitarles énfasis a esos deseos que no lo hacen (poner en perspectiva adecuada la ansiedad que sienten por haber sacado un sobresaliente bajo porque su mejor amigo ha sacado un sobresaliente).

Lo más importante es que los padres tienen la responsabilidad de modelar vínculos saludables. Eso significa prestarles atención minuciosa a sus propios impulsos miméticos. Incluso en modos que parecen inocentes o insignificantes. Reaccionar miméticamente a cada noticia política en la cena o a cada injusticia menor que un niño sufre en la escuela o en un deporte, o usar a los niños de peones en una rivalidad con otros padres (como comprarle a tu hijo un coche más bonito que los padres de su amigo no pueden pagar para indicar tu clase social), todas esas cosas crean una atmósfera en la que el comportamiento mimético se aprende y se convierte en la norma.

La mayoría de las personas tienden a ser tan miméticas como quienes las rodean. Los niños aprenden y adoptan el comportamiento mimético de los padres. Y, en general, también lo hacen sus chivos expiatorios. Debemos ser prudentes sobre a quién les enseñamos a nuestros hijos a querer y a odiar.

La imaginación

¿Con qué sueñan los ciegos? La respuesta depende de cuándo perdieron la vista. Una persona que se volvió ciega a los ocho años puede soñar usando todos los estímulos sensoriales que su cerebro recibió mientras podía ver. Es diferente para quienes nacen ciegos. No sueñan con imágenes porque su cerebro no tiene imágenes de referencia. En lugar de eso, sueñan con sensaciones y sonidos (algunos comunes son caer en un agujero y ser atropellados por un vehículo invisible). Para resumir, solo podemos soñar con lo que hemos recibido[32].

Con nuestros deseos, en general nos comportamos como si fuéramos ciegos. Buscamos a otras personas que pensamos que «ven» mejor que nosotros (nuestros modelos) para poder aprender qué vale la pena observar y perseguir. Cada uno de nosotros tiene un universo de deseo que es tan grande como nuestra imaginación.

¿Cómo se ha formado nuestra imaginación?

Gran parte de la vida está hecha de conocimiento tácito: lo que el filósofo Michael Polanyi llamó «racionalidad inarticulada». Son las cosas que sabemos, pero no podemos explicar. Sabemos muchas cosas que nos resulta difícil comunicar con claridad a otra persona, incluso a nosotros mismos[33]. Experimenté esto cuando intenté enseñarle a mi esposa a hacer snowboard por primera vez. No fue una escena bonita. Y no me refiero a su aptitud para hacer snowboard, sino a mi torpe intento de enseñar.

Nos colocamos sobre las tablas en la cima de una colina para principiantes. Al subir a mi tabla, instintivamente, coloqué el peso en mi talón para evitar deslizarme por la pequeña pendiente en la que estábamos (primer error: no buscar un terreno llano para la lección). «Ven, solo inclínate...». *Bum.* Antes de que las palabras salieran de mi boca, Claire intentó ponerse de pie y cayó de culo. Sufrimos la siguiente hora, yo tratando de describir qué hacía sin que nada funcionara. Luego, ella descubrió cómo balancear el peso por cuenta propia, a modo de prueba y error. Me dijo todas las indicaciones sencillas que *podría* haberle dado para evitar que tuviera cincuenta caídas en sesenta minutos. Pero la verdad es que no tenía idea de cómo hacía lo que hacía. No recordaba cómo había aprendido a hacer snowboard por primera vez.

Pensé en la fábula del ciempiés. Un día, una araña observó a un ciempiés, fascinada por la destreza del animal. La araña le preguntó cómo lograba coordinar el movimiento de cien patas al mismo tiempo. La araña tenía solo ocho, no podía pensar en mover las noventa y dos patas extras. «Ehm, bueno... veamos», dijo el ciempiés. «Muevo primero esta... No, espera, esta... No, quizás esta... y después... no, no es así». El ciempiés se embrolló solo de pensarlo. Tenía el conocimiento tácito.

La fluidez en un nuevo idioma, el sentido del humor, la inteligencia emocional y la sensibilidad estética son cosas que probablemente conocemos de modo tácito, pero que no podemos articular por completo. Lo mismo ocurre con una imaginación vibrante, llena de modelos de deseo durante la juventud.

Desde que los niños oyen su primer cuento de hadas, su imaginación alza el vuelo con imágenes fantásticas de ideales nobles y aventuras: heroísmo, sacrificio, belleza, amor. Son todas cosas centrales de la fibra de nuestra humanidad; sin embargo, nos resulta difícil explicar por qué son importantes.

La literatura es una de las principales influencias en la imaginación: una escuela de deseo. A partir de la literatura es donde las mentes jóvenes entran en el mundo de las historias de los deseos de otros, reales y ficticios. Es cierto que expone a los niños a fuerzas miméticas y en general enciende sus propios deseos (a tu hijo que lee *Harry Potter* no le importaría ser mago por un día), pero piensa en ello como un campo de entrenamiento para aprender a lidiar y discernir qué deseos llevan a dónde. En las buenas novelas, lo vemos en la trama.

Nuestros deseos solo son tan grandes o pequeños como los modelos a los que nos exponemos. Los personajes de ficción que modelan deseos grandiosos y sólidos pueden contrarrestar los modelos de deseos débiles y frágiles de la vida real.

La educación se ha apartado de las artes liberales y ha ido hacia el conocimiento especializado y técnico: hacia el pensamiento calculador. ¿Cómo afectará esto la formación de deseo en las generaciones futuras? No lo sabemos. Pero debemos pensar seriamente en cómo nuestros sistemas educativos moldean la imaginación de los estudiantes y, por lo tanto, sus deseos.

Trabajo

Creo que el objetivo del trabajo no es solo ganar más dinero, sino convertirse en algo más. Su valor no puede medirse por el resultado objetivo del trabajo en sí mismo; hay que tener en cuenta la transformación subjetiva de la persona que trabaja.

Dos médicos pueden hacer exactamente las mismas rondas en el mismo hospital. Después de diez años, uno puede estar amargado y resentido como resultado de las largas horas de trabajo, la mala calidad de la comida de la cafetería, el sistema de seguros corrupto y los pacientes desagradecidos; el otro experimenta esas mismas cosas, pero las usa para volverse un ser humano más atento, tolerante y comprensivo.

Los empleados tienen la responsabilidad de pensar en esta dimensión subjetiva del trabajo. ¿Cómo contribuyen la empresa y la naturaleza del trabajo que se realiza en ella para el desarrollo general de la persona?

En 2015, Dan Price, el fundador y CEO de Gravity Payments, renunció voluntariamente a la mayor parte de su salario de aproximadamente un millón de dólares para poder subir el salario mínimo de su empresa a setenta mil dólares durante los tres años siguientes. En el momento en que tomó su decisión, el salario promedio en la empresa era de cuarenta y ocho mil dólares. Los salarios más bajos estaban al nivel de los que daba el mercado y eran las cantidades que pagaban sus competidores por empleos similares. Pero en la cara ciudad de Seattle, en Washington, no alcanzaban para mucho más que sobrevivir. Muchos empleados no sentían la estabilidad suficiente para comenzar una familia.

Durante los cinco años posteriores a la decisión de Price, la empresa de servicios financieros prosperó: pasó de procesar 3,8 billones de dólares a 10,2 billones de dólares en transacciones. Y lo más importante era que los empleados estaban felices. La dotación superó el doble y los empleados fueron capaces de perseguir sus deseos sólidos, por ejemplo, tener hijos. Antes del ajuste del salario mínimo, cada año nacían entre cero y dos bebés entre los empleados de Gravity. Después del ajuste, el número de nacimientos llegó aproximadamente a los cuarenta bebés.

A veces, el mercado no es un buen indicador de qué quieren las personas. Es bueno para determinar el precio de los deseos frágiles, pero no necesariamente el de los sólidos.

Los deseos transformadores en el trabajo no ocurren modificando el *statu quo*. Ocurren cuando alguien sale del sistema mimético (por ejemplo, «el estándar empresarial» para los salarios) y utiliza una perspectiva más abarcadora de la vida y la humanidad.

Hay muchas maneras nuevas y diferentes de recompensar un buen trabajo que están fuera del marxismo puro versus el capitalismo, pero pocos emprendedores están dispuestos a explorarlas.

Los negocios también tienen el poder de hacer que lo más ecológico sea más deseable. Lamentablemente, la mayoría de las empresas no piensan en su misión en términos de cómo moldear el deseo. Por cada empresa que se beneficia realizando prácticas no sostenibles,

¿qué pasaría si dos más crearan oportunidades sostenibles y las hicieran atractivas?

Yolélé Foods importa e introduce los ingredientes y la cocina del oeste de África en Estados Unidos[34]. Su ingrediente estrella es el mijo fonio, un grano antiguo y resistente a la sequía que lleva creciendo en la región de Sahel en África desde hace un milenio. Pero muchas personas en Senegal y en otras partes del oeste de África lo menosprecian. Fuera de sus regiones de cultivo, el fonio no goza ya de tanto valor… y la percepción del valor es en gran parte mimética.

El cofundador de Yolélé, el chef senegalés Pierre Thiam, me dijo que es una percepción común en Senegal que «lo que proviene de Occidente es mejor». Cualquier cosa producida localmente es considerada como algo de menos valor. Cuando me senté con él en 2019, Thiam me explicó cómo los colonizadores metieron esa idea en las mentes senegalesas. Dado que a lo senegaleses los obligaban a realizar monocultivos de cacahuete para exportar, las cosechas locales quedaron desplazadas y Francia tuvo que importar arroz partido desde lo que entonces era Indochina para alimentar a los senegaleses, que ya no cultivaban su propia comida.

Yolélé Foods está decidida a popularizar la imagen de los ingredientes del oeste de África y sus comidas en Estados Unidos para que las personas del oeste de África tengan un deseo renovado (y un incentivo financiero) de cultivar y comer fonio.

Cada empresa debería pensar seriamente sobre cómo se alinea su misión con los modelos de deseo.

LOS TRES INVENTOS

Cerca del final de su vida, a René Girard le preocupaba cada vez más que nos enfrentáramos a un futuro en el que habría más mímesis (guerras sin un final claro, la tecnología alimentando nuestros instintos miméticos y la globalización acelerando las crisis miméticas), sin una manera efectiva de controlar el conflicto.

Ha habido dos inventos sociales importantes en la historia que han mitigado las consecuencias negativas del deseo mimético: el mecanismo del chivo expiatorio y la economía de mercado. ¿Podría haber un tercero?

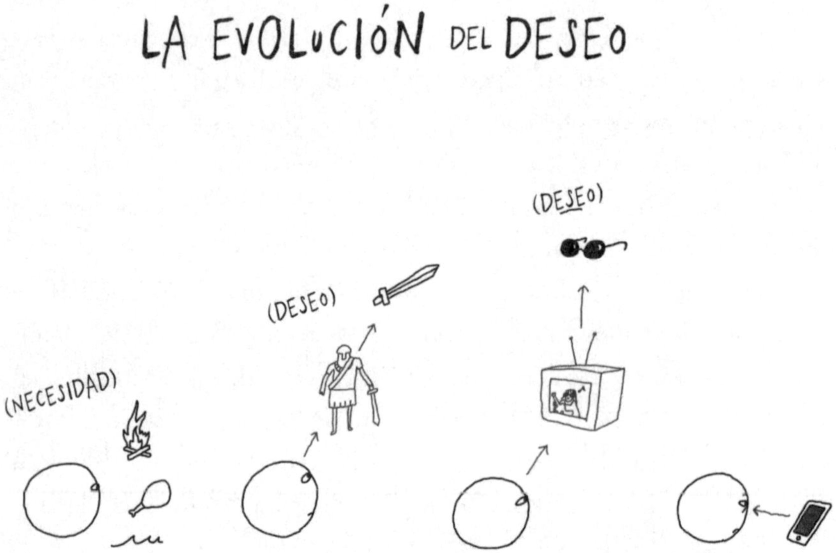

El primer invento

El mecanismo del chivo expiatorio evitó que una sociedad en crisis se destruyera a sí misma desde dentro. Funcionó de modo paradójico: el mecanismo del chivo expiatorio contuvo la violencia *a través* de la violencia. En lugar de una guerra de todos contra todos, era una guerra de todos contra uno. A pesar de sus injusticias, Girard reconoció que el mecanismo del chivo expiatorio tuvo un efecto estabilizador en las primeras sociedades.

En la civilización occidental moderna, este mecanismo se ha vuelto menos efectivo, como una droga ante la que hemos perdido sensibilidad. Su debilidad es visible en los noticiarios de veinticuatro horas, los *realities* y las redes sociales. Solo lleva días y en algunos casos horas destruir al chivo expiatorio antes de que exista la demanda de más sangre o ridículo.

Vimos en el capítulo 4 que esta falta de efectividad es el resultado de haber expuesto el mecanismo del chivo expiatorio. Ya no creemos por completo que lo que hacemos es justo. La pérdida de nuestra creencia en la culpa del chivo expiatorio lleva a su inefectividad. Los chivos expiatorios son como los dioses en la novela *American Gods*, de Neil Gaiman: existen solo si las personas creen en ellos.

El segundo invento

Dado que el mecanismo del chivo expiatorio ha perdido efectividad, la economía de mercado moderna ha tomado su lugar[35].

La economía de mercado canaliza el deseo mimético en actividades productivas.

Cuando el talentoso CTO de una empresa emergente multimillonaria siente celos de los cofundadores, no lidera un golpe de estado para poner sus cabezas en una pica: abandona la empresa y funda la suya propia. Nikola Tesla y Thomas Edison no competían por territorios o por el dominio de la física: competían por el prestigio. Y esas opciones, en general, son algo bueno comparado con la alternativa, que es el conflicto físico directo y violento.

La competencia económica es menos sanguinaria que el mundo sacrificial al que reemplazó. A su vez, produce sus propias víctimas: los pobres que no tienen acceso al mercado, los trabajadores explotados y los sistemas en los que el ganador se lleva todo. Incrementa las diferencias entre aquellos que están dentro y fuera del sistema.

A pesar de los numerosos problemas del consumismo, este canaliza la rivalidad y los deseos en lugares donde los efectos negativos se acumulan más que nada en las personas que satisfacen sus deseos frágiles. Si solo comes en Del Frisco's steakhouse, es probable que subas de peso y te conviertas en alguien aburrido con quien conversar, pero al menos no estarás involucrado en duelos con espadas en la calle para preservar tu estatus social.

Mientras compitamos por tener el coche y la casa más bonitos del vecindario, no intentaremos invadir a nuestro vecino.

El tercer invento

El mecanismo del chivo expiatorio fue el primer gran invento social para lidiar con el problema del deseo. La economía de mercado fue el segundo. Ninguno de los dos será capaz de protegernos de la escalada mimética ni de las crisis del futuro.

La preservación de la humanidad depende de un tercer invento: uno que aún no ha sido descubierto, o que está en proceso de serlo. Los humanos deberán encontrar un nuevo modo de canalizar sus deseos de manera productiva y pacífica. Sin este invento, el deseo mimético perderá el control. Es imposible saber cuál será este mecanismo social emergente, pero me permitiré especular brevemente.

Los humanos podrían crear una superestructura tecnológica que cumpliera el mismo papel que tenían las religiones arcaicas para crear chivos expiatorios: disipar la violencia a través de miles de millones de bits y bytes, en el éter. Podría ser un invento que genere una evolución del dinero, que haga que sea más fácil medir y recompensar la creación de valor a nivel individual. O acaso un invento que acelere la exploración espacial y la colonización para que los humanos tengan nuevas partes del cosmos que explorar y por lo tanto se centren menos en destruirse mutuamente. O tal vez será un invento relacionado con la educación, que facilitará que cada persona cree su propio camino.

¿Es posible que la innovación ya haya sucedido con la llegada de internet? Cuando algo sale mal, las personas instintivamente buscan respuestas en Google. Internet, que representa la violencia de la multitud, emite veredictos y lleva a las personas a miles de sitios diferentes donde encontrar una forma de catarsis única hecha a su medida, ya sea un foro de Reddit o una publicación de Facebook.

Dudo de que internet sea el tercer invento. Solo podemos hacer lo que podemos hacer. Y eso empieza con moldear y administrar nuestros propios deseos.

EL ÚNICO GRAN DESEO

Naval Ravikant, el fundador de AngelList, que según *The Wall Street Journal* tiene una filosofía personal de «budismo racional», es una fuente de reflexión para muchos emprendedores. Pocos CEO tecnológicos han hablado de manera tan directa sobre el papel del deseo en los negocios y en la vida.

«El deseo es un contrato que haces contigo mismo para ser infeliz hasta obtener lo que quieres», dijo [36, 37]. Ravikant menciona la comprensión eterna inherente a cientos de tradiciones espirituales sobre el vínculo entre el deseo y el sufrimiento: siempre deseamos algo que sentimos que nos falta y eso nos causa sufrimiento.

El deseo mimético se manifiesta como el anhelo constante de ser alguien o algo más (lo que llamamos *deseo metafísico*). Las personas escogen modelos porque creen que los modelos poseen la llave de una puerta que tal vez las llevará a aquello que han estado buscando. Pero, como hemos visto, este deseo metafísico es un juego que nunca termina. Rotamos los modelos más rápido de lo que cambiamos de ropa. El acto de ganar, de poseer aquello que el modelo nos hace desear, nos convence de que escogimos el modelo erróneo para empezar. Y así buscamos el próximo.

El deseo mimético es un juego paradójico. Pierdes ganando. Cada victoria es pírrica.

* * *

El mundo está lleno de modelos. El mundo empresarial es particularmente adepto a ellos. Hay modelos financieros. Hay prácticas mejores, guías, plantillas y blogs diarios que afirman ofrecer los mapas de los caminos que conducen al éxito. Hay modelos a seguir en las cubiertas de las revistas y en las páginas de *The Wall Street Journal.* Hay libros. O todos son un modelo o les indican que deberían serlo.

Todos ofrecen marcos externos o esquemas de deseo. Esto parece ser lo que las personas buscan. Cuando mis alumnos me preguntan qué deberían hacer con sus vidas, siempre buscan que les entregue el libro de las reglas a seguir. Quieren un mapa. Les hablo del día en que Dave Romero llegó a mi puerta en Las Vegas. Les pregunto si la escuela de negocios Stern debería devolverme mi dinero por no haberme enseñado a lidiar con él.

A fin de cuentas, todos los esquemas no bastan. La vida trata de transitar un futuro incierto y cada uno de nuestros esquemas actuales es inadecuado.

La palabra «esquema» proviene del griego. Nace de la raíz del verbo griego moderno *suschématizó*, «adecuarse». Por ejemplo, la frase griega «*Me syschematizesthe!*» significa «¡No te adecues!». Más específicamente, significa algo como «No encajes en el patrón de un modelo externo».

Sin embargo, por definición, un deseo creado es un proceso dinámico. Los griegos tienen una palabra totalmente distinta para expresar la transformación completa desde el interior, un cambio que no sigue el patrón de ningún modelo en particular: *metamorfosis.*

Esta clase de transformación esencial (que es, de raíz, una transformación del deseo) es dolorosa. Algo que toda tradición espiritual deja claro es que cambiar el modo en que deseamos, al menos de manera positiva, requiere sufrimiento. Nadie quiere soltar los deseos frágiles.

* * *

«Escoge tu único gran deseo. Está bien sufrir por ese», dijo Naval Ravikant en el pódcast de Joe Rogan. Es necesario abandonar los otros deseos [38].

Abandonar deseos menores es una especie de muerte.

Cuando pienso en conectar con un único gran deseo, pienso en una de mis autoras favoritas, la escritora estadounidense Annie Dillard. En *Enseñarle a hablar a una piedra*, una antología de sus ensayos, escribe sobre despertar de una infancia centrada en sí misma y sumergirse de lleno en el momento presente del gran mundo a su alrededor.

Más tarde en su vida, escribió un texto poético de no ficción: *Vivir como comadrejas.* Trata de un encuentro casual con una comadreja (sí, una comadreja) en la naturaleza. Lo leo con frecuencia debido a la belleza de la pluma de Dillard y por su atención a cuánto tiene para enseñarnos una comadreja sobre la vida. No puedo expresarlo mejor que Dillard, así que la citaré un poco.

* * *

Annie Dillard cuenta la historia de un hombre que le disparó a un águila en pleno vuelo. Cuando el hombre inspecciona el cuerpo del ave, nota que llevaba el cráneo seco de una comadreja enganchado en su mandíbula, a la altura del cuello. El pájaro debía haber bajado a capturar la comadreja del suelo. Pero la comadreja, en el segundo justo, giró la cabeza en el último momento y hundió los dientes en el cuello del ave.

La comadreja apretó con fuerza la carne del águila mientras esta volaba alto en el cielo hasta que, con el tiempo (¿quién sabe cuánto estuvo esa comadreja colgando del cuello del águila?), el águila o el viento destrozaron los huesos secos de la comadreja y no quedó nada, más que el resto de la mandíbula. No era un modo malo de morir. «Lo importante es seguir tu llamada de una manera determinada, con destreza y flexibilidad, para hallar el punto más tierno y vivo donde conectarse a esa pulsación», escribió. «Creo que sería bueno, apropiado, obediente y puro que agarrásemos nuestra necesidad y no la soltásemos, que nos arrastrase dondequiera que fuera. Entonces ni siquiera la muerte, donde irás sin importar cómo vivas, podrá romperte» [39].

No nos guían solo los instintos como aquel que ayudó a la comadreja a conectar con la pulsación, pero debemos tomar una decisión sobre a qué vale la pena hincarle el diente. De otro modo, nuestros huesos se secarán con los vientos de las fuerzas miméticas sin que hayamos apostado siquiera por algo que conmueva las profundidades de nuestro ser.

Sigue tu mayor deseo. Cuando lo identifiques, permite que todos tus deseos menores se transformen para servirle al deseo mayor. «Agárrala y deja que te agarre, que te levante incluso», escribe Dillard. «Hasta que te ardan los ojos y se te caigan, deja que tu carne almizcleña se desprenda a jirones, deja que tus huesos se desencajen y se dispersen por los campos, por los bosques, con suavidad, sin pensar, desde cualquier altura, tan alto como las águilas» [40].

* * *

Aferrarte a tu mayor deseo implica necesariamente aferrarte a modelos. No podemos acceder a nuestros deseos sin modelos. Y siempre seguiremos aquellos modelos que sean más reales para nosotros: que posean la calidad de vida que sentimos que trasciende la nuestra.

Así que persigue tu mayor y más noble deseo, pero recuerda que tendrás que encontrarlo en la forma de un modelo. En este día particular, mientras lees estas palabras, quizás el modelo es el personaje de un libro, un líder, un atleta, un santo, un pecador, un ganador de medallas de honor, un amor, un matrimonio, una acción heroica, el ideal más grandioso que seas capaz de concebir.

Pero ese modelo no será el fin. Dado que es externo, no puede afectar de manera automática a la transformación interna que tiene que ocurrir para que trasciendas el modelo. Si la transformación interna no sucede, quedaremos atascados en un juego interminable de «aplasta al topo» respecto de nuestros modelos y deseos. Cuando tiene lugar la transformación interna, hay un proceso reflexivo que ayuda a que los deseos más frágiles desaparezcan y que los sólidos se arraiguen.

No hay oposición entre modelos externos (o esquemas) y la transformación interna (o metamorfosis). Lo importante es asegurarte de que, mientras sigues a un modelo, la persecución afecta simultáneamente a la transformación interna que te ayudará a seleccionar modelos nuevos y mejores.

Amor y responsabilidad

Los deseos miméticos frágiles abundan. Nos atosigan a cada minuto del día. Podemos mordisquearlos, quizás incluso hincarles el diente, pero no nos llevarán adonde queremos ir.

Nuestra elección es entre vivir una vida mimética involuntariamente o hacer el arduo trabajo de cultivar deseos sólidos. El último requiere que suframos por miedo a perdernos los objetos miméticos brillantes que nos rodean.

Hacia el final de mi vida, creo que lo que más temeré será haberme perdido la oportunidad de buscar deseos sólidos. Deseos por los que sentiré la satisfacción de haberlo dado todo. Si muero de agotamiento (y, en algún momento, todos lo haremos) no será por haber perseguido deseos frágiles. Será por haberme aferrado a uno sólido y no haberlo soltado hasta que no quedase nada.

El ciclo mimético destructivo funciona cuando las personas están convencidas de la prioridad absoluta de sus propios deseos. Incluso están dispuestas a sacrificar a otras para satisfacer esos deseos. Pero en un ciclo positivo de deseo, las personas respetan los deseos ajenos como si fueran propios. Es más, toman un papel activo en colaborar con otros para que alcancen su único gran deseo. En un ciclo positivo, todos somos en cierto modo parte de los deseos sólidos de nuestros vecinos.

La definición más sencilla de amor es desearle el bien a otro. Los italianos tienen un modo de decir «te quiero» que es particularmente instructivo: *Ti voglio bene*, dicen. Significa «quiero tu bien»: quiero lo mejor para ti.

Estrategia 15: VIVE COMO SI FUERAS RESPONSABLE DE LO QUE OTROS DESEAN

A lo largo de nuestras relaciones, ayudamos a otros con sus deseos de una de estas tres maneras: los ayudamos a desear más, a desear menos o a desear diferente.

No hay ninguna persona con la que nos topemos (ni siquiera en la interacción menos interesante del día) a la que no ayudemos a desear de una de esas tres maneras. Los cambios suelen ser imperceptibles. Pero, al igual que un volante gigante, poco a poco empujamos los deseos de los demás en una u otra dirección.

Vivir con la conciencia del deseo mimético conlleva la responsabilidad de desactivar la rivalidad y de modelar deseos positivos diariamente de maneras pequeñas.

Tenemos la responsabilidad de dar forma a nuestros propios deseos. Como hemos visto, no podemos hacerlo sin otros. El deber de moldear nuestros deseos va de la mano con la responsabilidad de cuidar las relaciones que entablamos con otros.

La transformación del deseo ocurre cuando nos preocupa menos cumplir nuestros propios deseos y más cumplir los de otros. Paradójicamente, descubrimos que ese es el camino para satisfacer nuestros propios deseos.

El ciclo positivo de deseo funciona porque primordialmente se imita la entrega de uno mismo. Esta es la fuerza positiva del deseo mimético detrás de cada hermoso matrimonio, amistad y acto de solidaridad.

Al final, «querer» es otra palabra para decir «amar». Y eso también es mimético.

«Podemos vivir de la forma que queramos», escribe Dillard casi al final del ensayo. «La gente hace votos de pobreza, castidad y obediencia (incluso de silencio) por elección». Nota una diferencia clara entre ella y la comadreja: «La comadreja vive en la necesidad y nosotros vivimos en la elección, odiamos la necesidad y al final morimos en sus garras de la forma más innoble»[41].

Nuestra elección es rendirnos ante las fuerzas miméticas que se disputan nuestro deseo a cada momento o ceder ante la libertad de nuestro único gran deseo: hacer aquello que estamos hechos para hacer, todo el tiempo, una y otra y otra vez, hasta haber desarrollado un deseo bastante sólido como para apostar nuestra vida por él.

Mientras tanto, y probablemente siempre, tenemos algo cálido a lo que hincarle el diente: desear aquello que ya tenemos.

EPÍLOGO

René Girard escribió que «el primer borrador del autor es un intento de justificarse». Los primeros borradores de cualquier cosa (ya sean libros, empresas, relaciones o planes de vida) suelen ir sobre aceptar lo que queremos[1].

Girard creía que los mejores novelistas leían sus primeros borradores y veían a través de ellos. Veían que el primer borrador era un «montaje», un intento inconsciente de engañar a sus lectores y a sí mismos sobre la complejidad de sus deseos. (Stephen King ha escrito que lo más importante que aprendió de Carrie White, el personaje principal de su primera novela de terror, es que «la percepción original que tiene un escritor sobre uno o varios personajes puede ser tan errónea como la del lector»[2]).

La experiencia de leer el primer borrador destruye y desilusiona al autor, golpea su orgullo y su vanidad. «Y esta ruina existencial es el evento que hace que sea posible crear una gran obra de arte», dijo Girard[3]. El escritor empieza de nuevo, pero esta vez sin las mentiras románticas que lo han cegado ante su propia mímesis. Antes de esto, los personajes del escritor eran buenos o malos. Después de esto, hay matices. Los personajes deben lidiar con el deseo mimético y con la rivalidad. El autor ve que la vida es un proceso de evolución continua del deseo.

Si te he mencionado en este libro, sea de un modo positivo o crítico, es probable que seas una especie de modelo para mí. Al igual que has afectado mi deseo de escribir un libro sobre el deseo mimético, espero haber afectado el deseo de alguien más de escribir un libro mejor.

Es probable que yo ya esté trabajando arduamente, para tratar de competir contigo.

AGRADECIMIENTOS

Este libro se construyó sobre los hombros amplios e idealistas de René Girard, pero muchos otros también me prestaron los suyos, al igual que sus ojos y oídos y, en algunos casos, sus deseos. No podría haber llegado a la meta sin ellos.

Mi esposa Claire oyó la palabra «mimético» más veces en un año de lo que cualquier persona debería oírla en cinco vidas. Ella, más que nadie, fue la orientadora de mis ideas más alocadas. Algunas, gracias a Dios, no están incluidas en este libro. Eso se lo debo a ella. También fue una editora e interlocutora incansable e inteligente que me alentó y que contribuyó más que nadie a que este proyecto se hiciera realidad.

Algunas de las ideas en este libro derivan del trabajo de otros. Los imité. Así que gracias a estos modelos: a Jim Collins, cuya analogía del volante aclaró mi propio pensamiento sobre los ciclos de deseo; a Nassim Nicholas Taleb, cuyos términos «Extremistán» y «Mediocristán» modelaron «Celebrilandia» y «Novatolandia»; a todos los académicos y especialistas en Girard cuyos pensamientos de las últimas cinco décadas formaron el mío, en especial, a Paul Dumouchel, Jean-Pierre Dupuy, James Alison, Cynthia Haven, Martha Reineke, Sandor Goodhart, Andrew McKenna, Suzanne Ross de The Raven Foundation, Steve McKenna, Ann Astell, Gil Bailie (que se merece el crédito del término «empatía disruptiva», el cual solo desarrollé) y Wolfgang Palaver.

Le doy gracias a Jim Levine por su apoyo a lo largo de todo el proceso. Es el mejor agente literario que podría haber tenido, y gracias a Adam Grant por habérmelo presentado. Jim ha sido un mentor sabio y alguien completamente imperturbable y consistente a pesar de haber trabajado en medio de un pandemia global.

En St. Martin's Press, Tim Barret fue como un gran entrenador deportivo que sabía qué consejos precisos darme en el momento indicado para que pudiera brindar lo mejor de mí. Él vio la importancia del libro y lo guio hasta el final con destreza. A todos los demás en St. Martin's Press (son demasiados como para nombrarlos individualmente), por haber llevado este proyecto a cabo: gracias. Es un orgullo ser su autor.

Megan Hustad fue invaluable con sus opiniones y su organización del manuscrito. Mi colega Rebecca Teti demostró la misma gracia, sabiduría y fortaleza que despliega diariamente. Otros que me ayudaron a que este libro fuera lo que es han sido: Rod Penner, Brian Williamson, y el resto de la gente de Pruvio; Ben Kalin; mi asistente incansable, maravilloso y listo para todo Grady Connolly; Christine Sheehan; y todas las buenas personas de los bares, restaurantes y cafés de Washington DC, Nueva York y alrededor del mundo (muchos que lamentablemente ahora están cerrados), donde solía sentarme tarde por las noches y temprano por las mañanas a trabajar en este manuscrito.

Un agradecimiento especial a Liana Finck, cuyas ilustraciones añaden vida a estas páginas. Trabajar con ella intercambiando ideas y buscando el modo de convertirlas en imágenes fue una de las partes más gratificantes de todo el proceso. Pensar en dibujos afectó mi escritura de manera positiva. Agradezco la oportunidad de haber podido trabajar con alguien tan considerado, talentoso y amable.

Gracias a mis colegas, compañeros y amigos por haberme ayudado a refinar mi pensamiento: Dr. Joshua Miller, Andreas Widmer, Frédéric Sautet, Tony Cannizzaro, Michael Hernandez, David Jack, Fr. Brendan Hurley (SJ), John Souder, Michael Matheson Miller, Carlos Rey, Gregory Thornbury, Anthony D'Ambrosio, Louis Kim, Brandon Vaidyanathan, y muchos otros a los que no puedo agradecerles como corresponde de este modo.

Gracias también a aquellos que contribuyeron con ideas para el libro y que estuvieron a disposición para conversar: chef Sébastien Bras,

Peter Thiel, Jimmy Kaltreider, Trevor Cribben Merrill, chef Pierre Thiam, Imad y Reem Younis, Dean Karnazes, Aimee Groth, Dr. Andrew Meltzoff (quien fue particularmente generoso), Mark Anspach, Bruce Jackson (quien proporcionó amablemente las fotografías de Girard), Dr. Roland Griffiths, Naresh Ramchandani, Tyler Cowen, Dan Wang, Jonathan Haidt, y todos aquellos a quienes he ignorado u omitido injustamente debido al límite de espacio.

Por último, gracias a mis padres, Lee e Ida Burgis, y a mi abuela Verna Bartnick, por haberme dado el regalo de la vida, la fe, la esperanza y el amor. *AMDG.*

Mas ya mi voluntad y mi deseo giraban como una rueda equilibrada impulsada por el amor que mueve el Sol y las demás estrellas.

—Dante Alighieri

Y habrá otros, de cualquier modo, que repetirán lo que estamos diciendo y que avanzarán más allá de lo que hemos sido capaces de hacer. Sin embargo, los libros no tendrán más que una importancia menor; los eventos contenidos en esos libros surgirán infinitamente con más elocuencia que cualquiera que escribamos y afirmarán verdades que nos resultan difíciles de describir y que narramos de manera mediocre, incluso en circunstancias simples y banales.

—René Girard

APÉNDICE A:

GLOSARIO

Los términos inventados o utilizados en un sentido específico en este libro están marcados con un asterisco (*).

Antimimético*

Una persona, acción o cosa que contrarresta las fuerzas negativas del deseo mimético. Es un modo específico de ser contracultural: menos como un hípster, más como un santo.

Celebrilandia*

El mundo de la mediación externa.

Chivo expiatorio

Una persona, grupo o cosa que una comunidad escoge para expulsar o eliminar en medio de una crisis mimética, a fin de llegar a una solución. El chivo expiatorio absorbe toda la tensión mimética y la violencia, que previamente había sido caótica y no canalizada. En general, es seleccionado de modo aleatorio, a través de un proceso mimético de juicio.

Ciclo 1*

El proceso de deseo destructivo que lleva al conflicto.

Ciclo 2*

El proceso de crear deseos constructivos y con valor.

Crisis mimética

Ocurre cuando el deseo mimético competitivo se ha expandido por una comunidad y ha causado indiferencia. El resultado es el caos que amenaza con destruir socialmente a la comunidad.

Deseo

Un fenómeno complejo y misterioso de la vida humana en el que las personas sienten atracción hacia ciertos individuos u objetos que creen quevale la pena conseguir. Los deseos son diferentes a las necesidades porque requieren un modelo. «El hombre es la criatura que no sabe qué desear y busca a otros para decidir», escribió René Girard. El deseo es lo que lleva a los humanos a buscar cosas trascendentales.

Deseo frágil*

Los deseos frágiles están arraigados en cosas efímeras y superficiales. Son deseos miméticos débiles que dominan la mayor parte de la vida cuando se vive sin intencionalidad e infectado fácilmente por los fenómenos miméticos.

Deseo mimético

Deseo generado y formado a través de la imitación de lo que alguien más ya ha deseado o se cree que desea. El deseo mimético significa que escogemos objetos debido a la influencia de un tercero, un modelo o mediador de deseo.

Deseo sólido*

Los deseos sólidos son menos miméticos que los frágiles. Han tenido tiempo de formarse y solidificarse durante muchos años o durante una experiencia formativa que está en el centro de la vida de una persona. Los deseos sólidos poseen significado. Son resistentes.

Discernimiento

Proceso para tomar decisiones que incluye el análisis racional, pero va más allá. Proviene de una palabra en latín que significa «distinguir una cosa de la otra». El discernimiento incluye el poder de percepción, el conocimiento tácito y la habilidad de interpretar deseos. Dado que los deseos carecen de criterio científico y objetivo con el que juzgarlos, el discernimiento es necesario para poder decidir qué deseos alimentar y cuáles eliminar.

Doble vínculo

Cuando un imitador y un modelo terminan considerándose *mutuamente* modelos, de modo que cada uno de ellos es a su vez *imitador* y *modelo* del otro.

Empatía disruptiva

Empatía que interrumpe el ciclo 1.

Falta de reconocimiento

En la teoría mimética, la falta de reconocimiento (o «la falta de conocimiento») se refiere a la tendencia que tienen las personas o grupos de quedar atascadas en la agonía del deseo mimético que distorsiona su percepción e identifica erróneamente a personas o cosas como la causa de sus problemas. La falta de reconocimiento permite que el mecanismo del chivo expiatorio sea efectivo. El concepto de la falta de reconocimiento (o *méconnaissance*, en francés) es esencial a lo largo del trabajo de Girard, pero la palabra es difícil de traducir sin que pierda parte de su significado original. El mejor tratamiento del concepto corresponde al filósofo Paul Dumouchel en su ensayo «De la méconnaissance», incluido en su libro *The Ambivalence of Scarcity and Other Essays.*

Historias gratificantes

Historias en la vida de alguien sobre las veces en las que una persona emprendió una acción, creyó haber hecho lo correcto y sintió una profunda satisfacción. Las historias gratificantes ayudan a revelar el patrón del impulso motivacional interior.

Imitación

Considerar a alguien o algo un modelo a seguir. Los niños son expertos en imitar; los adultos suelen ocultarlo. La imitación es la fuerza positiva que impulsa el desarrollo en la infancia, el aprendizaje en la adultez y la adquisición de valores. La imitación es neutral: podemos imitar de modo positivo o negativo.

Imitación en espejo*

Cuando una persona intenta diferenciarse de un rival mimético deseando algo diferente u opuesto a lo que quiere el rival.

Impulso motivacional interior

Un impulso conductual único y duradero que orienta a una persona para que logre un patrón particular de resultados. Comprender las motivaciones centrales puede ayudar a que las personas identifiquen sus deseos sólidos y que alineen mejor sus deseos con su impulso motivacional.

Jerarquía de valores

Sistema de valores entendido como no necesariamente igual, sino como algo interrelacionado que forma parte de un todo unido.

Liderazgo trascendental

Una perspectiva de liderazgo que ve la generación de un deseo como el objetivo primordial y más importante de un líder, y como el motor principal de la cultura empresarial y de la salud.

Mecanismo del chivo expiatorio

El proceso a través del cual los humanos han resuelto históricamente crisis miméticas expulsando o eliminando al chivo expiatorio. La primera vez que utilizan el mecanismo, ocurre de modo mimético y espontáneo. Después de eso, se representa de manera ritual de una manera que recrea y resuelve la crisis original, lo cual provee una catarsis temporal para los involucrados.

Mediación de deseo

El proceso por el cual el deseo cobra forma en la relación dinámica entre un sujeto y un modelo.

Mediación externa

Cuando una persona imita los deseos de alguien separada de ellos por tiempo, espacio o esfera social y hay pocas probabilidades de que la persona entre en contacto alguna vez con aquello que está imitando, con su modelo. En la mediación externa, el modelo media con el deseo desde *fuera*, o desde el exterior, del mundo del sujeto.

Mediación interna

Cuando una persona vive en el mismo tiempo, espacio o esfera social que su modelo de deseo y la probabilidad de contacto con el modelo es alta. En la mediación interna, el modelo media el deseo desde adentro, o desde el interior, del mundo del sujeto.

Mentira romántica

La idea de que nuestras elecciones son completamente autónomas, independientes y autodirigidas. Alguien bajo el poder de la mentira romántica nunca piensa en su comportamiento como mimético.

Mímesis

Una forma de imitación sofisticada que los adultos suelen esconder. En la teoría mimética, la mímesis tiene una connotación negativa porque suele llevar a la rivalidad y al conflicto; esa es una de las razones principales por las que Girard la diferenció de la imitación común llamándola «mímesis», basado en la palabra griega que significa «imitación». Las personas son más conscientes de la imitación que de la mímesis. La mímesis puede ser positiva o negativa, pero en general es negativa porque la niegan o la disfrazan.

Modelo

Una persona, cosa o grupo que forma y orienta los deseos de otros.

Novatolandia*

El mundo de la mediación interna.

Patrón motivacional

El patrón del impulso motivacional central revelado en las historias gratificantes. El patrón motivacional de una persona es el hilo que une todas sus historias gratificantes.

Reflexividad

Un ciclo de devoluciones de ambas partes en las que las percepciones afectan el ambiente y el ambiente afecta las percepciones. En una rivalidad mimética, ninguna parte puede actuar sin afectar las percepciones y los deseos de la otra.

Rivalidad mimética

Deseo mimético que ha evolucionado hacia una rivalidad competitiva: dos partes que desean lo mismo compiten por un objeto.

Sistemas miméticos

Sistemas que funcionan y se sostienen gracias al deseo mimético.

Sustitución sacrificial

Sacrificar algo simbólico como reemplazo de otro sacrificio (en general más violento).

Teoría del meme (memética)

La memética estudia cómo la información y las culturas se desarrollan sobre la base de los principios de la evolución darwiniana. El término «meme» fue acuñado por el etólogo y evolucionista Richard Dawkins en su libro de 1976 *El gen egoísta*. La intención era evocar la palabra *gene* (que significa «gen» en inglés) porque un meme es su equivalente cultural. Los memes son palabras, acentos, ideas, melodías y más que se transmiten de cerebro a cerebro a través de un proceso de replicación o imitación [1].

Teoría mimética

Una explicación del fenómeno social y cultural basado en el rol de la imitación en el comportamiento humano: particularmente en la imitación del deseo (deseo mimético) y sus consecuencias. La teoría explica la relación entre deseo mimético, rivalidad, violencia, el mecanismo del chivo expiatorio, los rituales religiosos y culturales, los tabús y las prohibiciones diseñadas para evitar las crisis miméticas.

APÉNDICE B:

LISTA DE LECTURA SOBRE TEORÍA MIMÉTICA

Creo que el viaje intelectual de una persona depende relativamente del camino. Hay una serie de libros que recomiendo para abordar la teoría mimética. Dicho esto, personas diferentes deberían comenzar en lugares distintos y avanzar según sus intereses y motivaciones. Algunos querrán ir directo a *Cosas ocultas desde la fundación del mundo*, que podría decirse que es la obra maestra de Girard. La lista sigue un orden secuencial estimativo y simula el orden que yo probablemente seguiría si tuviera que diseñar un seminario de un año sobre teoría mimética.

1. *Deceit, Desire, and the Novel: Self and Other in Literary Structure*, René Girard (1961).
2. *Veo a Satán caer como el relámpago*, René Girard (2002).
3. *René Girard's Mimetic Theory*, Wolfgang Palaver (2013).
4. *Cosas ocultas desde la fundación del mundo*, René Girard (2021).
5. *Evolution of Desire: A Life of René Girard*, Cynthia L. Haven (2018).
6. *Violence Unveiled: Humanity at the Crossroads*, Gil Bailie (1995).
7. *Mimesis and Science: Empirical Research on Imitation and the Mimetic Theory of Culture and Religion*, Scott R. Garrels, editor (2011).
8. *Los orígenes de la cultura: conversaciones con Pierpaolo Antonello y João Cezar de Castro Rocha*, René Girard (2000).

9. *Resurrection from the Underground: Feodor Dostoevsky*, René Girard (1989).
10. *Battling to the End: Conversations with Benoît Chantre*, René Girard (2009).

Para continuar el debate, por favor visita:
lukeburgis.com o el *subreddit* r/MimeticDesire.
Y sigue a @lukeburgis en Twitter.

APÉNDICE C:

TEMAS MOTIVACIONALES

Los siguientes temas son los veintisiete patrones identificados por el System for Identifying Motivated Abilities (SIMA). El sistema MCODE (en español, el código motivacional) es una evaluación en línea inspirada en los descubrimientos subyacentes del sistema SIMA. Utiliza un proceso de narrativa y lleva aproximadamente cuarenta minutos completarla.

Si quieres realizar la prueba, visita lukeburgis.com/motivation para leer una guía y obtener un descuento de lector.

Alcanzar el potencial: identificar y desarrollar el potencial es siempre un foco importante en tus actividades.

Asentar: te motiva a sentar bases seguras y a afirmarte.

Avanzar: adoras la experiencia de progresar a medida que cumples con una serie de objetivos.

Causar un impacto: buscas dejar una marca personal en el mundo que te rodea.

Colaborar: disfrutas participando en el esfuerzo colectivo realizado por un grupo en busca de un objetivo común.

Comprender y expresar: tu motivación se centra en entender, definir y luego transmitir tus ideas.

Demostrar un nuevo aprendizaje: te motiva aprender a hacer algo nuevo y demostrar que puedes hacerlo.

Desarrollo: te motiva el proceso de construcción y desarrollo de principio a fin.

Destreza: tu motivación está satisfecha cuando eres capaz de dominar por completo una habilidad, un tema, un procedimiento, una técnica o un proceso.

Enfrentar el desafío: te sientes satisfecho cuando rememoras un desafío que hayas enfrentado o una prueba que hayas pasado.

Estar a la altura: te motiva dar la talla y ganar aceptación en un grupo del que deseas ser miembro o participante.

Experimentar lo ideal: te motiva expresar de manera concreta ciertos conceptos, visiones o valores importantes para ti.

Explorar: quieres ir más allá de los límites de tu conocimiento y/o experiencia para explorar lo desconocido o misterioso para ti.

Hacer lo correcto: buscas determinar o seguir estándares, procedimientos y principios que crees que son «correctos».

Hacer que funcione: tu motivación está centrada en reparar algo que se haya roto o que funciona mal.

Influir en el comportamiento: te motiva generar una reacción o una respuesta en otros que indique que has influido en su pensamiento, sentimientos y comportamiento.

Mejorar: eres más feliz que nunca cuando usas tus habilidades para mejorar las cosas.

Obtener reconocimiento: te motiva capturar el interés y la atención de otros.

Organizar: quieres llevar a cabo una operación que funcione sin obstáculos y mantenerla así.

Ser dueño: la naturaleza de tu motivación se expresa a través de esfuerzos por adquirir lo que quieres y poseer o controlar lo que es tuyo.

Ser esencial: te motiva ser la persona clave que mantiene todo en marcha y le da a un grupo iniciativa y/o dirección.

Ser especial: buscas distinguirte en alguna clase de talento, cualidad o aspecto particular y especial.

Servir: te motiva identificar y satisfacer necesidades, requerimientos o expectativas.

Sobresalir: quieres destacar o al menos hacer lo mejor que puedes mientras excedes el desempeño o las expectativas de aquellos a tu alrededor.

Superar: tu motivación está centrada en superar y vencer dificultades, desventajas u oposiciones.

Tener el control: quieres estar a cargo y controlar tu destino.

Terminar un objetivo: satisfaces tu motivación solo cuando puedes mirar el producto final o el resultado sabiendo que tu trabajo ha terminado y que has cumplido la meta que te habías propuesto.

* * *

Lo siguiente es un ejemplo de entrevista y de los resultados parciales de una evaluación MCODE. Le hice a María (no es su nombre real), empleada en una firma de marketing digital, unas preguntas sencillas para conocer sus historias gratificantes. Esta es una adaptación de nuestra conversación:

Luke: ¿Puedes hablarme sobre un momento de tu vida en el que realizaste una acción que creíste correcta y que fue gratificante para ti? Puede ser de cualquier etapa de tu vida. No importa si tenías siete años o treinta y siete.

María: En mi último año de campo a través logré terminar mi carrera después de una buena temporada. Quedé en las tres mejores de mi última competición, lo cual me permitió después competir en las regionales en Nueva Inglaterra.

Luke: ¿Puedes contarme qué hiciste para lograrlo? ¿Qué acciones específicas efectuaste?

María: Estaba en la mejor forma de mi vida gracias a una dieta estricta, a que me levantaba a las 5 a. m. para entrenar y a que limitaba las invitaciones sociales que aceptaba para no desviarme del camino de la preparación física.

Luke: ¿Y qué fue específicamente lo más gratificante de ese logro?

María: Pude ganar el respeto de mi entrenador y de mis compañeras de equipo. Antes de la competición, creía que solo me veían como alguien mediocre. También me encantó viajar a Nueva Inglaterra con el equipo para el encuentro regional.

* * *

En su última respuesta, describe qué fue específicamente lo que le generó más gratificación: haber ganado el respeto de su entrenador y de sus compañeras. María generó satisfacción siguiendo su programa de entrenamiento, corriendo bien y viajando a Nueva Inglaterra con su equipo. Pero ninguna de estas cosas eran las más importantes para ella. Haber ganado el respeto de su entrenador y de los miembros del equipo fue lo que le otorgó la mayor satisfacción. Eso era lo que ella buscaba.

Sin embargo, para ver en perspectiva cómo funciona la motivación de María realmente, necesito ir más profundo para encontrar un patrón en su impulso motivacional interior. Le pido que comparta dos historias más de épocas diferentes de su vida. Estas son las respuestas de María, que he colocado en tablas para mostrar cómo prefiero organizar la información, seguido de sus tres temas motivacionales centrales con descripciones detalladas.

HISTORIA DOS

EL LOGRO	LO QUE HICE REALMENTE	FUENTE DE SATISFACCIÓN
Trabajé con mi marido para poder pagar nuestros préstamos estudiantiles.	Descubrí un sistema de sacrificio, presupuesto y trabajo duro, y luego trabajé con mi marido para juntar nuestros recursos y poder pagar la deuda en un tiempo breve. Nos unimos como equipo y tuve que ser muy creativa para que esto sucediera.	Trajo un sentimiento de libertad a mi vida y hacia nuestro futuro. Sentí que era algo que la mayoría de la gente no habría podido hacer en nuestras circunstancias.

HISTORIA TRES

EL LOGRO	LO QUE HICE REALMENTE	FUENTE DE SATISFACCIÓN
Entrené para participar en un maratón.	No mucho después de tener a mi segundo bebé, decidí entrenar para participar en un maratón. Tuve que volver a ponerme en forma y pasar de no poder correr apenas a correr largas distancias. También logré el objetivo en el tiempo que me había marcado.	Me sentí fuerte y pude hacer algo así en una etapa de mi vida en la que se suponía que tenía que estar débil. Me siento especialmente orgullosa porque no solo terminé la carrera, sino que competí a alto nivel.

LOS TRES TEMAS MOTIVACIONALES PRINCIPALES

Lo siguiente proviene de los resultados del MCODE (código motivacional) de María. Son descripciones generales de sus tres temas motivacionales principales. ¿Alguno suena como los tuyos?

1. **Sobresalir:** quieres destacar o al menos hacer lo mejor que puedes mientras excedes el desempeño o las expectativas de aquellos a tu alrededor. Disfrutas de la competencia. Quizá compitas contra ti mismo llevando a cabo esfuerzos que pongan a prueba tus límites y te estimulen a dar más para desarrollar tus habilidades, tu comprensión o tu dominio de un área al mayor grado posible. Ciertos estándares de excelencia, eficiencia o calidad son tal vez el foco principal de tu impulso competitivo. Puede que competir cabeza a cabeza con otros sea lo que más disfrutas. En cualquier caso, identificas desafíos que te den la oportunidad de exceder tu esfuerzo previo, el esfuerzo de otros o el desempeño típico. Con el objetivo claro en mente, centras tus habilidades en que trabajen para destacar. Los logros para ti significan sobrepasar los requerimientos de tu trabajo, tu responsabilidad o tu puesto. Quieres tener una reputación que confirme la excelencia de tu trabajo. En general, quieres que te vaya mejor que a otros: por ejemplo, quieres ser la persona más rápida o eficiente.

2. **Superar:** tu motivación está centrada en vencer dificultades, desventajas u oposiciones. Determinación, persistencia y espíritu competitivo suelen estar entre tus características naturales. Disfrutas realizando un esfuerzo sostenido de entrega absoluta para prevalecer por encima de problemas, dificultades, obstáculos, desventajas o adversarios. Tu narrativa quizá contenga logros como obtener tu título universitario mientras tienes un trabajo de tiempo completo y mantienes a una familia. A pesar de una herida dolorosa, eres capaz de sobreponerte y rendir bien en una competencia atlética. Quizás intentes lidiar con responsabilidades laborales exigentes a pesar de la falta de experiencia, las habilidades no necesarias o la carencia de la formación educativa necesaria. Es probable que haya una historia en la que trabajas para probar la validez de una idea o un plan que otros han menospreciado. Tal vez hayas tenido que hacer campaña de modo insistente para superar la oposición ante una de tus propuestas. Te motiva luchar con los factores que hay en tu contra hasta superarlos.

3. **Destreza:** tu motivación está satisfecha cuando eres capaz de dominar por completo una habilidad, un tema, un procedimiento, una técnica o un proceso. Quieres conocimiento, técnica o control sobre las complejidades y los detalles requeridos para ser impecable. El centro de tu atención es quizá la técnica de ventas, el procedimiento de producción o un método central utilizado en un comercio o un oficio. Tal vez quieras dominar un deporte como el golf, el tenis o esquiar. Tal vez te centres en los principios detrás de un problema de ingeniería o algún concepto económico, científico o filosófico. Quizá busques tener el control de un sistema, de las variables de un proceso o de los elementos diversos de una responsabilidad laboral multifacética. Tal vez perseguir la perfección sea una característica de tu personalidad o de tu naturaleza. De cualquier modo, tus logros están llenos de ejemplos como estos. Tus pensamientos y tus talentos están orientados hacia el dominio y tus objetivos hacia la perfección.

FUENTES

Ackerman, A. (director) (1992), «El aparcamiento», *Seinfeld*, DVD, New York: Castle Rock Entertainment.

Ackerman, A. (director) (1996), «El alma gemela», *Seinfeld*, DVD, New York: Castle Rock Entertainment.

Adler, N. (2010), *Enduring Repression: Narratives of Loyalty to the Party Before, During and After the Gulag, Europe-Asia Studies* 62, n.° 2, 211-234. https://doi.org/10.1080/09668130903506797.

Alberg, J. (2013), *Beneath the Veil of the Strange Verses: Reading Scandalous Texts*, Michigan State University Press.

Alison, J. (2014), *The Joy of Being Wrong. Original Sin through Easter Eyes*, Crossroad.

Alison, J. (2017), *The Palgrave Handbook of Mimetic Theory and Religion,* Wolfgang Palaver (ed.), Macmillan.

Anspach, M. R. (2019), *The Oedipus Casebook: Reading Sophocles' Oedipus the King.* Traducido por William Blake Tyrrell, Michigan State University Press.

Anspach, M. R. (2017), *Vengeance in Reverse: The Tangled Loops of Violence, Myth, and Madness*, Michigan State University Press.

Antonello, Pierpaolo, y Gifford, Paul (eds.) (2015), *Can We Survive Our Origins? Readings in René Girard's Theory of Violence and the Sacred,* Michigan State University Press.

Ariely, D. (2012), *Por qué mentimos… en especial a nosotros mismos: la ciencia del engaño puesta al descubierto*, Ariel.

Astell, Ann W. (2004), «Saintly Mimesis, Contagion, and Empathy in the Tought of René Girard, Edith Stein, and Simone Weil», *Shofar* 22, n.° 2:

116-131. Último acceso, 10 de mayo de 2020. https://www.jstor.org/stable/42943639.

Auerbach, E. (2016), *La representación de la realidad en la literatura occidental*, Fondo de Cultura Económica.

Bahcall, S. (2019), *Loonshots: How to Nurture the Crazy Ideas That Win Wars, Cure Diseases, and Transform Industries*, Martin's.

Bailie, G. (2014), *Violence Unveiled: Humanity at the Crossroads*, Crossroad.

Balter, M. (25 de abril de 2013), «Strongest Evidence of Animal Culture Seen in Monkeys and Whales», *Science Magazine*.

Bandera, C. (2005), *Monda y desnuda: la humilde historia de Don Quijote*, Iberoamericana.

Bandera, C. (2015), *El refugio de la mentira: reflexiones sobre la fe y la ficción, Libros Canto y Cuento.*

Barragan, Rodolfo Cortes; Brooks, Rechele, y Meltzoff, Andrew N. (2020), «Altruistic Food Sharing Behavior by Human Infants after a Hunger Manipulation», *Scientific Reports* 10, n.° 1. https://doi.org/10.1038/s41598-020-58645–9.

Bateson, G. (1998), *Pasos hacia una ecología de la mente: una aproximación revolucionaria a la autocomprensión del hombre*, Lumen argentina.

Bergreen, L. (2018), *Magallanes: hasta los confines de la Tierra*, Ariel.

Berry, S. E., y Hardin, M. (2015), *Reading the Bible with René Girard: Conversations with Steven E. Berry*, PA: JDL.

Borch, C. (2020), *Social Avalanche: Crowds, Cities, and Financial Markets*, Cambridge University Press.

Bubbio, P. (2018), *Intellectual Sacrifice and Other Mimetic Paradoxes,* Michigan State University Press.

Buckenmeyer, R., *The Philosophy of Maria Montessori: What It Means to Be Human*, Xlibris, 2009.

Burgis, L., y Miller, J. (2019), *Irrepetible: cultivando el llamado único de cada persona*, Emmaus Road Publishing.

Burkert, W.; Girard, R., y Smith, J. Z. (1988), *Violent Origins: Walter Burkert, René Girard, and Jonathan Z. Smith on Ritual Killing and*

Cultural Formation. Robert G. Hammerton-Kelly (ed.), Stanford University Press.

Buss, D. M. (2016), *The Evolution of Desire: Strategies of Human Mating*, Basic Books.

Byung-chul Han (2012), *Agonie des Eros*, Berlín: Matthes & Seitz.

Canetti, E. (1977), *Masa y poder*, Muchnik.

Card, O. S. (2015), «Sonata sin acompañamiento», en *Canciones perdidas | Los cuentos ocultos (Mapas en un espejo 5)*, B de Books.

Carse, J. P. (2000), *Juegos finitos y juegos infinitos*, Sirio.

Cayley, D. (2019), *The Ideas of René Girard: An Anthropology of Religion and Violence*. Publicación independiente.

Curtis, A. (director) (marzo 2002), *The Century of the Self* [película], BBC Two.

Chelminski, R. (2006), *The Perfectionist: Life and Death in Haute Cuisine*, Gotham Books.

Cialdini, R. B. (2017), *Pre-suasión: un método revolucionario para influir y persuadir*, Conecta.

Collins, B. (2018), *Hindu Mythology and the Critique of Sacrifice: The Head Beneath the Altar*, Motilal Banarasidas.

Collins, J. C. (2002), *Empresas que sobresalen: por qué unas sí pueden mejorar la rentabilidad y otras no*, Norma.

Cowdell, S. (2018), *René Girard and the Nonviolent God*, University of Notre Dame Press.

Cowdell, S. (2015), *René Girard and Secular Modernity Christ, Culture, and Crisis*, University of Notre Dame Press.

Coyle, T. (2018), *El código de la cultura: el secreto de los equipos más exitosos del mundo*, Conecta.

Crawford, M. B. (2010), *Shop Class as Soulcraft: An Inquiry into the Value of Work*, Penguin Books.

Csikszentmihalyi, C. (2021), *Fluir (flow): una psicologia de la felicidad*, Debolsillo.

Danco, A. (28 de abril de 2019), «Secrets about People: A Short and Dangerous Introduction to René Girard». https://alexdanco.

com/2019/04/28/secrets-about-people-a-short-and-dangerous-introduction-to-rené-girard/

Davies, S., y Hiyoko, I. (2019), *El pequeño Montessori en casa: cómo criar niños y niñas responsables y curiosos*, Ariel.

Dawson, D. (2013), *Flesh Becomes Word: A Lexicography of the Scapegoat or, the History of an Idea*, Michigan State University Press.

Deleuze, G., y Guattari, F. (2009), *Anti-Oedipus: Capitalism and Schizophrenia*, Penguin Books.

DiMaggio, P. J., y Powell, Walter W. (1983), «The Iron Cage Revisited: Institutional Isomorphism and Collective Rationality in Organizational Fields», *American Sociological Review* 48, n.° 2: 147-160. Último acceso, 21 de febrero de 2020. https://www.jstor.org/stable/2095101

Doerr, J. (2019), *Mide lo que importa: cómo Google, Bono y la Fundación Gates cambian el mundo con OKR*, Conecta.

Douglas, M. (2007), *Pureza y peligro*, Nueva Visión.

Dumouchel, P. (2014), *The Ambivalence of Scarcity and Other Essays*, Michigan State University Press.

Dumouchel, P. (2015), *Barren Sacrifice: An Essay on Political Violence*. Traducido por Mary Baker, Michigan State University Press.

Dumouchel, P.; Damiano, L., y DeBevoise, M. (2017), *Living with Robots*, Harvard University Press.

Dupuy, J. (2014), *Economy and the Future: A Crisis of Faith*. Traducido por Malcolm B. DeBevoise, Michigan State University Press.

Dupuy, J. (1997), *Self-Deception and Paradoxes of Rationality*, CSLI.

Dupuy, J. (2015), *Short Treatise on the Metaphysics of Tsunamis*. Traducido por Malcolm DeBevoise, Michigan State University Press.

Durkheim, E. (1982), *Las formas elementales de la vida religiosa*, Akal.

Epstein, M. (2007), *Abiertos al deseo: abrazando el deseo de vivir*, Neo-Pearson.

Erwin, M. S. (2017), *Lead Yourself First – Inspiring Leadership through Solitude*, Bloomsbury.

Fan, R.; Jichang, Z.; Chen, Y., y Xu, K. (2014), «Anger Is More Influential than Joy: Sentiment Correlation in Weibo», *PLoS ONE* 9, n.° 10, e110184. https://doi.org/10.1371/journal.pone.0110184

Farmer, H.; Ciaunica, A., y De C. Hamilton, A. (2018), «The Functions of Imitative Behaviour in Humans», *Mind and Language* 33, n.° 4, 378-396. https://doi.org/10.1111/mila.12189.

Farneti, R. (2015), *Mimetic Politics: Dyadic Patterns in Global Politics*, Michigan State University Press.

Fornari, G. (2013), *A God Torn to Pieces: The Nietzsche Case*. Traducido por Keith Buck, Michigan State University Press.

Fukuyama, F. (1992), *El fin de la historia y el último hombre: la interpretación más audaz y brillante de la historia presente y futura de la humanidad*, Planeta.

Fullbrook, E. (ed.) (2002), *Intersubjectivity in Economics: Agents and Structures*, Routledge.

Gardner, S. L. (1998), *Myths of Freedom: Equality, Modern Thought, and Philosophical Radicalism*, Praeger.

Garrels, S. R. (2011), *Mimesis and Science: Empirical Research on Imitation and the Mimetic Theory of Culture and Religion*, Michigan State University Press.

Germany, R. (2016), *Mimetic Contagion: Art and Artifice in Terence's "Eunuch"*, Oxford University Press.

Gifford, P. (2020), *Towards Reconciliation: Understanding Violence and the Sacred after René Girard*, James Clarke.

Gilkey, L. (1966), *Shantung Compound: the Story of Men and Women Under Pressure*, HarperOne.

Girard, R. (2009), *La anorexia y el deseo mimético*, Marbot.

Girard, R. (2020), *Conversations with René Girard: Prophet of Envy*, C. Haven (ed.), Bloomsbury.

Girard, R. (1976), *Deceit, Desire, and the Novel*. Traducido por Yvonne Freccero, Johns Hopkins University Press.

Girard, R. (2017), *Evolution and Conversion: Dialogues on the Origins of Culture*, Bloomsbury.

Girard, R. (1996), *The Girard Reader*, James G. Williams (ed.), Crossroad Herder.

Girard, R. (2002), *Veo a Satán caer como el relámpago*, Anagrama.

Girard, R. (1987), *Job: The Victim of His People*. Traducido por Yvonne Freccero, Stanford University Press.

Girard, R. (2011), *Mimesis and Theory: Essays on Literature and Criticism, 1953-2005,* Robert Doran (ed.), Stanford University Press.

Girard, R. (2004), *Oedipus Unbound: Selected Writings on Rivalry and Desire,* Mark R. Anspach (ed.), Stanford University Press.

Girard, R. (2006), *Aquel por el que llega el escándalo,* Caparrós.

Girard, R. (2012), *Resurrection from the Underground: Fiódor Dostoevsky.* Traducido por James G. Williams, Michigan State University Press.

Girard, R. (2011), *Sacrifice: Breakthroughs in Mimetic Theory*. Traducido por Matthew Pattillo y David Dawson, Michigan State University Press.

Girard, R. (1982), *El chivo expiatorio*, Anagrama.

Girard, R. (2004), *A Theater of Envy: William Shakespeare*, St. Augustine's Press.

Girard, R. (1988), *To Double Business Bound: Essays on Literature, Mimesis, and Anthropology*, Johns Hopkins University Press.

Girard, R. (2006), *La violencia y lo sagrado*, Anagrama.

Girard, R. (2014), *When These Things Begin: Conversations with Michel Treguer*. Traducido por Trevor Cribben Merrill, Michigan State University Press.

Girard, R., y Chantre, B. (2009), *Battling to the End: Conversations with Benoît Chantre*, Michigan State University Press.

Girard, R.; Pogue Harrison, R., y Haven, C. (12 de marzo de 2018), «Shakespeare: Mimesis and Desire», *Standpoint.*

Girard, R.; Oughourlian, M., y Lefort, G. (2021), *Cosas ocultas desde la fundación del mundo*, Sígueme.

Girard, R., y Schwager R. (2016), *René Girard and Raymund Schwager: Correspondence 1974-1991,* Joel Hodge, Chris Fleming, Scott Cowdell y Mathias Moosbrugger (eds.). Traducido por Sheelah Hidden, Bloomsbury Academic.

Glaeser, E. L. (2019), *El triunfo de las ciudades*, Taurus.

Goffman, E. (1959), *The Presentation of Self in Everyday Life*, Anchor Books.

Goodhart, S. (21 de diciembre de 2015), «In Tribute: René Girard, 1923-2015», *Religious Studies News.*

Goodhart, S. (2014), *The Prophetic Law: Essays in Judaism, Girardianism, Literary Studies, and the Ethical*, Michigan State University Press.

Goodhart, S.; Jørgensen, J.; Ryba, T., y Williams, J. (eds.) (2010), *For René Girard: Essays in Friendship and in Truth,* Michigan State University Press.

Grande, P. B. (2020), *Desire: Flaubert, Proust, Fitzgerald, Miller, Lana del Rey*, Michigan State University Press.

Granovetter, M. S. (2017), *Society and Economy: Framework and Principles*, Harvard University Press.

Grant, A. M. (2014), *Dar y recibir: por qué ayudar a los demás conduce al éxito*, Gestión 2000.

Grant, A. M. (2017), *Originales: cómo los inconformistas mueven el mundo*, Paidós.

Greene, R. (2019), *Las 48 reglas del poder*, Océano.

Greenfieldboyce, N. (6 de noviembre de 2009), «Babies May Pick Up Language Cues in Womb», *NPR Morning Edition.*

Grote, J., y McGeeney, J. (1997), *Clever as Serpents: Business Ethics and Office Politics*, Liturgical.

Hamerton-Kelly, R. (2008), *Politics and Apocalypse*, Michigan University Press.

Han, B. (2007), *Abwesen: Zur Kultur und Philosophie des Fernen Ostens*, Merve.

Han, B. (2013), *Bitte Augen schließen: Auf der Suche nach einer anderen Zeit*, Matthes & Seitz (e-book).

Han, B. (1999), *Martin Heidegger*, UTB.

Han, B. (2017), *La sociedad del cansancio,* Herder.

Hanna, E., y Meltzoff, A. N. (1993), «Peer Imitation by Toddlers in Laboratory, Home, and Day-Care Contexts: Implications for Social Learning and Memory», *Developmental Psychology* 29, n.° 4: 701-710. https://doi.org/10.1037/0012–1649.29.4.701

Harari, Y. (2014), *Homo Deus: Breve historia del mañana*, Debate.

Hardach, S. (14 de noviembre de 2019), «Do Babies Cry in Different Languages?», *The New York Times*. También: Mampe, B.; Friederici, A. D.; Christophe, A., y Wermke, K. (2009), «Newborns' Cry Melody Is Shaped by their Native Language», *Current Biology*, 23 (19).

Haven, C. (11 de junio de 2008), «René Girard: Stanford's Provocative Immortel Is a One-Man Institution», *Stanford News.*

Haven, C. (2018), *Evolution of Desire: A Life of René Girard,* Michigan State University Press.

Heidegger, M. (1966), *Discourse on Thinking: A Translation of Gelassenheit,* Harper & Row.

Henry, T.; Penner, R.; Hall, T. W., y Miller, J. (2020), *The Motivation Code: Discover the Hidden Forces that Drive Your Best Work*, Penguin Random House.

Herman, E. S., y Chomksy, N. (2010), *La construcción del consenso. Revisitando el modelo de propaganda*, Visión.

Hickok, G. (2014), *The Myth of Mirror Neurons: The Real Neuroscience of Communication and Cognition*, W. W. Norton.

Higgins, T. (20 de marzo de 2020), «Elon Musk's Defiance in the Time of Coronavirus», *The Wall Street Journal.*

Hobart, B., y Huber, T. (11 de octubre de 2019), «Manias and Mimesis: Applying René Girard's Mimetic Theory to Financial Bubbles», *SSRN Electronic Journal.* https://doi.org/10.2139/ssrn.3469465.

Holland, T. (2019), *Dominion: The Making of the Western Mind,* Little, Brown & Co.

Hsieh, T. (2013), *Delivering Happiness: ¿cómo hacer felices a tus empleados y duplicar tus beneficios?*, Profit.

Hughes, V. (2014), «How the Blind Dream», *National Geographic.*

Iacoboni, M. (2009), *Mirroring People: The Science of Empathy and How We Connect with Others*, Picador.

Irvine, W. B. (2005), *On Desire: Why We Want What We Want*, Oxford University Press.

Isaacson, W. (2011), *Steve Jobs*, Debate.

Jaffe, E. (1 de mayo de 2007), «Mirror Neurons: How We Reflect on Behavior», *Association for Psychological Science.*

Kahneman, D., y Tversky, A. (1979), «Prospect Theory: An Analysis of Decision under Risk», *Econometrica* 47, n.° 2, 263-291. Último acceso, 16 de septiembre de 2020. https://doi.org/10.2307/1914185

Kantor, J., y Twohey, M. (2019), *She Said: Breaking the Sexual Harassment Story that Helped Ignite a Movement*, Penguin Books.

Kaplan, G. (2016), *René Girard, Unlikely Apologist: Mimetic Theory and Fundamental Theology*, University of Notre Dame Press.

Karniouchina, E. V.; Moore, W. L., y Cooney, K. J. (2009), «Impact of 'Mad Money' Stock Recommendations: Merging Financial and Marketing Perspectives», *Journal of Marketing* 73, n.° 6, 244-266. Último acceso, 12 de febrero de 2020. https://www.jstor.org/stable/20619072.

Kethledge, R. M., y Erwin, M. S. (2019), *Lead Yourself First: Inspiring Leadership through Solitude*, Bloomsbury.

King, S. (2021), *Mientras escribo*, Debolsillo.

King, S. (4 de abril de 2014), «Stephen King: How I Wrote Carrie», *Guardian*.

Kirwan, M. (2005), *Discovering Girard*, Cowley.

Kirzner, I. M. (2013), *Competition and Entrepreneurship*, Peter J. Boettke y Sautet Frédéric (eds.), Liberty Fund.

Kofman, F., y Hoffman, R. (2018), *The Meaning Revolution: The Power of Transcendent Leadership*, Currency.

Kozinski, T. (2019), *Modernity as Apocalypse: Sacred Nihilism and the Counterfeits of Logos*, Angelico.

Kramer, R. (2019), *Maria Montessori: biografía de una innovadora de la pedagogía*, SM.

Kurczewski, N. (2018), «Lamborghini Supercars Exist Because of a 10-Lira Tractor Clutch», *Car and Driver*.

Laloux, F. (2016), *Reinventing Organizations: An Illustrated Invitation to Join the Conversation on Next-Stage Organizations*, Nelson Parker.

Lamborghini, T. (2016), *Ferruccio Lamborghini: La Storia Ufficiale*, Minerva.

Lawtoo, N. (2016), *Conrad's Shadow: Catastrophe, Mimesis, Theory*, Michigan State University Press.

Lawtoo, N. (2019), *(New) Fascism: Contagion, Community, Myth*, Michigan State University Press.

Lebreton, M.; Kawa, S.; Forgeot D'Arc, B.; Daunizeau, J., y Pessiglione, M. (2012), «Your Goal Is Mine: Unraveling Mimetic Desires in the Human

Brain», *Journal of Neuroscience* 32, n.° 21, 7146-7157. https://doi.org/10.1523/jneurosci.4821–11.2012.

Levy, D. (2008), *Amor y sexo con robots*, Paidós Ibérica.

C. S. Lewis, (1944), «The Inner Ring», conferencia King's College, University of London. https://www.lewissociety.org/innerring/

Lewis, M. (25 de abril de 2007), «Marco Pierre White on Why He's Back behind the Stove for TV's Hell's Kitchen, Caterer and Hotelkeeper». https://www.thecaterer.com/news/restaurant/exclusive-marco-pierre-white-on-why-hes-back-behind-the-stove-for-tvs-hells-kitchen.

Lieberman, D. Z., y Long, M. E. (2018), *The Molecule of More: How a Single Molecule in Your Brain Drives Love, Sex, and Creativity – and Will Determine the Fate of the Human Race*, BenBella Books.

Lillard, A. (2008), *Montessori: The Science Behind the Genius*, Oxford University Press.

Lindsley, A. (mayo 2019), «C. S. Lewis: Beware the Temptation of the 'Inner Ring'», Institute for Faith, *Work and Economics.*

Lippmann, W. (2010), *Public Opinion: A Classic in Political and Social Thought,* Feather Trail.

Lombardo, N. E. (2011), *The Logic of Desire: Aquinas on Emotion*, Catholic University of America Press, 2011.

Long, H. (8 de septiembre de 2016), «Where Are All the Startups? U.S. Entrepreneurship near 40-Year Low», *CNN Business.*

Lorenz, K. (1974), *On Aggression*, Houghton Mifflin Harcourt.

Lucas, H. C. (2012), *The Search for Survival: Lessons from Disruptive Technologies*, Praeger.

MacIntyre, A. C. (2012), *After Virtue: A Study in Moral Theory,* University of Notre Dame Press.

Mampe, B.; Friederici, A. D.; Christophe, A., y Wermke, K. (2009), «Newborns'Cry Melody Is Shaped by their Native Language», *Current Biology*, 23 (19). https://doi.org/10.1016/j.cub.2009.09.064.

Mandelbrot, B. B., y Hudson, R. L. (2006), *The Misbehavior of Markets: A Fractal View of Financial Turbulence*, Basic Books.

De Martino, E., y Zinn, D. L. (1999), *La tierra del remordimiento*, Bellaterra.

McCormack, W. J. (2016), *Enigmas of Sacrifice: A Critique of Joseph M. Plunkett and the Dublin Insurrection of 1916*, Michigan State University Press.

McGilchrist, I. (2019), *The Master and His Emissary: The Divided Brain and the Making of the Western World*, Yale University Press.

McKenna, A. (1985), *Semeia 33: René Girard and Biblical Studies*, Society of Biblical Literature.

Medvedev, R. A., y Shriver, G. (1989), *Let History Judge: The Origins and Consequences of Stalinism*, Columbia University Press.

Meltzoff, A. N., y Moore, M. K. (1983), «Newborn Infants Imitate Adult Facial Gestures», *Child Development* 54, 702-709. Crédito de la fotografía: Meltzoff, A. N., y Moore, M. K. (1977), «Newborn Infants Imitate Adult Facial Gestures», *Science* 198, 75-78.

Meltzoff, A. N. (1999), «Born to Learn: What Infants Learn from Watching Us», en *The Role of Early Experience in Infant Development,* Nathan A. Fox, Lewis A. Leavitt, John G. Warhol (eds.), 1-10. New Brunswick, NJ: Johnson & Johnson.

Meltzoff, A. N. (1988), *«The Human Infant as Homo Imitans»,* en *Social Learning: Psychological and Biological Perspectives,* Thomas R. Zentall y B. G. Galef Jr. (eds.), *Psychology Press,* 319-341.

Meltzoff, A. N. (1988), «Imitation Objects, Tools, and the Rudiments of Language in Human Ontogeny», *Human Evolution* 3, n.° 1-2, 45-64. https://doi.org/10.1007/bf02436590

Meltzoff, A. N. (2007), «Like Me: A Foundation for Social Cognition», en *Developmental Science,* 126-134 Wiley-Blackwell. https://doi.org/10.1111/j.1467–7687.2007.00574.x.

Meltzoff, A. N. (2013), «Origins of Social Cognition Bidirectional Self-Other Mapping and the 'Like-Me' Hypothesis», en *Navigating the Social World: What Infants, Children, and Other Species Can Teach Us,* Mahzarin R. Banaji y Susan A. Gelman (eds.), 139-144, Oxford University Press.

Meltzoff, A. N. (1995), «Understanding the Intentions of Others: Reenactment of Intended Acts by 18-Month-Old Children», *Developmental Psychology* 31, n.° 5 (1995): 838-850. https://doi.org/10.1037/0012–1649.31.5.838.

Meltzoff, A. N., y Brooks, R. (2008), «Self-Experience as a Mechanism for Learning about Others: A Training Study in Social Cognition»,

Developmental Psychology 44, n.° 5, 1257-1265. https://doi.org/10.1037/a0012888.

Meltzoff, A. N.; Kuhl, P. K.; Movellan, J., y Sejnowski, T. J. (17 de julio de 2009), «Foundations for a New Science of Learning», *Science Magazine* 325, n.° 5938, 284-288. https://doi.org/10.1126/science.1175626.

Meltzoff, A. N., y Marshall, P. J. (2018), «Human Infant Imitation as a Social Survival Circuit», *Current Opinion in Behavioral Sciences* 24, 130-136. https://doi.org/10.1016/j.cobeha.2018.09.006.

Meltzoff, A. N.; Ramírez, R. R.; Saby, J. N.; Larson, E.; Taulu, S., y Marshall, P. J. (2017), «Infant Brain Responses to Felt and Observed Touch of Hands and Feet: An MEG Study», *Developmental Science* 21, n.° 5. https://doi.org/10.1111/desc.12651.

Cribben Merrill, T. (2014), *The Book of Imitation and Desire: Reading Milan Kundera with René Girard*, Bloomsbury.

Merton, T. (2008), *Nuevas semillas de contemplación*, Sal Terrae.

Merton, T. (1998), *Los hombres no son islas*, Sudamericana.

Merton, T. (2009), *La vida silenciosa*, Desclée de Brouwer.

Montessori, M. (1995), *The Absorbent Mind: A Classic in Education and Child Development for Educators and Parents*, Henry Holt.

Montessori, M. (2021), *El descubrimiento del niño: el Método Montessori*, Montessori-Pierson Publishing Company.

Montessori, M. (2020), *El niño, el secreto de la infancia*, Montessori-Pierson Publishing Company.

Murphy, J. B. (2018), *A Genealogy of Violence and Religion: René Girard in Dialogue*, Sussex Academic.

Nisbet, R. A. (2014), *Historia de la idea de progreso*, Gedisa.

Noelle-Neumann, E. (1994), *The Spiral of Silence: Public Opinion – Our Social Skin*, University of Chicago Press.

Novak, M., et al. (2015), *Social Justice Isn't What You Think It Is*, Encounter Books.

Nowrasteh, C. (director) (2009), *The Stoning of Soraya*, M. Amazon. Paramount Home Entertainment. https://www.amazon.com/Stoning-Soraya-M-Shohreh-Aghdashloo/dp/B008Y79Z66/ref=sr_1_1?dchild=1&keywords=stoning+of+soraya+m.&qid=1585427690&sr=8–1.

Nuechterlein, P. J. (octubre 2002), «René Girard: The Anthropology of the Cross as Alternative to Post-Modern Literary Criticism», Girardian *Lectionary*.

Onaran, Y., y Helyar, J. (2008), «Fuld Solicited Buffett Offer CEO Could Refuse as Lehman Fizzled», *Bloomberg*.

Ordóñez, L. D.; Schweitzer, M. E.; Galinsky, A. D., y Bazerman, M. H. (2009), *Goals Gone Wild: The Systematic Side Effects of Over-Prescribing Goal Setting*, Harvard Business School.

Orléan, A. (2014), *The Empire of Value: A New Foundation for Economics*. Traducido por M. B. DeBevoise, MIT Press.

O'Shea, A. (2010), *Selfhood and Sacrifice: René Girard and Charles Taylor on the Crisis of Modernity*, Continuum International.

Oughourlian, J. (2010), *The Genesis of Desire*, Michigan State University Press.

Oughourlian, J. (2016), *The Mimetic Brain*. Traducido por Trevor Cribben Merrill, Michigan State University Press.

Oughourlian, J. (2012), *Psychopolitics: Conversations with Trevor Cribben Merrill*. Traducido por Trevor Cribben Merrill, Michigan State University Press.

Palaver, W. (2013), *René Girard's Mimetic Theory*, Michigan State University Press.

Palaver, W., y Schenk, R. (eds.) (2017), *Mimetic Theory and World Religions*, Michigan State University Press.

Palmer, P. (2017), *Deja que tu vida hable*, Sirio.

Pearson, I. (septiembre 2015), «The Future of Sex Report: The Rise of the Robosexuals», *Bondara*.

Pérez, J. (2017), *Disarming Beauty: Essays on Faith, Truth, and Freedom*, University of Notre Dame Press.

(2011), «Peter Thiel on René Girard», vídeo, YouTube. https://www.youtube.com/watch?v=esk7W9Jowtc.

Pinker, S. (2012), *Los ángeles que llevamos dentro: el declive de la violencia y sus implicaciones*, Paidós.

Polanyi, M., y Nye, M. J. (2015), *Personal Knowledge: Towards a Post-critical Philosophy*, University of Chicago Press.

Proust, M. (2011), *En busca del tiempo perdido, vol. 5:* «La prisionera», Alianza.

Qualls, K. (febrero del 2000), «Review of Constructing Russian Culture in the Age of Revolution: 1881-1940», Catriona Kelly y David Sheperd (eds.), H-Russia, H-Net Reviews. http://www.h-net.org/reviews/showrev.php?id=3813.

Reedy, C. (5 de octubre de 2015), «Kurzweil Claims that the Singularity Will Happen by 2045», *Futurism.*

Reineke, M. J. (2014), *Intimate Domain: Desire, Trauma, and Mimetic Theory*, Michigan State University Press.

Reineke, M. J. (1997), *Sacrificed Lives: Kristeva on Women and Violence*, University Press.

Repacholi, B. M.; Meltzoff, A. N.; Hennings, T. M., y Ruba, A. L. (2016), «Transfer of Social Learning across Contexts: Exploring Infants Attribution of Trait-Like Emotions to Adults», *Infancy* 21, n.° 6, 785-806. https://doi.org/10.1111/infa.12136.

Repacholi, B. M.; Meltzoff, A. N.; Spiewak Toub, T., y Ruba, A. L. (2016), «Infants' Generalizations about Other People's Emotions: Foundations for Trait-Like Atributions», *Developmental Psychology* 52, n.° 3, 364-378. https://doi.org/10.1037/dev0000097.

Rocha, J. (2015), *Machado de Assis: Toward a Poetics of Emulation.* Traducido por Flora Thomson-DeVeaux, Michigan State University Press.

Rocha, J. (2019), *Shakespearean Cultures: Latin America and the Challenges of Mimesis in Non-Hegemonic Circumstances.* Traducido por Flora Thomson-DeVeaux, Michigan State University Press.

Rosenberg, R. S. (2018), *The Givenness of Desire: Concrete Subjectivity and the Natural Desire to See God*, University of Toronto Press.

Rosoff, M. (13 de octubre de 2011), «Here's What Larry Page Said on Today's Earnings Call», *Business Insider.*

Ross, S. (2012), «The Montessori Method: The Development of a Healthy Pattern of Desire in Early Childhood», *Contagion: Journal of Violence, Mimesis and Culture* 19. Último acceso, 19 de enero de 2020. https://www.jstor.org/stable/41925335.

Ross, W. D. (1924), *Aristotle's Metaphysics. A Revised Text with Introduction and Commentary*, Clarendon Press.

Sacks, D. O., y Thiel, P. A. (1998), *The Diversity Myth: Multiculturalism and Political Intolerance on Campus*, Independent Institute.

Sacks, R. (7 de octubre de (2015), *Introduction to Covenant and Conversation 5776 on Spirituality*. https://rabbisacks.org.

Schoeck, H. (1987), *Envy: A Theory of Social Behaviour*, Liberty.

Schulz, B., y Velotta, R. (24 de agosto de 2020), «Zappos CEO Tony Hsieh, Champion of Downtown Las Vegas, Retires», *Las Vegas Review-Journal.*

Scubla, L. (2016), *Giving Life, Giving Death: Psychoanalysis, Anthropology, Philosophy.* Traducido por Malcolm DeBevoise, Michigan State University Press.

Sexton, Z. (12 de agosto de 2014), «Burn the Boats», *Medium.*

Sheehan, G. (2014), *Running and Being: The Total Experience*, Rodale.

Simonse, S. (2017), *Kings of Disaster: Dualism, Centralism and the Scapegoat King in Southeastern Sudan,* Fountain.

Sinek, S. (2020), *El juego infinito: ¿sabes a qué estás jugando?*, Empresa activa.

Singer, I., y Adler, C. (2012), *The Jewish Encyclopedia: A Descriptive Record of the History, Religion, Literature, and Customs of the Jewish People from the Earliest Times to the Present Day*, vol. 10, Charleston, SC: Nabu.

Smee, S. (2017), *El arte de la rivalidad*, Taurus.

Solon, O. (20 de junio de 2013), «Richard Dawkins on the Internet's Hijacking of the Word 'Meme'», *Wired UK.*

Sorkin, A. (2018), *Too Big to Fail: the Inside Story of How Wall Street and Washington Fought to Save the Financial System – and Themselves*, Penguin Books.

Soros, G. (2019), *La alquimia de las financias*, Valor.

Soros, G. (12 de enero de 2014), «Fallibility, Reflexivity, and the Human Uncertainty Principle», *Journal of Economic Methodology* 20, n.° 4. https://doi.org/10.1080/1350178x.2013.859415.

Standing, E. M., y Havis, L. (1998), *Maria Montessori: Her Life and Work*, Plume.

Strenger, C. (2011), *Critique of Global Unreason: Individuality and Meaning in the Twenty-First Century*, Palgrave Macmillan.

Strenger, C. (2016), *The Fear of Insignificance: Searching for Meaning in the Twenty-First Century*, Palgrave Macmillan.

Subiaul, F. (julio de 2016), «What's Special About Human Imitation? A Comparison with Enculturated Apes», *Behavioral Sciences*, 3 (6). https://doi.org/10.3390/bs6030013.

Taleb, N. N. (2013), *Antifrágil*, Paidós.

Taleb, N. N. (2019), *Jugarse la piel: asimetrías ocultas en la vida cotidiana*, Paidós.

Taylor, C. (2018), *A Secular Age,* Belknap Press of Harvard University Press.

Thaler, R. H. (2016), *Misbehaving: the Making of Behavioral Economics*, W. W. Norton.

Thiel, P., y Masters, B. (2015), *De cero a uno: cómo inventar el futuro*, Gestión 2000.

Thomson, C.; Goodhart, S.; Delicata, N.; Pahl, J.; Hess, S.; Smith, D. S.; Webb, E., et al. (2014), *René Girard and Creative Reconciliation,* Thomas Ryba (ed.), Lexington Books.

THR Staff (noviembre 2018), «Fortnite, Twitch… Will Smith? 10 Digital Players Disrupting Traditional Hollywood», *Hollywood Reporter*.

Turkle, S. (2017), *Alone Together: Why We Expect More from Technology and Less from Each Other*, Basic Books.

Tversky, A., y Kahneman, D. (1986), «Rational Choice and the Framing of Decisions», *Journal of Business* 59, n.° 4, S251-278. Último acceso, 16 de septiembre de 2020. http://www.jstor.org/stable/2352759.

Tye, L. (2002), *The Father of Spin: Edward L. Bernays and the Birth of Public Relations*, Henry Holt.

Tyrrell, W. B. (2012), *The Sacrifice of Socrates: Athens, Plato, Girard,* Michigan State University Press.

Vattimo, G., y Girard, R. (2010), *Christianity, Truth, and Weakening Faith: A Dialogue,* Pierpaolo Antonello (ed.). Traducido por William McCuaig, Columbia University Press.

Von Hildebrand, D., y Crosby, J. F. (2020), *Ethics*, Hildebrand Project.

Wallace, Foster D. (2011), *La broma infinita*, Literatura Random House.

Waller, J. (2009), *The Dancing Plague: The Strange, True Story of an Extraordinary Illness*, 1, Sourcebooks.

Waller, J. (2009), *Time to Dance, a Time to Die: The Extraordinary Story of the Dancing Plague of 1518*, Icon Books.

Warren, J. (2013), *Compassion or Apocalypse: A Comprehensible Guide to the Thought of René Girard*, Christian Alternative.

Warren, S. P. (1992), «On Self-Licking Ice Cream Cones», en *Cool Stars, Stellar Systems, and the Sun: Proceedings of the 7th Cambridge Workshop*, ASP Conference Series, vol. 26.

Weil, S., y Thibon, G. (2008), *Gravity and Grace*. Traducido por Emma Crawford y Mario von der Ruhr, Routledge.

Weinstein, E. (anfitriona) (17 de julio de 2019), «Entrevista con Peter Thiel [audio de pódcast]», en *The Portal.*

Zuboff, S. (2020), *La era del capitalismo de la vigilancia: La lucha por un futuro humano frente a las nuevas fronteras del poder*, Paidós.

NOTAS Y FUENTES

Nota del autor

1. (2001), «Peter Thiel on René Girard», vídeo YouTube. https://www.youtube.com/watch?v=esk7W9Jowtc.

Prólogo

1. Hsieh, T. (2013), *Delivering Happiness: ¿cómo hacer felices a tus empleados y duplicar tus beneficios?*, Profit.
2. Utilizo la frase «jugarme la piel» en el espíritu de Nassim Nicholas Taleb y su excelente libro con ese nombre. En este momento de mi vida estaba, como diría Taleb, frágil: la cantidad de deudas que tenía limitaba mis opciones. Lo peor de todo era que mis deseos eran frágiles.
3. Esto lo aprendí del psicólogo Jean-Michel Oughourlian, amigo cercano de Girard, a quien le gusta describir el deseo mimético como un movimiento del deseo que atrae a las personas... y luego las separa.

Introducción

1. Thiel, P., y Masters, B. (2015), *De cero a uno: cómo inventar el futuro*, Gestión 2000.
2. Nuechterlein, P. J. (octubre 2002), «René Girard: The Anthropology of the Cross as Alternative to Post-Modern Literary Criticism», *Girardian Lectionary*.
3. Girard utiliza la palabra «deseo» (o *désir* en francés) porque el deseo era una categoría muy debatida en los círculos filosóficos franceses a mitad del siglo veinte. Después de la Segunda Guerra Mundial, la cuestión del «deseo» dominaba la literatura francesa y la vida intelectual. Cuando

Girard comenzó a explorar el tema, Sigmund Freud, Jean-Paul Sartre, Alexandre Kojève, Jacques Derrida y otros ya lidiaban con él. Así que Girard tomó de ellos la categoría (*désir*) y la transformó por completo. Para Girard, el deseo es la característica más prominente de la condición humana y la imitación es la característica más prominente del comportamiento humano.

4. El deseo mimético puede ser algo que el sociólogo Émile Durkheim, de estar vivo hoy, llamaría *hecho social.* En *Las reglas del método sociológico* (Punto de encuentro, 2014), Durkheim describe un hecho social como un aspecto de la vida social que da forma o limita las acciones de una persona.
5. Alison, J. (2014), *The Joy of Being Wrong. Original Sin through Easter Eyes*, Crossroad.
6. Goodhart, S. (21 de diciembre de 2015), «In Tribute: René Girard, 1923-2015», Religious Studies News.
7. Girard, R. (2020), *Conversations with René Girard: Prophet of Envy,* C. Haven (ed.), Bloomsbury.
8. Haven, C. (2018), *Evolution of Desire: A Life of René Girard,* Michigan State University Press.
9. Haven, C. (2018), *Evolution of Desire: A Life of René Girard,* Michigan State University Press.
10. *Apostrophes*, capítulo 150, France 2, 6 de junio de 1978.
11. Girard, R.; Oughourlian, J. M., y Lefort, G. (2021), *Cosas ocultas desde la fundación del mundo*, Sígueme.
12. Thiel, P., y Masters, B. (2015), *De cero a uno: Cómo inventar el futuro*, Gestión 2000.
13. Cribben Merrill, T. (2014), *The Book of Imitation and Desire: Reading Milan Kundera with René Girard*, Bloomsbury.
14. Girard, R., y Chantre, B. (2009), *Battling to the End: Conversations with Benoît Chantre*, Michigan State University Press.

Capítulo 1: Modelos ocultos

1. Warren, J. (2013), *Compassion or Apocalypse: A Comprehensible Guide to the Thought of René Girard*, Christian Alternative.
2. Oughourlian, J. M. (2010), *The Genesis of Desire*, Michigan State University Press.

3. Subiaul, F. (2016), «What's Special About Human Imitation? A Comparison with Enculturated Apes», *Behavioral Sciences*, 3 (6).

4. Hardach, S. (14 de noviembre de 2019), «Do Babies Cry in Different Languages?», *The New York Times*. También: Mampe, B.; Friederici, A. D.; Christophe, A., y Wermke, K. (2009), «Newborns' Cry Melody Is Shaped by their Native Language», *Current Biology*, 23 (19).

5. Adaptado del primer párrafo del ensayo del doctor A. Meltzoff (2011), «Out of the Mouths of Babes: Imitation, Gaze, and Intentions in Infant Research – the 'Like Me' Framework», en *Mimesis and Science: Empirical Research on Imitation and the Mimetic Theory of Culture and Religion*, Garrels, S. R. (ed.), Michigan State University Press.

6. Meltzoff, A. N., y Moore, M. K. (1983), «Newborn Infants Imitate Adult Facial Gestures», *Child Development* 54, 702-709. Crédito de la fotografía: Meltzoff, A. N., y Moore, M. K. (1977), «Newborn Infants Imitate Adult Facial Gestures», *Science,* 198, 75-78.

7. Meltzoff, A. N., «Out of the Mouths of Babes» *Mimesis and Science*, 70.

8. Proust, M. (2011), *En busca del tiempo perdido,* vol. 5: «La prisionera», Alianza.

9. Meltzoff, A. N. (1995), «Understanding the Intentions of Others: Reenactment of Intended Acts by 18-Month-Old Children», *Developmental Psychology* 31, n.° 5, 838-850.

10. Meltzoff, A. N. (1995), «Understanding the Intentions of Others: Reenactment of Intended Acts by 18-Month-Old Children», *Developmental Psychology* 31, n.° 5, 838-850.

11. Meltzoff, A. N.; Ramírez, R. R.; Saby, J. N.; Larson, E.; Taulu, S., y Marshall, P. J. (2018), «Infant Brain Responses to Felt and Observed Touch of Hands and Feet: A MEG Study», *Developmental Science* 21, e12651.

12. Jaffe, E. (mayo de 2007), «Mirror Neurons: How We Reflect on Behavior», *Observer.*

13. Shellenbarger, S. (20 de septiembre de 2016), «Use Mirroring to Connect with Others», The *Wall Street Journal.*

14. Tye, L. (2002), *The Father of Spin: Edward L. Bernays and the Birth of Public Relations*, Henry Holt.

15. Curtis, A. (director) (marzo 2002), *The Century of the Self* [película], BBC Two.

16. Curtis, A. (director) (marzo 2002), *The Century of the Self* [película], BBC Two.

17. Tye, L. (2002), *The Father of Spin: Edward L. Bernays and the Birth of Public Relations*, Henry Holt.

18. Nadie ha hecho más que la doctora Martha J. Reineke, profesora del departamento de filosofía y religiones mundiales de la Universidad de Northern Iowa, por explorar el género y la femineidad a través del lente de la teoría mimética. Su trabajo con la teoría mimética abarca un amplio espectro, pero es en especial pertinente y una contribución crítica para los estudios de la mujer que lamentablemente no ha recibido el mismo nivel de atención que han tenido otros análisis que aplican las ideas de Girard.

19. Tye, L. (2002), *The Father of Spin: Edward L. Bernays and the Birth of Public Relations*, Henry Holt.

20. Harrison, R. (anfitrión) (17 de septiembre de 2005), «René Girard: Why We Want What We Want [episodio de pódcast]», *Entitled Opinions* en stanford.edu. https://entitledopinions.stanford.edu/ren-girard-why-we-want-what-we-want.

21. De la historia contada en el pódcast *Entitled Opinions* emitido el 17 de septiembre de 2006, aproximadamente en el minuto 15:00.

22. Grant, A. M. (2014), *Dar y recibir: por qué ayudar a los demás conduce al éxito,* Gestión 2000.

23. Foster Wallace, D. (verano 1993), «E Unibus Pluram: Television and U.S. Fiction», *Review of Contemporary Fiction* 13, n.° 2, 178-179. En este mismo trabajo, en la página 152, escribe: «La televisión, tanto en la superficie como en profundidad, trata sobre el *deseo.* Hablando metafóricamente, el deseo es la azúcar en la comida humana».

24. (12 de febrero de 2020), «Tesla: To Infinity and Beyond [episodio de pódcast]», en *The BBC Business Daily.*

25. La teoría de la información de la economía se basa en el trabajo del matemático Claude Shanon, fundador de la teoría de la información, para mostrar la importancia esencial de la información en la economía y las fuerzas que trabajan para reducir e impulsar el flujo de información y el impacto que tiene esto en la creación de valor. George Gilder ha defendido el capitalismo a través de la perspectiva de la teoría de la información, en su libro *Knowledge and Power: The Information Theory of Capitalism and How It is Revolutionizing Our World.* En mi opinión, la

teoría de la información está incompleta por cuenta propia debido al papel limitado que tiene la información en una ecología humana robusta. Es necesario complementarla con una comprensión de la función del deseo mimético, entre otras cosas. El matemático Benoit B. Mandelbrot plantea la irracionalidad del mercado y la estupidez de las teorías financieras tradicionales en su libro, escrito junto a Richard L. Hudson, *The Misbehavior of Markets: A Fractal View of Financial Turbulence*, Basic Books, 2006.

26. Zweig, J. (17 de junio de 2020), «From 1720 to Tesla, FOMO Never Sleeps», *The Wall Street Journal*.

Capítulo 2: Realidad distorsionada

1. Onaran, Y., y Helyar, J. (2008), «Fuld Solicited Buffett Offer CEO Could Refuse as Lehman Fizzled», *Bloomberg*.
2. Isaacson, W. (2011), *Steve Jobs*, Debate.
3. La palabra «deslumbrar», en inglés *mesmerize*, proviene del físico vienés del siglo XIX Franz Mesmer, el padre de lo que hoy llamamos «hipnosis». Mesmer creía que había una fuerza que atraía a ciertas personas hacia otras personas o cosas. Fue uno de los primeros en empezar a pensar que quizás había leyes de movimiento para las realidades físicas o sociales que eran análogas a las leyes de la física de Newton. «Uno debe darle el mayor reconocimiento a Newton porque él ha clarificado al mayor nivel la atracción recíproca de todas las cosas», escribió (Oughourlian, *The Genesis of Desire*, 84). Mesmer continuó realizando sesiones de terapia individuales y grupales en las que manipulaba a los pacientes con las manos y terminaba las sesiones tocando una armónica de vidrio. Muchos de sus pacientes comenzaron a decir que se habían curado milagrosamente. Podría decirse que experimentaban el efecto placebo. Pero eso sería subestimar la relación entre paciente y médico: el magnetismo del propio Mesmer y la sugestionabilidad de sus pacientes cuando estaban bajo su influencia. La hipnosis moderna funciona a partir del poder de sugestión que blande el hipnotista sobre el sujeto. El hipnotista es un modelo de deseo, lo que quiere el hipnotista, lo quiere el sujeto. No es sorprendente que el espectáculo de hipnosis más duradero y exitoso de todos, con la hipnotista Pat Collins, tuviera lugar en un club de Hollywood. Quienes asistían a su espectáculo eran la clase de gente que quería con desesperación «alcanzar el éxito» y estaban más abiertos a las sugerencias de un mediador que la mayoría.

4. Balter, M. (abril de 2013), «Strongest Evidence of Animal Culture Seen in Monkeys and Whales», *Science Magazine.*

5. *Modelos* y *mediadores* son lo mismo. La mediación es lo que hacen los modelos: dan a sus sujetos ojos nuevos para ver y valorar las cosas bajo una nueva luz.

6. Huber, T., y Byrne, H., «Manias and Mimesis: Applying René Girard's Mimetic Theory to Financial Bubbles», *SSRN*, 24.

7. Galloway, S. (2019), *The Algebra of Happiness: Notes on the Pursuit of Success, Love, and Meaning*, 31, Portfolio/Penguin.

8. Girard, R. (1976), *Deceit, Desire, and the Novel*, 53-82, traducido por Yvonne Freccero, Johns Hopkins University Press. Me he preguntado por qué él no utilizó el término «deseo ontológico», que parece llegar de manera más directa a la idea de un deseo de ser. No he encontrado una buena explicación para su elección de palabras. Sin embargo, creo que podemos comprender con más facilidad la interpretación del deseo metafísico de Girard si pensamos en ello como «después de lo físico», ya que cuando tenemos un deseo metafísico, no podemos satisfacerlo con ningún objeto físico. «A medida que el rol metafísico es mayor en el deseo, el rol de lo físico disminuye su importancia», escribe Girard (p. 85). Compara esto con mi perro, que yace en el suelo y duerme después de que lo haya alimentado con una buena comida. Él no contempla las estrellas, aullando, preguntándose qué vendrá después.

9. Actualmente, la «metafísica» en general se refiere a los primeros principios, las cosas que forman la base de la cual surgen todas las demás cosas. Elon Musk afirma que es esencial usarla en el proceso de tomar decisiones. Tim Higgins escribió en *The Wall Street Journal*: «El multimillonario le ha atribuido su éxito en los negocios al abordaje científico llamado "primeros principios", arraigado en los escritos de Aristóteles, y que rechaza, entre otras cosas, resolver problemas con soluciones copiadas y depende de reducir los problemas a su esencia aun si la solución parece contraintuitiva». Higgins, T. (20 de marzo de 2020), «Elon Musk's Defiance in the Time of Coronavirus», *The Wall Street Journal.*

10. Girard, R., y Anspach, M. R. (2004), *Oedipus Unbound*, 1, Stanford University Press.

11. Girard, R. (2009), *La anorexia y el deseo mimético*, Marbot.

12. THR Staff (noviembre 2018), «Fortnite, Twitch… Will Smith? 10 Digital Players Disrupting Traditional Hollywood», *Hollywood Reporter.*

13. Girard, R. (2012), *Resurrection from the Underground: Fiódor Dostoevsky*, traducido por James G. Williams, Michigan State University Press.
14. Weiss, B. (8 de mayo de 2018), «Meet the Renegades of the Intellectual Dark Web», *The New York Times.*
15. Woolf, V. (2013), *Orlando*, Edhasa.
16. La Casa de los Lores, 28 de octubre, 1943. La Casa de los Comunes había sido bombardeada en mayo de 1941 y Churchill ordenó reconstruirla exactamente como era antes. La cita aparece en O' Toole, R. (2007), *The Best Laid Plans*, Cato Institute.
17. La imitación negativa está relacionada con el partidismo negativo, en el que las personas forman sus ideas políticas sobre la base de las ideas de otro partido. Girard, *Deceit, Desire, and the Novel.*
18. Los episodios más miméticos de *Seinfeld* son «El alma gemela» (temporada 8, episodio 2) y «El aparcamiento» (temporada 3, episodio 22). Después de terminar de leer este capítulo, recomiendo que te sirvas una copa de vino y veas los episodios para observar una ilustración hilarante del deseo mimético y el funcionamiento de la rivalidad mimética. Como comentario general sobre *Seinfeld*, Girard escribe: «Para tener éxito, un artista debe acercarse lo más posible a alguna verdad social importante sin incitar la autocrítica dolorosa en los espectadores. Eso hizo esta serie. Las personas no necesitaban comprenderlo por completo para apreciarlo. No deben entenderlo. Se identifican con los personajes porque ellos hacen lo mismo. Reconocen algo común y real, pero no logran definir qué es. Probablemente, los contemporáneos de Shakespeare habrán valorado su representación de las relaciones humanas del mismo modo en que nosotros disfrutamos de *Seinfeld*, sin comprender su perspicacia sobre la interacción mimética. Debo decir que hay más realidad social en *Seinfeld* que en la mayoría de la sociología académica» (Girard, R. [2017], *Evolution and Conversion: Dialogues on the Origins of Culture*, Bloomsbury).
19. Origen dudoso. Parece que Marx escribió algo semejante en una carta de renuncia para un club al que pertenecía.

Capítulo 3: Contagio social

1. Tribune Media Wire (26 de agosto de 2019), «Man in Coma after Dispute over Towel Sparks Massive Brawl at California Water Park», *Fox31 Denver.*

2. Mi fuente para la mayoría del material sobre Ferruccio Lamborghini es un libro poco común escrito por Tonino Lamborghini, hijo de Ferrucio, que encontré en Italia (donde viví durante tres años, desde 2013 a 2016). Está disponible solo en italiano. Todas las traducciones de los diálogos en la historia son mías. El libro es: Lamborghini, T. (2016), *Ferruccio Lamborghini: La Storia Ufficiale*, Minerva. El tributo de un hijo a su padre. Claro que la historia está relatada solo de un lado. Cuando leí la biografía de casi mil páginas de Enzo Ferrari llamada *Enzo Ferrari: Power, Politics, and the Making of an Automotive Empire,* escrita por Luca Dal Monte y publicada en 2018 por David Bull Publishing, descubrí que no había ni una sola mención a Ferruccio Lamborghini. Una omisión sospechosa… o la prueba de que había cosas ocultas desde su fundación…
3. Lamborghini, T. (2016), *Ferruccio Lamborghini: La Storia Ufficiale*, Minerva.
4. «The Argument Between Lamborghini and Ferrari», WebMotorMuseum.it. https://www.motorwebmuseum.it/en/places/cento/the-argument-between-lamborghini-and-ferrari/
5. Kurczewski, N. (noviembre 2018), «Lamborghini Supercars Exist Because of a 10-Lira Tractor Clutch», *Car and Driver.*
6. Pero a Lamborgihni lo motivaba algo más que la rivalidad. Avanzar hacia la manufacturación de automóviles tenía sentido para los negocios. Los márgenes de ganancia de los vehículos de lujo eran superiores a los de los tractores. También vio un hueco en el mercado para los automóviles de alto rendimiento. Nadie había producido un vehículo que se comparara con el poder de Ferrari en las pistas, pero que también tuviera un interior de lujo. Ese sería su nicho: Lamborghini haría que su súper automóvil fuera un *granturismo*, o coche itinerante, que estuviera a la altura de la potencia de un Ferrari, pero que lo superara en comodidad.
7. Lamborghini, T. (2016), *Ferruccio Lamborghini: La Storia Ufficiale*, Minerva.
8. Kleon, A. (2013), *Roba como un artista*, Aguilar.
9. Contrario a la creencia popular, el ataque del toro no está en absoluto relacionado con su odio hacia el color rojo. Los toros son daltónicos, parece que lo que los irrita es el movimiento de la tela.
10. Girad, R. (1976), *Deceit, Desire, and the Novel*, traducido por Yvonne Freccero, Johns Hopkins University Press.

11. Lamborghini, T. (2016), *Ferruccio Lamborghini: La Storia Ufficiale*, Minerva.

12. Susan Blackmore, una experta en la teoría del meme y autora de *The Meme Machine* (Oxford University Press, 2000), es explícita acerca de la función de la imitación. Recomiendo su libro para cualquiera que busque una buena introducción a los memes.

13. La articulación original de Dawkins sobre la teoría del meme no decía mucho acerca de por qué se seleccionan ciertos memes para imitar. Dijo que los memes mutan «de manera aleatoria y en forma similar a la selección darwiniana» (Solon, O. [20 de junio de 2013], «Richard Dawkins on the Internet's Hijacking of the Word 'Meme'», *Wired UK*). En la teoría mimética, los objetos se eligen a través de la selección mimética, es decir, se escogen porque un modelo los eligió primero.

14. Collins, J. C. (2001), *Good to Great*, Harper Business.

15. Collins, J. C. (2019), *Turning the Flywheel: Why Some Companies Build Momentum… and Others Don't*, Random House Business Books.

16. Collins, J. C. (2019), *Turning the Flywheel: Why Some Companies Build Momentum… and Others Don't*, Random House Business Books.

17. Aristóteles (2014), *Metafísica, Gredos*. Ver también http://classics.mit.edu/Aristotle/metaphysics.9.ix.html

18. En *Delivering Happiness: ¿cómo hacer felices a tus empleados y duplicar tus beneficios?*, el libro de Tony Hsieh, este cita al fundador original de Zappos, Nick Swinmurn, y dice: «Recuerdo haber pensado: no debería ser tan difícil comprar un par de zapatos», para describir cómo se le ocurrió la idea original. No era repartir felicidad. Tony Hsieh escribió: «Su idea era construir el Amazon de los zapatos y crear la tienda *online* de calzado más grande del mundo».

19. En su libro, Tony comparte que envió un correo electrónico a todos los empleados de Zappos en octubre del 2000 hablando de la importancia de enfocarse en las ganancias brutas, en aumentar el volumen de visitantes calificados al sitio web y en el porcentaje de clientes que repetían. Su correo incluía el siguiente requerimiento: «Necesitamos todo para pensar en cómo aumentarán nuestras ganancias brutas durante los próximos nueve meses. Esto implicará que algunos proyectos que normalmente llevaríamos a cabo quedarán suspendidos hasta obtener ganancias. Una vez que las tengamos, seremos capaces de pensar a largo plazo y en perspectiva, y de fantasear más con cómo dominar el mundo».

20. Tony escribe en *Delivering Happiness: ¿cómo hacer felices a tus empleados y duplicar tus beneficios?*, al recordar un almuerzo que tuvo con Mossler a principios de 2003: «Al finalizar el almuerzo, notamos que la mayor visión sería construir la marca Zappos para que fuera sinónimo del mejor servicio al cliente».

21. Este era el valor del trato el día de cierre. Dado que era un trato hecho solo con acciones (Zappos recibía acciones de Amazon, no dinero en efectivo), el valor del trato depende del valor de las acciones de Amazon en cualquier momento dado. El precio final de las acciones de Amazon al 30 de octubre de 2009 era de 117,30 dólares. Mientras escribo esto, el precio es de 3.423 dólares. Zappos fue inteligente al exigir un trato pagado en acciones.

22. Bowles, N. (1 de octubre de 2014), «The Downtown Project Suicides: Can the Pursuit of Happiness Kill You?», *Vox*.

23. Hsieh, T. (25 de enero de 2015), "Rule for Success: Maximize Serendipity», Inc.com.

24. Robertson, B. J. (2015), *Holacracia: el nuevo sistema organizativo para un mundo en continuo cambio*, Empresa activa.

25. Para demasiadas personas ajenas al tema, parecía probable que el avance hacia la holacracia terminara en caos y confusión porque las personas no podrían distinguir rangos y no tendrían una estructura a la que aferrarse. Después de todo, los humanos comenzaron organizándose a sí mismos y usaron esa organización para construir las mismas estructuras jerárquicas que la holacracia quiere eliminar. Pero la holacracia fue una extensión natural de cómo le gustaba trabajar a Tony. Al igual que muchos otros en Silicon Valley, Tony era un *burner*: adepto desde hacía tiempo al festival *Burning Man*, una reunión inmensa celebrada anualmente en el desierto Black Rock al noroeste de Nevada. Los *burners* suelen tener un *ethos* antijerárquico fuerte y, en un espíritu similar, Tony y su equipo imaginaban transformar Las Vegas en una comunidad libre donde todos se sintieran empoderados para seguir su llamado.

26. Utilizo intencionalmente este lenguaje en el espíritu de *Notes from Underground* de Fiódor Dostoevsky que, según René Girard, trata principalmente sobre el deseo mimético y la rivalidad. Girard escribió un libro dedicado en gran parte a esa obra llamado *Resurrection from the Underground: Fiódor Dostoevsky*.

27. C. S. Lewis (1944), «The Inner Ring», conferencia King's College, University of London. https://www.lewissociety.org/innerring/

28. Agustín de Hipona escribió en su libro *La ciudad de Dios* que *ordo amoris* (la orden del amor) es «una definición breve y real de la virtud». Saber cómo funcionan juntos los valores y cuándo están dadas las circunstancias para perseguir ciertas cosas, y en qué grado hacerlo y luego desarrollar la voluntad de llevarlo a cabo, es el trabajo de toda una vida. El filósofo del siglo XX Max Scheler ilustró una jerarquía influencial de valores y emociones que muestra en parte cómo todas las emociones no son iguales. Aparecen como respuesta al valor y pueden más o menos estar de acuerdo con la verdad de ese valor. Si yo respondo con alegría ante la desgracia de otro, entonces mis respuestas afectivas (mis emociones) indican que algo anda mal en mi jerarquía de valores, o, más profundamente, en mi orden del amor. Ve el trabajo de Dietrich von Hildebrand y su teoría ética sobre las respuestas ante el valor, para saber más. Von Hildebrand, D., y Crosby J. F. (2020), *Ethics*, Hildebrand Project.
29. Los nombres difieren entre empresas al igual que los que uso yo. Dependen de cómo define una empresa las distintas clases de acciones, acreedores y mucho más.
30. No hay duda de que las personas construyen valores en parte a través de la mímesis. Aristóteles hablaba sobre las virtudes (como coraje, paciencia, honestidad y justicia) como cosas que la gente aprende a desear porque sus modelos o las poseen, o también porque las desean. Adquirimos virtudes imitando a nuestros modelos. (Entonces, ¿es sorprendente que en una sociedad en la que la mayoría no valora las virtudes clásicas, haya poco apetito por ellas?).
31. He dado algunos recursos gratuitos para realizar este ejercicio en mi página web https://lukeburgis.com.
32. Schulz, B., y Velotta, R. (24 de agosto de 2020), «Zappos CEO Tony Hsieh, Champion of Downtown Las Vegas, Retires», *Las Vegas Review-Journal*.
33. Groth, A. (4 de enero de 2017), «Five Years In, Tony Hsieh's Downtown Project Is Hardly Any Closer to Being a Real City», *Quartz*.

Capítulo 4: La invención de la culpa

1. © 2020 Jenny Holzer, member Artists Rights Society (ARS), New York.
2. Girard, R. (2014), *The One by Whom Scandal Comes*, 8, traducido por M. B. DeBevoise, Michigan State University Press.

3. Girard, R. (2014), *The One by Whom Scandal Comes*, 8, traducido por M. B. DeBevoise, Michigan State University Press.
4. Von Clausewitz, C. (2017), *De la guerra*, La otra H.
5. Girard, R. (2006), *La violencia y lo sagrado*, Anagrama.
6. Esta es una traducción de la plegaria ofrecida con la cabra: «Oh, Señor, he actuado mal, abusado y pecado ante ti: yo, mi familia y los hijos de Aarón, los sagrados. Oh, Señor, perdona las maldades, los abusos y los pecados que yo, mi familia y los hijos de Aarón, los sagrados, cometimos ante ti, como está escrito en la ley de Moisés, tu siervo: "este día, Él te perdonará, te limpiará de todos tus pecados ante el Señor, estarás limpio"». Singer, I., y Adler, C. (1902), *The Jewish Encyclopedia: A Descriptive Record of the History, Religion, Literature, and Customs of the Jewish People from the Earliest Times to the Present Day*, Funk and Wagnalls Company.
7. De la traducción al inglés de 1530 del Pentateuco hecha por el académico reformador protestante William Tyndale. En latín, el chivo se llamaba *caper emissarius*, o «cabra emisaria», la cabra que parte. Tyndale originalmente la llamó «chivo que escapa», lo cual se convirtió después en «chivo expiatorio».
8. Girard, R. (2002), *Veo a Satán caer como el relámpago*, Anagrama.
9. Compton, T. M. (2006), *Victim of the Muses: Poet as Scapegoat, Warrior and Hero in Greco-Roman and Indo-European Myth and History*, Center for Hellenic Studies.
10. La idea de que un arma en un pelotón de fusilamiento estaba cargada con cartuchos de fogueo ha sido cuestionada como un mito por quienes dicen que una bala real hace que el arma tenga un gran retroceso mientras que la de fogueo no, así que cualquiera que participara en un pelotón de fusilamiento sabría si le habían asignado cartuchos de fogueo. Lo más interesante no es si cada miembro del pelotón sabe o no si tiene un cartucho de fogueo: lo es el hecho de que usaran cartuchos de fogueo.
11. Las crisis financieras localizadas funcionan del mismo modo. En 1997, la crisis financiera asiática comenzó en Tailandia y causó que las acciones del mercado tailandés cayeran más del 75 %. La crisis se propagó rápido a otros países de Asia, pero tuvo un impacto mínimo en Estados Unidos.
12. La idea de una fiesta fue inspirada por las reflexiones de Girard sobre los festivales dionisíacos. Eran festivales en la antigua Grecia que honraban al dios Dioniso y se organizaban con el propósito de recrear alguna forma

de unidad original que se había perdido en el caos del deseo mimético. Los festivales recrean el movimiento de la unidad a la desunión y el desorden, y culminan en un ritual de sacrificio, un chivo expiatorio, que restaura el orden y evita más caos y conflictos internos. Raymund Schwager, el colaborador cercano de Girard (que fue esencial para desarrollar su pensamiento teológico) menciona en una carta para Girard que se topó con un libro fascinante llamado *Die Mimesis in der Antike,* escrito por Hermann Koller y publicado en 1954. En él, el autor reflexiona sobre el uso que hace Platón de la palabra griega μιμεῖσθαι (*mimesthai*) y concluye que proviene de una danza sagrada. La palabra «mimos», escribe, designaba a los actores en los festivales dionisíacos.

13. Coates, T. (22 de noviembre de 2019), «The Cancellation of Colin Kaepernick», *The New York Times.*

14. Girard, R. (2002), *Veo a Satán caer como el relámpago*, Anagrama.

15. Philostratus, F. (1912), *The Life of Apollonius of Tyana, the Epistles of Apollonius and the Treatise of Eusebius*, traducido por F. C. Conybeare, Loeb Classical Library, 2 vols., Harvard University Press.

16. Este es el fragmento entero: «Soñó, en su enfermedad, que el mundo todo estaba condenado a ser víctima de una terrible, inaudita y nunca vista plaga que, procedente de las profundidades de Asia, caería sobre Europa. Todos tendrían que perecer, excepto unos cuantos, muy pocos, elegidos. Había surgido una nueva triquina, un ser microscópico que se introducía en el cuerpo de las personas. Pero esos parásitos eran espíritus dotados de inteligencia y voluntad. Las personas que los pescaban se volvían inmediatamente locas. Pero nunca, nunca, se consideraron los hombres tan inteligentes e inquebrantables en la verdad como se consideraban estos atacados. Jamás se consideraron más infalibles en sus dogmas, en sus conclusiones científicas, en sus convicciones y creencias morales. Aldeas, ciudades y pueblos enteros se contagiaron y enloquecieron. Todos estaban alarmados, y no se entendían los unos a los otros, todos pensaban que solo en ellos se cifraba la verdad y sufrían al ver a los otros y se aporreaban el pecho, lloraban y dejaban caer los brazos. No sabían a quién ni cómo juzgar; no podían ponerse de acuerdo sobre lo que era bueno o malo. No sabían a quién inculpar ni a quién justificar. Los hombres se agredían mutuamente, movidos por un odio insensato. Se armaban unos contra otros en ejércitos enteros; pero los ejércitos, ya en marcha, empezaban de pronto a destrozarse ellos mismos, rompían filas, se lanzaban unos guerreros contra otros, se mordían y se

comían entre sí. Abandonaron los más vulgares oficios, porque cada cual preconizaba su idea, sus métodos, y no podían llegar a una inteligencia. Sobrevinieron incendios, sobrevino el hambre. Todo y todos se perdieron. La peste aquella iba en aumento, y cada vez avanzaba más. Salvarse en el mundo entero lo consiguieron únicamente algunos hombres, que eran puros y elegidos, destinados a dar principio a un nuevo linaje humano y a una nueva vida, a renovar y purificar la tierra, pero nadie ni en ninguna parte veía a aquellos seres, nadie oía sus palabras y su voz». Dostoievski, F. (2021), *Crimen y castigo,* Penguin Clásicos.

17. Vale la pena explorar el concepto de psicología interindividual, una frase acuñada por René Girard, Michel Oughourlian y Guy Lefort en *Cosas ocultas desde la fundación del mundo* (Sígueme, 2021) para alejarse de la visión monádica del sujeto y explicar adecuadamente la estructura relacional de la psicología.
18. Canetti, E. (1977), *Masa y poder*, Muchnik.
19. De la obra de Sófocles *Edipo rey,* representada por primera vez aproximadamente en el 429 a.C.
20. Girard, R. (2006), *La violencia y lo sagrado,* Anagrama.
21. Borch, C. (2020), *Social Avalanche: Crowds, Cities, and Financial Markets*, Cambridge University Press. Él utiliza allí esta palabra para describir la psicología de las masas.
22. Li, Y. (18 de marzo de 2020), «'Hell Is Coming' – Bill Ackman Has Dire Warning for Trump, CEOs if Drastic Measures Aren't Taken Now», *CNBC.*
23. Waller, J. (2009), *The Dancing Plague: The Strange, True Story of an Extraordinary Illness*, 1, Sourcebooks.
24. De Martino, E., y Zinn, D. L. (1999), *La tierra del remordimiento,* Bellaterra.
25. Fan, R.; Zhao, J.; Chen, Y., y Xu, K. (octubre 2014), «Anger Is More Influential than Joy: Sentiment Correlation in Weibo», *PLOS ONE.*
26. King, S. (2021), *Mientras escribo,* Debolsillo. Ver también: King, S. (4 de abril de 2014), «Stephen King: How I Wrote Carrie», *Guardian.*
27. *Los juegos del hambre* es una serie de libros que le da un giro contemporáneo al antiguo concepto romano de «pan y circo». Los romanos sabían que necesitaban darle al pueblo de Roma pan (comida)

para apaciguarlo. Pero también debían proveer circo o entretenimiento. El ritual sacrificial de los gladiadores o de los animales protegía a Roma de su propia violencia, evitaba que hubiera revueltas agresivas y mantenía a salvo a los líderes.

28. Girard, R. (1982), *El chivo expiatorio*, Anagrama.

29. John 11:49-50. De the New Revised Standard Version Bible (NRSV), copyright © 1989 the Division of Christian Education of the National Council of the Churches of Christ in the United States of America. Usada con permiso. Todos los derechos reservados.

30. Girard, R., y Chantre, B. (2009), *Battling to the End: Conversations with Benoît Chantre*, Michigan State University Press.

31. Girard, R. (2006), *La violencia y lo sagrado*, Anagrama.

32. Steven Pinker, en su libro *Los ángeles que llevamos dentro: el declive de la violencia y sus implicaciones* (Paidós, 2012), desmiente lo que él llama «la teoría hidráulica» de la violencia: la idea de que la presión reunida bajo la superficie necesita liberarse periódicamente de manera violenta. Para ser claro, esa no es la teoría de Girard. El mecanismo del chivo expiatorio sucede durante una crisis mimética porque un grupo actúa de modo práctico y estratégico: el mecanismo del chivo expiatorio es una estrategia social para disipar la violencia. Si bien Pinker no menciona específicamente a Girard o al mecanismo del chivo expiatorio, toca la temática de la naturaleza estratégica de la violencia: «Cuando una tendencia a la violencia evoluciona, siempre es algo estratégico. Los organismos son seleccionados para desatar la violencia solo en circunstancias en las cuales los beneficios esperables superan los costos esperables».

33. Este programa apareció en la televisión canadiense en marzo de 2011, en *Ideas*, el programa clásico de David Cayley.

34. No estoy tan familiarizado con textos de otras religiones, como el budismo, el hinduismo o el islam, pero me gustaría debatir más sobre cómo esos textos también es posible que revelen el mecanismo del chivo expiatorio e invito a cualquier académico especializado en esos textos a unirse al *subreddit* r/MimeticDesire.

35. Girard, R. (1982), *El chivo expiatorio*, Anagrama.

36. René Girard los llamó *textos de persecución.* Son textos escritos por los perseguidores que cubren un crimen o esconden la verdad sobre lo ocurrido. Girard, R. (1982), *El chivo expiatorio*, Anagrama.

37. Girard explica este punto de vista más contundentemente en *Veo a Satán caer como el relámpago* (Anagrama, 2002).
38. Girard, R. (2002), *Veo a Satán caer como el relámpago*, Anagrama.
39. En general, se considera que el primer hospital construido fue el de San Basilio de Cesarea, fuera de la ciudad de Cesarea, hoy en día Kayseri, Turquía.
40. Girard, R. (2002), *Veo a Satán caer como el relámpago*, Anagrama.
41. Jesús los llama para que se hagan cargo de esa hipocresía en un encuentro con unos fariseos: «Si hubiésemos vivido en los días de nuestros padres, no habríamos sido sus cómplices en la sangre de los profetas». (Mateo, 23:30).
42. Solzhenitsyn, A. (2015), *Archipiélago Gulag I*, Tusquets.
43. Le Guin, U. K. (2013), *Los que abandonan Omelas*, en *Las doce moradas del viento*, RBA.
44. Girard, R. (1982), *El chivo expiatorio*, Anagrama.

Segunda parte: La transformación del deseo

1. Lipsky, D. (2010), *Although of Course You End Up Becoming Yourself: A Road Trip with David Foster Wallace*, 86, Broadway Books.

Capítulo 5: Antimimético

1. Clear, J. (2020), *Hábitos atómicos: Cambios pequeños, resultados extraordinarios*, Diana.
2. Doran, G. T. (noviembre de 1981), «There's a S.M.A.R.T. Way to Write Management's Goals and Objectives», *Management Review.*
3. Sull, D., y Sull, C. (5 de junio de 2018), «With Goals, FAST Beats SMART», *MIT Sloan Management Review.*
4. Doerr, J. (2019), *Mide lo que importa: cómo Google, Bono y la Fundación Gates cambian el mundo con OKR*, Conecta.
5. Ordóñez, L. D.; Schweitzer, M. E.; Galinsky, A. D., y Bazerman, M. H. (2009), *Goals Gone Wild: the Systematic Side Effects of Over-Prescribing Goal Setting*, Harvard Business School.
6. El sociólogo Max Weber llamó a la estructura rígida dentro de la cual muchas personas de distintas organizaciones toman decisiones «jaula de

hierro». El modo elegante de denominar este proceso es «isomorfismo institucional». Paul J. DiMaggio y Walter W. Powell acuñaron el término en su ensayo «The Iron Cage Revisited: Institutional Isomorphism and Collective Rationality in Organizational Fields», *American Sociological Review* 48, n.° 2, 1983, 147-160, en el que describen los procesos miméticos que llevan a él. Esta estructura encierra la toma de decisiones en un «marco racionalista», según Weber, el cual, excluyendo una revolución, resiste «hasta quemar la última tonelada de carbón fosilizado». La jaula de hierro no es racionalista, es mimética. Para leer más, ver Weber, M. (2017), *La ética protestante y el espíritu del capitalismo*, CreateSpace Independent Publishing Platform.

7. Weinstein, E. (anfitriona) (17 de julio de 2019), «Entrevista con Peter Thiel [audio de pódcast]», en *The Portal.*

8. Granovetter, M. (noviembre de 1985), «Economic Action and Social Structure: The Problem of Embeddedness», *American Journal of Sociology.*

9. Gargillou incluye helechos, amaranto, borraja blanca, ajo rocambole, trébol, tallo de coliflor, guisantes, perifolio tuberoso, *nasturtium*, *phyteuma*, calabaza bonetera, cebolla galesa (*Allium fistulosum*), endivias, hierba gallinera (*stellaria media*), rábano rosa, salsifí, tomate, cebollín, hinojo alpino y muchos otros vegetales, brotes, hojas, tallos, granos o raíces según la temporada e incluso el día.

10. Card, O. S. (2015), «Sonata sin acompañamiento», *en Canciones perdidas / Los cuentos ocultos (Mapas en un espejo 5),* B de Books.

11. Lewis, M. (abril 2007), «Marco Pierre White on Why He's Back Behind the Stove for TV's Hell's Kitchen», *The Caterer.*

12. Andreessen, M. (2020), «It's Time to Build», Andreessen Horowitz. https://a16oz.com/2020/04/18/its-time-to-build/

13. Muchos perfiles ejemplares de Michelin como empresa están incluidos en el libro *And Why Not? The Human Person and the Heart of Business,* escrito por François Michelin (Lexington Books, 2003). Entre mis favoritas está la historia de cómo un joven François aprendió una lección de su abuelo, uno de los fundadores de la empresa, sobre la empatía necesaria para romper el ciclo del chivo expiatorio: «Recuerdo un día del año 1936, cuando, mientras yo estaba sentado con mi abuelo en su oficina en Cours Sablon, pasó junto a nuestra ventana un grupo de personas en huelga. Cuando oí ruido, fui a la ventana y aparté la cortina, lo cual provocó gritos. Mi abuelo me dijo: "Te dirán que esa gente es

desagradable, pero no es verdad". Me di cuenta de que mi abuelo tenía razón, lo cual me lleva a decir que la noción de lucha de clases nace de la pereza intelectual en la que las personas quieren evitar hacerse preguntas reales. Desde entonces, me ha atormentado una frase de mi abuelo: "Si consideras a un comunista como enemigo de tu clase, cometes un error. Si lo ves como un hombre que simplemente piensa distinto a ti, la situación es muy diferente". Cada vez que conozco a alguien, me pregunto: *¿Qué diamante esconde esta persona?* Todas las joyas que nos rodean constituyen una corona increíble, cuando hemos aprendido a abrir los ojos y verlas». (p. 66).

14. Publicado en la página oficial de Facebook de BRAS el 20 de septiembre de 2017. Puedes verlo en wanting.ly/bras
15. El resentimiento (en francés, *ressentiment,* lo cual posee un significado más matizado que implica que los valores de uno o del mundo se deforman profundamente a través del resentimiento) es un fenómeno contra el que luchan los filósofos Friedrich Nietzsche y Max Scheler, pero ninguno de los dos ha notado el papel que tiene la mediación interna en el resentimiento como Girard.
16. Le Suquet aún tiene dos estrellas en la guía 2020 mientras escribo esto.

Capítulo 6: Empatía disruptiva

1. «Empatía disruptiva» es el título de una sección del libro de Gil Bailie, publicado por Crossroad Publishing en 2014: *Violence Unveiled: Humanity at the Crossroads.*
2. Girard, René (2006), *Aquel por el que llega el escándalo,* Caparrós.
3. Merton, T. (2008), *Nuevas semillas de contemplación,* Sal Terrae.
4. Girard, R.; Pogue Harrison, R., y Haven, C. (12 de marzo de 2018), «Shakespeare: Mimesis and Desire», *Standpoint.*
5. Durante la Segunda Guerra Mundial, los aviones aliados aterrizaban en las islas en el Océano Pacífico sur para hacer paradas durante misiones largas. Los soldados estadounidenses y europeos les daban a los lugareños un botín generoso de comida y provisiones a cambio de su buena voluntad. Entregaban los bienes en paracaídas que bajaban cajas grandes de los aviones de carga.

   Los lugareños, muchos de los cuales pescaban con lanzas y vivían en cabañas, estaban encantados: cigarrillos, palitos de carne, camisetas, whisky, naipes, pañuelos y mecheros eran como talismanes de otra civilización. Solo podemos imaginar las conversaciones con whisky en la mano alrededor del fuego por las noches mientras les entregaban una nueva tanda de provisiones.

Luego, la guerra terminó. Los lugareños se quedaron atónitos. ¿Por qué de pronto las provisiones que habían estado recibiendo desaparecían? En cuestión de meses, los locales comenzaron a agruparse en las pistas en las que habían aterrizado los aviones. Imitaron los movimientos de los controladores aéreos, tallaron auriculares de madera y construyeron torres de control improvisadas. Encendieron señales de fuego y formaron hileras de desfile imitando las que habían visto hacer a los soldados después de aterrizar. Imitaban las acciones que habían visto con la esperanza de que se produjera el mismo resultado.

«Lo hacen todo bien», dijo Richard Feynman, un físico ganador del Nobel, en su discurso inaugural en Caltech en 1974. «Tiene exactamente el mismo aspecto que antes. Pero no funciona... Siguen todas las reglas y formas aparentes, pero les falta algo esencial porque los aviones no aterrizan». En su discurso sobre la ciencia, la pseudociencia y cómo no autoengañarse, él acuñó el término controversial «culto cargo» para describir lo que ocurría en las islas del Pacífico Sur.

El nombre era engañoso por muchas razones. Por ejemplo: los cultos claramente no tratan en absoluto sobre cargamento. Lo sabemos porque los cultos tomaron formas distintas en las islas del Pacífico. Un empresario que trabajaba en proyectos de ingeniería grandes en la isla Lihir, lejos de la costa de Papúa Nueva Guinea a fines de la década de los setenta, recuerda puestos de comida armados en la pista de aterrizaje con lugareños de pie fingiendo ser empresarios. Era importante para ellos hacer el papel de empresarios, pero nadie compraba ni vendía nada. En lugar de imitar los aterrizajes de los aviones con provisiones, imitaban a los empresarios que llegaban en busca de nuevos proyectos que llevar a cabo.

La imitación no tiene principalmente el objetivo de hacer que caiga mercancía del cielo. Ni siquiera está relacionada con los bienes materiales. La imitación sucede porque las personas quieren cierto estatus y respeto por parte de las otras. Imitando a aquellos que parecen ya tenerlos, los imitadores esperan que suceda alguna clase de transformación.

El peor error es pensar que este fenómeno es algo propio de las personas «primitivas». El culto es el *culto a la imitación*... y es universal. Los cultos cargo publicitados en las décadas siguientes a la guerra solo son manifestaciones extremas de lo que sucede cada día en Estados Unidos y en otros países. Jóvenes graduados de la universidad (o que abandonaron sus estudios) visten jeans y camisetas, trabajan en espacios incubadora con pegatinas de marca en sus ordenadores MacBook Pro, hacen que la cultura corporativa parezca una fraternidad (completa con mesas de ping-pong, kombucha y cerveza artesanal de barril), ven a Gary Vaynerchuk en las redes sociales y se reúnen con otros miembros del culto por la noche en cafeterías de moda dentro de su círculo, todo con la esperanza de que hacerlo aumente el valor de su empresa.

Hoy, decir «quiero ser emprendedor» es equivalente a decir «quiero ser asesor o banquero inversionista» a principios de los noventa. Pero ser emprendedor es una categoría en particular problemática porque emprender siempre necesita ser algo concreto alrededor de un problema específico o una necesidad en el mundo. Decir que uno quiere ser emprendedor antes de comprender siquiera una oportunidad única y particular es como pasearse con un martillo gigante buscando cosas que romper. Para un hombre con un martillo, todo parece un clavo. Para alguien que quiere ser emprendedor, todo parece una oportunidad para crear una empresa.

6. Estas son algunas: ¿Por qué hay algo en lugar de nada? ¿Qué es la belleza? ¿Cómo distingo entre el bien y el mal? ¿Qué es la conciencia? ¿Quién soy? ¿De dónde vengo? ¿A dónde voy?
7. Palmer, P. (2017), *Deja que tu vida hable*, Sirio.
8. Sacks, R. (7 de octubre de 2015), «Introduction to Covenant and Conversation 5776 on Spirituality». https://rabbisacks.org.
9. Si bien no es necesario realizar el proceso de evaluación formal para gozar de los beneficios del ejercicio de la historia gratificante, recomiendo esta herramienta porque ayuda a comprender mejor y proporciona un lenguaje que sería difícil obtener por cuenta propia. Para aquellos más interesados, he incluido en el Apéndice C un ejemplo completo de los tres resultados motivacionales centrales de una persona junto a recursos que uso en mi clase y en mi empresa. Ver Henry, T.; Penner, R.; Hall, T. W., y Miller, J. (2020), *The Motivation Code: Discover the Hidden Forces that Drive Your Best Work*, Penguin Random House.

Capítulo 7: Liderazgo trascendental

1. Whitney Wolfe Herd en una entrevista con CNN Business el 13 de diciembre de 2019. O'Brien, S. A., «She Sued Tinder, Founded Bumble, and Now, at 30, Is the CEO of a $3 Billion Dating Empire». https://www.cnn.com/2019/12/13/tech/whiteney-wolfe-herd-bumble-risk-takers/index.html
2. Adapté el lenguaje del libro del filósofo contemporáneo Byung-chul Han *La sociedad del cansancio*. Al escribir sobre enfermedades neuronales y nuestra incapacidad de desarrollar «anticuerpos» contra ellas porque no provienen de otro, dice: «En cambio, es violencia sistémica (es decir, inmanente al sistema)». Han, B. (2017), *La sociedad del cansancio*, Herder Editorial.
3. Warren, S. P. (1992), «On Self- Licking Ice Cream Cones», en *Cool Stars, Stellar Systems, and the Sun: Proceedings of the 7th Cambridge Workshop*, ASP Conference Series, vol. 26.
4. Del discurso que dio el presidente John F. Kennedy en la Universidad Rice, el 12 de septiembre de 1962. John F. Kennedy Presidential Library and Museum archives. https://www.jfklibrary.org/archives/other-resources/john-f-kennedy-speeches/rice-university-19620912.
5. Nussbaum, A. M. (2017), *The Finest Traditions of My Calling*, Yale University Press.
6. Montessori, M. (2020), *El niño, el secreto de la infancia*, Montessori-Pierson Publishing Company.
7. Montessori, M. (2020), *El niño, el secreto de la infancia*, Montessori-Pierson Publishing Company.
8. Andreessen, M. (2020), «It's Time to Build», Andreessen Horowitz. https://a16oz.com/2020/04/18/its-time-to-build/
9. La primera cita proviene del libro en inglés de Maria Montessori, *The Montessori Method*, trad. Anne Everett George, Frederick A. Stokes Company, 1912. La segunda cita proviene de otra edición en inglés de *The Montessori Method*, 41, trad. Anne E. George, CreateSpace Independent Publishing Platform, 2008. Hoy quizás usaríamos la palabra «adulto», pero Montessori escribió esto hace más de cincuenta años en una época en que «hombre» hubiera sido considerado un término inclusivo.
10. Montessori, M. (2021), *El descubrimiento del niño: el Método Montessori*, Montessori-Pierson Publishing Company. También recomiendo a Suzanne Ross, cofundadora de The Raven Foundation, para explorar el

rol de la teoría mimética en la pedagogía Montessori. En un ensayo excelente, escribe: «Durante una presentación, el modo de interactuar es implícitamente la imitación. El maestro modela abiertamente la interacción atenta con el material para que el niño lo imite. Luego el maestro se retira y permite que el niño ocupe su lugar. El momento de ceder el sitio es posible porque la atención del maestro hacia el material ha sido absorbida o internalizada por el niño. La admiración por el objeto modelada por el maestro ahora también le pertenece al niño. El objeto ha sido colocado ante la vista del niño, pero en vez de convertirse en rivales por su posesión, maestro y niño lo comparten libremente. Es la imitación directa del niño y el respeto del maestro por ella lo que hace posible el retiro de la mediación». Ross, S. (2012), «The Montessori Method: The Development of a Healthy Pattern of Desire in Early Childhood», *Contagion: Journal of Violence, Mimesis and Culture* 19.

11. Este fue el concepto clave que retuve de una conversación con Louis Kim, uno de los vicepresidentes de Hewlett-Packard, cuando hablé con él en 2019 sobre el efecto de la mímesis en empresas más grandes. Al no haber trabajado nunca mucho tiempo en una empresa grande, he pasado los últimos años conversando con la mayor cantidad posible de personas sobre cómo la mímesis se manifiesta en las estructuras corporativas más tradicionales.

12. En el capítulo 2 vimos cómo las fuerzas miméticas crean una realidad distorsionada para Steve Jobs y cómo el deseo mimético manipula la verdad para la mayoría de nosotros en nuestra vida cotidiana. La tendencia del deseo mimético de ocultar o manipular la verdad tiene efectos negativos para nosotros como individuos, y esos efectos se multiplican dentro de las empresas (como vimos respecto de Zappos y el Downtown Project en el capítulo 3).

13. CBS News (14 de agosto de 2008), https://gigaom.com/2008/08/14/419-interview-blockbuster-ceo-dazed-and-confused-but-confident-of-physicals/

14. Carr, A. (mayo 2010), «Is a Brash Management Style Behind Blockbuster's $65.4M Quarterly Loss?», *Fast Company.*

15. Ver la idea benedictina de *habitare secum,* «convivir con uno mismo» para saber más. Nadie está completamente solo en silencio. Siempre estamos relacionándonos con otros, aunque no estén presentes. A través del silencio, exponemos esos vínculos que nos estorban y conocemos aquellos que nos ayudan a vivir nuestra humanidad en su totalidad.

16. Sexton, Z. (12 de agosto de 2014), «Burn the Boats», *Medium.*
17. Para una breve introducción al concepto, ver Blank, S. (mayo 2013), «Why the Lean Start-Up Changes Everything», *Harvard Business Review.*
18. Ries, E. (3 de agosto de 2009), «Minimum Viable Product: A Guide, Startup Lessons Learned» (blog). http://www.startuplessonslearned.com/2009/08/minimum-viable-product-guide.html
19. Entrevista con Toni Morrison por Neustadt, K. (primavera 1980), «Writing, Editing, and Teaching», *Alumnae Bulletin of Bryn Mawr College.*
20. Walker, S. (30 de noviembre de 2019), «Elon Musk and the Dying Art of the Big Bet», *The Wall Street Journal.*
21. Boettke, P. J., y Sautet, F. E. (1 de febrero de 2011), «The Genius of Mises and the Brilliance of Kirzner», GMU Working Paper in Economics, N.° 11-05.
22. La inteligencia artificial puede mejorar a los emprendedores del mismo modo en que mejora la agricultura en muchas partes del mundo: así como controla la temperatura, el uso del agua, las condiciones para la cosecha y la precisión de las granjas que funcionan con inteligencia artificial (IA), también controla el uso de los servidores, la organización del inventario y las decisiones de contratación de las empresas. Pero la IA solo puede sostener un estilo emprendedor inmanente: *no* el estilo en que una persona realiza la tarea exclusivamente humana de generar conciencia y creación empresarial.

Capítulo 8: El futuro mimético

1. Reedy, C. (5 de octubre de 2017), «Kurzweil Claims That the Singularity Will Happen by 2045», *Futurism.*
2. Pearson, I. (septiembre 2015), «The Future of Sex Report: The Rise of the Robosexuals», *Bondara.*
3. Decían que la película de 2007 *Beowulf,* animada con IA, era «espeluznante» porque las animaciones se veían demasiado humanas. Por lo tanto, los estudios tuvieron que hacer que parecieran menos humanas.
4. Long, H. (septiembre 2016), «Where Are All the Startups? U.S. Entrepreneurship Near 40-Year-Low», *CNN Business.*
5. Desilver, D. (agosto 2018), «For Most U.S. Workers, Real Wages Have Barely Budged in Decades», Pew Research Center.

6. He tomado la palabra «desencanto» del trabajo del filósofo canadiense Charles Taylor y, antes que él, de Max Weber y Friedrich Schiller.
7. En la Iglesia católica romana, el inicio de este período está asociado generalmente al Concilio Vaticano II que terminó en 1965. Cientos de miles de sacerdotes y hermanos y hermanas religiosos abandonaron sus votos, y millones de laicos más se encogieron de hombros. Lo mismo ha sucedido casi en cada denominación continental y en las religiones no cristianas a nivel mundial, con la notable excepción del islam.
8. Galloway, S. (2018), *Four. El ADN secreto de Amazon, Apple, Facebook y Google,* Conecta. Este es mi resumen de sus ideas principales.
9. Johnson, E. (junio 2017), «Google Is God, Facebook Is Love and Uber Is 'Frat Rock,' Says Brand Strategy Expert Scott Galloway», *Vox.* «Google es Dios. Creo que ha reemplazado a nuestro Dios. A medida que las sociedades se vuelven más ricas y más educadas y las instituciones religiosas suelen tener un papel menor en sus vidas; sin embargo, nuestras ansiedades y preguntas modernas crecen. Hay un vacío espiritual enorme que busca la intervención divina... Una de cinco preguntas realizadas a Google nunca se ha respondido en la historia de la humanidad. Piensa en un clérigo, un rabino, un sacerdote, un entrenador que tenga tanta credibilidad que una de cada cinco preguntas que le hacen a ese individuo nunca ha sido respondida».
10. Douthat, R. (2021), *La sociedad decadente: cómo nos hemos convertido en víctimas de nuestro propio éxito,* 5, Ariel.
11. Douthat, R. (2021), *La sociedad decadente: cómo nos hemos convertido en víctimas de nuestro propio éxito,* 5, Ariel.
12. Mientras escribo esto a mediados de 2020, también podría usar como ejemplo a alguien que niegue la realidad de la transmisión del COVID-19, pero a su vez se pregunte por qué las personas continúan muriendo.
13. De Tocqueville, A. (2006), *La democracia en América*, Fondo de Cultura Económica. El pasaje citado está en el volumen 2, parte 4, capítulo 3 («Los sentimientos concuerdan con ideas para concentrar poder») y trata, como sugiere el título, sobre la centralización del poder.
14. Estas diferencias imaginarias serán producto de nuestra *falta de reconocimiento*, de la distorsión de la realidad causada por el deseo mimético. La falta de reconocimiento es lo que causa que los grupos vean erróneamente a los chivos expiatorios como grotescos y peligrosos.

15. La Biblia del rey Jacobo, Proverbios 23:18 («Sin visión profética el pueblo perecerá»).

16. Zuboff, S. (2020), *La era del capitalismo de la vigilancia: la lucha por un futuro humano frente a las nuevas fronteras del poder*, Paidós.

17. En *La era del capitalismo de la vigilancia: la lucha por un futuro humano frente a las nuevas fronteras del poder*, Zuboff da la siguiente definición en el texto preliminar del libro: «*Capitalismo de la vigilancia, m.*: 1. Nuevo orden económico que reclama para sí la experiencia humana como materia prima gratuita aprovechable para una serie de prácticas comerciales ocultas de extracción, predicción y ventas; 2. Lógica de una economía parasitaria en la que la producción de bienes y servicios se subordina a una nueva arquitectura global de modificación conductual; 3. Mutación inescrupulosa del capitalismo caracterizada por grandes concentraciones de riqueza, conocimiento y poder que no tienen precedente en la historia humana. 4. El marco fundamental de una economía de vigilancia. 5. Amenaza tan importante para la naturaleza humana en el siglo XXI como lo fue el capitalismo industrial para el mundo natural en los siglos XIX y XX. 6. Origen de un nuevo poder instrumental que impone su dominio sobre la sociedad y plantea alarmantes contradicciones para la democracia de mercado. 7. Movimiento que aspira a imponer un nuevo orden colectivo basado en la certeza absoluta. 8. Expropiación de derechos humanos cruciales que perfectamente puede considerarse como un golpe desde arriba: un derrocamiento de la soberanía del pueblo».

18. Rosoff, M. (13 de octubre de 2011), «Here's What Larry Page Said on Today's Earnings Call», *Business Insider*.

19. Gilder, G. (2018), *Life After Google: The Fall of Big Data and the Rise of the Blockchain Economy*, Regnery Gateway.

20. Kelly, C., y Volkov, V. (1998), «Directed Desires: Kul'turnost' and Consumption», en *Constructing Russian Culture in the Age of Revolution 1881-1940*, Oxford University Press.

21. Adler, N. (2012), *Keeping Faith With The Party: Communist Believers Return from the Gulag*, 20, Indiana University Press.

22. Adler, N. (2010), «Enduring Repression: Narratives of Loyalty to the Party Before, During and After the Gulag», *Europe-Asia Studies* 62, n.° 2, 211-234.

23. Gilkey, L. (1966), *Shantung Compound: The Story of Men and Women Under Pressure*, 108, HarperOne.

24. Girard, René (2006), *Aquel por el que llega el escándalo.* Caparrós.
25. Esta novela está explicada con hermosura por el autor y ganador del Nobel Czesław Miłosz en su libro de no ficción escrito en 1953, *El pensamiento cautivo* (Galaxia Gutenberg, 2016).
26. La idea de escapar con píldoras es un tropo común en la literatura y en el cine: soma en *Un mundo feliz* y píldoras azules en *Matrix* destacan como los ejemplos más famosos.
27. Heidegger, M. (1966), *Discourse on Thinking: A Translation of Gelassenheit*, Harper & Row.
28. McGilchrist, I. (2019), *The Master and His Emissary: The Divided Brain and the Making of the Western World*, Yale University Press.
29. La «cultura» corporativa es un conjunto de cosas que las personas consideran sagradas, ya sea en un país o en una empresa. La palabra proviene del latín *cultus.* No es posible comprender por completo la cultura sin entender qué es un *culto*, o un ritual religioso. Confeccionar una cultura es confeccionar una religión.
30. Girard, R., y Chantre, B. (2009), *Battling to the End: Conversations with Benoît Chantre*, Michigan State University Press.
31. El libro de Daniel Kahneman *Pensar rápido, pensar despacio* (Debate, 2012).
32. Hughes, V. (2014), «How the Blind Dream», *National Geographic.*
33. Polanyi, M., y Nye, M. J. (2015), *Personal Knowledge: Towards a Post-Critical Philosophy*, University of Chicago Press.
34. Sinceridad brutal: mi esposa Claire fue la primera empleada de la empresa en 2018 y desde entonces se ha convertido en la directora de desarrollo empresarial.
35. Con «invento» no me refiero a que una persona o un grupo lo haya inventado. El mercado económico moderno, al igual que el mecanismo del chivo expiatorio, fue un avance que trascendió cualquier confección explícita: ocurrió orgánicamente, mientras las personas hallaban mejores maneras de intercambiar bienes. Los especialistas girardianos Jean-Pierre Dupuy y Paul Dumouchel han contribuido mucho a la discusión sobre las economías modernas y la teoría mimética. Mi presentación del papel de la economía del mercado como «el segundo invento» es de mi propia creación y el resultado de sintetizar muchas ideas que he tenido, derivadas en gran parte de estos dos pensadores.

36. Respecto de la exploración espacial y la colonización, el físico teórico y matemático Freeman Dyson tiene una opinión interesante y aterradora sobre cómo será. Según Dyson (y de acuerdo con lo que podemos esperar en un futuro mimético), la exploración espacial aumentará los conflictos al igual que la libertad, y la raza humana se dividirá en planetas rivales o incluso en especies rivales.
37. Ravikant, N. (anfitrión) (8 de agosto de 2015), «The Person I Call Most for Startup Advice [episodio 97 de pódcast]», en *The Tim Ferris Show.*
38. Episodio 1309 de *The Joe Rogan Experience* [pódcast], 5 de junio de 2019.
39. Dillard, A. (2019), *Enseñarle a hablar a una piedra,* Errata Naturae.
40. Dillard, A. (2019), *Enseñarle a hablar a una piedra,* Errata Naturae.
41. Dillard, A. (2019), *Enseñarle a hablar a una piedra,* Errata Naturae.

Epílogo

1. Entrevista con James G. Williams (1996), «Anthropology of the Cross», *The Girard Reader*, James G. Williams (ed.), Crossroad Publishing.
2. King, S. (2021), *Mientras escribo,* Debolsillo.
3. Haven, C. (11 de junio de 2008), *René Girard: Stanford's Provocative Immortel Is a One-Man Institution*, Stanford News.

Apéndice A: Glosario

1. Solon, O. (junio 2013), «Richard Dawkins on the Internet's Hijacking of the Word 'Meme'», *Wired.*